믿음 안에
굳건히
머무르십시오

CHE COS'E' IL CRISTIANESIMO
Copyright © 2023 Elio Guerriero
Pubblicato in accordo con Piergiorgio Nicolazzini Literary Agency (PNLA)
© 2023 Mondadori Libri S.p.A., Milano

Italian translation by Pierluca Azzaro and Elio Guerriero
Korean translation copyright © 2023 Catholic Publishing House

This Work has been translated with the contribution of
Centro per il libro e la lettura del Ministero della Cultura Italiano.

믿음 안에 굳건히 머무르십시오

2023년 7월 4일 교회 인가
2023년 10월 27일 초판 1쇄 펴냄
2024년 9월 13일 초판 2쇄 펴냄

지은이 · 베네딕토 16세 교황
옮긴이 · 방종우
펴낸이 · 정순택
펴낸곳 · 가톨릭출판사
편집 겸 인쇄인 · 김대영
편집 · 강서윤, 김소정, 김지영, 박다솜
디자인 · 강해인, 송현철, 이경숙, 정호진
마케팅 · 황희진, 안효진

본사 · 서울특별시 중구 중림로 27
등록 · 1958. 1. 16. 제2-314호
전자 우편 · edit@catholicbook.kr
전화 · 1544-1886(대표 번호)
지로번호 · 3000997

ISBN 978-89-321-1873-4 03230

값 25,000원

성경 · 전례문 · 교회 문헌 ⓒ 한국천주교중앙협의회, 2023

이 책의 한국어 출판권은 (재)천주교서울대교구 가톨릭출판사에 있습니다.
저작권법에 의해 한국 내에서 보호를 받는 저작물이므로 무단 전재와 무단 복제를 금합니다.

가톨릭의 모든 도서와 성물을 '**가톨릭출판사 인터넷쇼핑몰**'에서 만나 보실 수 있습니다.
http://www.catholicbook.kr | (02)6365-1888(구입 문의)

믿음 안에
굳건히
머무르십시오

Benedictus XVI
Che Cos'è Il Cristianesimo

가톨릭출판사

나의 영적 유언*

인생의 늦은 시기에 제가 걸어온 수십 년의 여정을 돌이켜 보면 감사해야 할 일이 얼마나 많은지 새삼 깨닫습니다. 무엇보다 온갖 좋은 선물을 주신 하느님께 감사드립니다. 하느님께서는 저에게 생명을 주셨고, 여러 혼란의 순간마다 인도해 주셨습니다. 제가 넘어질 때마다 항상 일으켜 세워 주셨고, 당신 얼굴의 광채를 새롭게 비춰 주셨습니다. 떠올려 보면 제 인생 여정에서 지치고 어두웠던 시간조차 저의 구원을 위해 마련된 것이었습니다. 그리고 그 순간에도 하느님께서는 저를 잘 인도해 주셨습니다.

어려운 시대에 저를 낳아 주신 부모님께 감사드립니다. 부모

---

* 이 유언장은 베네딕토 16세가 교황으로 재임했던 2006년 8월에 미리 작성되었고, 교황의 선종 이후에 공개되었다.

님은 사랑으로 큰 희생을 하시어 찬란한 보금자리를 마련해 주었습니다. 그리고 선명한 빛으로 지금까지 저의 모든 날을 비춰 주었습니다. 아버지의 확고한 신앙은 저희 형제자매에게 믿음을 가르쳐 주었습니다. 그 믿음은 제가 이룬 모든 학문적 성취의 중심에 마치 이정표처럼 늘 확고히 서 있습니다. 특히 어머니의 깊은 신심과 위대한 선의는 제가 물려받은 유산입니다. 이 유산을 받았음에 아무리 감사해도 부족할 정도입니다. 저의 누나는 수십 년 동안 아무런 사심 없이 애정 어린 보살핌으로 저를 도와주었습니다. 명석한 판단력과 확고한 결단력, 평온한 마음을 가진 형은 언제나 제가 나아갈 길을 미리 닦아 주었습니다. 형이 끊임없이 먼저 앞으로 나아가 저와 함께하지 않았다면, 저는 올바른 길을 찾을 수 없었을 것입니다.

항상 제 곁에 많은 친구를 두도록 해 주시고, 제 여정의 모든 시기에 협력자들이 동행할 수 있도록 해 주신 하느님께 진심으로 감사드립니다. 또한 하느님께서 주신 저의 스승님과 제자들에게

도 진심으로 감사드립니다. 저는 감사하는 마음으로 모두를 하느님의 선하심에 맡겨 드립니다. 그리고 바이에른의 알프스 산기슭에 있는 아름다운 고향을 주셨음에도 감사드립니다. 저는 그곳에서 창조주 하느님의 광채를 언제나 볼 수 있었습니다. 또한 고향 사람들 안에서 신앙의 아름다움을 거듭 경험할 수 있었습니다. 고향 땅이 믿음의 땅으로 남기를 기도하며 간청합니다. 여러분, 믿음에서 멀어지지 마십시오. 마지막으로 제 삶의 여정마다 경험할 수 있었던 모든 아름다움을 주신 하느님께 감사드립니다, 특별히 제 두 번째 고향이 된 이탈리아와 로마에 감사합니다. 제가 어떤 식으로든 잘못을 저지른 모든 분에게 진심으로 용서를 구합니다.

앞서 드렸던 이야기를 제게 맡겨진 교회의 모든 이들에게도 전합니다. 믿음 안에 굳건히 머무르십시오! 혼동하지 마십시오! 한편으로는 자연 과학이, 다른 한편으로는 특별히 성서 주석에 나타나는 역사 연구와 같은 학문이 가톨릭 신앙과 상반되는 반

박할 수 없는 결과를 제공하는 것처럼 보입니다. 하지만 저는 오래전부터 자연 과학의 변천을 바라보면서, 오히려 신앙에 맞섰던 외견상의 확실성이 어떻게 사라지는지를 목격할 수 있었습니다. 그것은 과학이 아닌, 과학에 대한 철학적인 해석일 뿐이었습니다. 나아가 신앙은 자연 과학과의 대화를 통해 주장할 수 있는 범위의 한계와 신앙의 특수성을 더욱 잘 이해하게 되었습니다. 제가 신학, 특히 성서학의 길을 걸어온 지 60년이 되었습니다. 여러 시대를 지나오면서 자유주의 세대(아돌프 폰 하르낙Adolf von Harnack, 아돌프 율리허Adolf Jülicher 등), 실존주의 세대(루돌프 불트만Rudolf Karl Bultmann 등), 마르크스주의 세대 등 흔들리지 않을 것 같았던 논제들이 단순한 가설로 판명되어 무너지는 것을 지켜보았습니다. 이 가설들의 뒤얽힘 속에서 신앙의 합리성이 어떻게 드러나는지를 보았고, 또한 지금도 그것이 새롭게 드러나고 있음을 보고 있습니다. 예수 그리스도께서는 참된 길이요, 진리요, 생명이십니다. 그리고 교회는 모든 부족함에도 불구하고 진정한 그

분의 몸입니다.

　마지막으로 여러분께 겸손히 청합니다. 저의 모든 죄와 결함에도 불구하고 주님께서 저를 영원한 집에 받아 주시기를 기도해 주십시오. 제게 맡겨진 모든 이를 위해 날마다 마음을 다해 기도하겠습니다.

2006년 8월 29일
베네딕토 16세

편집자 서문

저는 2019년에 《유다인과 그리스도인*Ebrei e cristiani*》이라는 책을 출간했습니다. 이 책에는 빈의 아리 폴거Arie Folger 최고 랍비와 베네딕토 16세 교황님이 교환한 서신이 실려 있습니다. 흥미롭게도 몇몇 독일어권 가톨릭 신학자들은 유다인과 그리스도인의 대화에 대한 이 원고가 위험하다고 판단했습니다. 그러나 오히려 빈의 최고 랍비를 비롯한 그 외 다른 나라의 유다인 대표들에게는 환영받았고, 매우 좋은 성과를 거두었습니다.

로마의 라테라노 대학에서 열린 출판 기념회에는 빈의 최고 랍비 아리 폴거, 로마의 최고 랍비 리카르도 디 세니Riccardo Di Segni, 이탈리아 유다인 공동체 협회의 전 의장인 렌조 가테냐Renzo Gattegna 등이 참석했습니다. 이 책은 이탈리아를 비롯한 다른 나라에서도 출판되었습니다.

저는 이 같은 선례에 고무되었습니다. 그래서 출판 기념회에서 만난 베네딕토 16세 교황님에게 사임 후 몇 년 동안 써 둔 모든 원고를 정리하여 출간하는 것은 어떨지 물었습니다. 이에 교황님은 생각해 보겠다고 이야기하였습니다(이렇게 답하는 것은 그분의 오랜 습관이었습니다).

저는 후에 그분이 자료를 모으기 시작했다는 것을 알게 되었습니다. 이는 긍정적인 신호였습니다. 그러나 로버트 사라 추기경이 쓴 《우리 마음 깊은 곳으로부터 *Dal profondo del nostro cuore*》가 출판되면서 상황이 복잡해졌습니다. 이 책에는 가톨릭 사제직에 관한 베네딕토 16세 교황님의 원고가 실려 있었습니다. 독일어권 작가 중 몇 명이 이 원고에 대해 악의를 갖고 말하기 시작했습니다. 그들은 이 책이 2019년 10월 아마존에서 개최된 주교 시노드와, 프란치스코 교황님이 준비하고 있는 결정을 부인하고 있다고 주장했습니다.*

---

* 2019년 10월에 열린 세계 주교 시노드는 필요할 경우 기혼한 남성을 성직자로 임명할 수 있다는 안건을 올렸다. 이는 특별히 아마존 지역의 사제 부족 문제로 인한 것이었다. 아마존은 주민 대부분이 가톨릭 신자이지만 넓은 대지와 인구수에 비해 사제 수가 절대적으로 부족했기 때문이다. 이로 인해 아마존과 남태평양 등 사제 수급이 불가피한 지역의 경우, 성덕이 깊고 사회적

그 결과로 베네딕토 16세 교황님은 자신의 글을 출판하는 데 있어 엄격한 조건을 두게 되었습니다. 자신이 세상을 떠난 후에 이 책이 출간되어야 한다는 것이었습니다. 그리고 다음과 같이 말했습니다.

> 저는 더 이상 어떤 책도 출판하고 싶지 않습니다. 저를 반대하는 이들의 목소리가, 특히 독일에서 너무도 거셉니다. 제가 어떤 말을 하든 그들은 살인적으로 비난합니다. 그래서 제 이야기를 제 자신과 그리스도교를 위해 아껴 두고 싶습니다. (2021년 1월 13일의 편지)

같은 편지에서 교황님은 원고 수정 작업을 아직 시작하지 않은 점에 대해 사과하며, 곧 작업을 시작하겠다고 약속했습니다. 그리고 실제로 다음 달부터 작업에 들어갔습니다. 교황님

존경을 받는 일정 나이 이상의 기혼 남성이 사제품을 받을 수 있도록 하자는 의견이 있었다. 이에 프란치스코 교황은 비교적 유연한 견해를 밝혔다. 하지만 보수 가톨릭계의 반대로 첨예한 논쟁이 일어나게 되었고, 이후 2020년 발표된 교황 권고 〈사랑하는 아마존〉에서 기혼 남성에게 서품을 주는 방안을 다룬 내용이 누락됨으로써 사실상 프란치스코 교황이 이를 승인하지 않았다는 것이 밝혀졌다. — 역자 주

은 이미 출판된 원고들을 검토하는 것에만 머무르지 않았습니다. 그 외 발표되지 않은 여러 원고도 검토했는데, 특히 사제직에 관한 원고는 언급할 만한 가치가 있습니다. 저와 교황님은 교황님의 사제 서품 70주년 전날인 2021년 6월 28일에 만났습니다. 그날 교황님은 사제로 사는 삶에 관해 열정적으로 이야기했습니다. 그리고 이 책에 들어갈 사제직과 관련된 원고의 중요성을 강조했습니다. 교황님은 자신의 경험을 바탕으로 한 이 원고에 만족하고 있었고, 무엇보다도 이 원고가 제2차 바티칸 공의회의 〈사제품〉의 공백을 극복하는 데 기여할 수 있다고 믿고 있었습니다.

그 밖의 원고 작업은 아직 끝나지 않은 상태였습니다. 이 책의 내적 구조와 완성도를 위해 교황님은 종교와 성체 안에 있는 예수님의 현존을 주제로 하는 몇 가지 중요한 원고를 추가했습니다. 요약하자면 이 책은 이미 출판되었거나 부분적으로 새로운 원고를 모은 것일 뿐만 아니라, 모든 이의 기대와 희망에 항상 주의를 기울였던 아버지의 마음과 영혼의 지혜로 집필된 영적 유언에 가까운 책입니다.

베네딕토 16세 교황님은 독일어로 글을 썼으며 본문의 번역은 저와 피를루카 아자로가 맡았습니다. 교황님은 이 책의 참조판을 이탈리아판으로 결정하였습니다. 오랜 시간 저를 신뢰해 주신 베네딕토 16세 교황님께 감사의 마음을 전합니다.

엘리오 구에리에로 Elio Guerriero
(본서의 편집자, 이탈리아의 신학자이자 작가)

머리말

2013년 2월 11일, 베드로의 후계자 직무에서 물러나겠다고 발표했을 때, 저는 앞으로 무엇을 할 것인지에 대한 계획이 전혀 없었습니다. 다른 일을 하기에 너무 지쳐 있었기 때문입니다. 게다가 《나자렛 예수 — 유년기》의 출판은 제 신학 저작들의 논리적 결론처럼 보였습니다.* 프란치스코 교황님이 선출된 후, 저는 천천히 신학적 연구를 재개하였습니다. 그리하여 이 책에 소개될 일련의 중소 규모의 작품들이 수년에 걸쳐 구체화

---

* 전기 순서로는 첫 번째이지만 예수님에 대한 3부작의 출판순으로는 마지막 권이다. 이 작품은 이탈리아 리촐리 출판사Rizzoli에서 출간되었다(국내에서는 다음의 제목으로 출간되었다. 《나자렛 예수 1》, 박상래 옮김, 바오로딸, 2012; 《나자렛 예수 2》, 이진수 옮김, 바오로딸, 2012; 《나자렛 예수 3 — 유년기》, 민남현 옮김, 바오로딸, 2013). 이후 바티칸 출판사는 예수님의 생애를 연도순으로 재배치하여 모든 작품을 한 권의 책으로 출간하였다.

되었습니다.

첫 번째로 2014년 10월 21일에 교황청립 우르바노 대학교 대강당 개관식에서 했던 강의가 있습니다. 이 원고는 수정 없이 이 책의 제1장에 그대로 다시 소개될 것입니다. 또한 같은 장에, 그리스도교 신앙이 대화하기를 원하는 종교들의 개념을 명확히 하기 위해 작업한 원고를 실었습니다.

제2장에서는 일신교의 본성과 생성에 관한 주제를 다룹니다. 그리고 그리스도교와 이슬람교의 대화와 교황청립 크라쿠프 대학의 명예 박사 학위 수여에 대한 감사 원고가 이어집니다. 앞선 두 개의 짧은 원고에 저의 전집 제11권 《전례 신학》의 러시아판에 쓴 서문도 추가했습니다.

제3장에서는 유다인과 그리스도인의 관계에 관하여 쓴 원고와 2018년 8월에서 9월 사이에 있었던 최고 랍비 아리 폴거와 교환한 서신을 소개합니다. 이 글을 읽은 몇몇 이가 제가 반유다주의적 입장을 가지고 있다고 비난했습니다. 그러나 이에 관해서는 다른 이들이 이미 단호하게 반박한 바가 있습니다. 오히려 제가 했던 시도들은 유다인 측에서 긍정적으로 평가되었습니다. 그러므로 저는 이 원고와 서신들이 앞으로 계속해서

좋은 대화를 나누는 데 기여할 수 있으리라 믿습니다.

제4장은 다니엘레 리바노리Daniele Libanori 신부와 함께했던 인터뷰로 시작합니다. 이것은 죄로 인해 파괴된 존재의 질서를 회복하기 위해 죽음을 맞이해야 했던 예수 그리스도에 대한 주제를 다룹니다. 오늘날 우리는 켄터베리의 안셀모 성인이 완성한 이 고전적인 대답을 이해하기 어렵습니다. 저는 이 인터뷰에서 우리가 예수 그리스도의 수난과 죽음의 이유를 합리적으로 이해할 수 있음을 보여 주고자 했습니다. 이어서 사제직과 성찬례의 주제를 다루는 두 개의 원고가 이어집니다. 사제직에 관한 원고는 로버트 사라 추기경의 저서인 《우리 마음 깊은 곳으로부터》에 초기 형태로 게재되었습니다. 저는 이를 재작업하며 새로운 무게감을 더하였습니다. 제2차 바티칸 공의회 문헌은 〈사제품〉에서 그 아름다움을 새롭게 보여 주고자 하였습니다. 그러나 현대 성경 주해의 상황으로 인해 본질적으로 누락된 부분이 남아 있었습니다. 사실상 사제직은 근본적으로 사목 직무로서 나타나는데, 신약 성경의 사목 직무 안에서 사제직의 '고유함proprium'은 나타나지 않습니다. 저는 이것이 비록 십자가 위의 대사제인 예수 그리스도를 통해 새롭게 정의되었다 할

지라도, 신약의 원로가 즉 '사제sacerdor'라는 것을 증명할 수 있었습니다. 이어서 독일에서 때론 강하게 제기되곤 했던 '열린 성찬식intercomunione'에 관한 논쟁을 다루었습니다. 그 결과 그리스도의 몸과 피의 현존에 대한 심도 있는 관찰이 이루어졌으며, 이와 함께 그리스도의 몸과 피를 먹고 마시는 것에 대한 구절이 무엇을 의미하는지, 혹은 무엇이 잘못 받아들여지고 있는지에 새로운 정의를 내릴 수 있었습니다.

제5장에서는 도덕적 문제를 다루었습니다. 여기에는 성 학대 추문과 교회의 문제들을 근본적으로 다루는 기고문을 실었습니다.

제6장은 국제 신학 위원회 50주년 기념 기고문, 요한 바오로 2세 성인 교황님 탄생 100주년을 맞이하여 발표했던 추모 글과 알프레드 델프Alfred Delp 신부 선종 75주년 기념 인사말 등의 원고가 포함되어 있습니다. 이 장은 부모님이 저의 수호성인으로 삼게 해 주신 요셉 성인에 관한 인터뷰로 끝이 납니다. 나이가 들수록, 저의 수호성인인 요셉 성인의 모습이 더욱 명확해집니다. 요셉 성인은 성경 속에서 직접적으로 어떤 말을 전하고 있지는 않지만, 듣고 행동하는 능력을 보여 줍니다. 그래서 이러

한 성인의 침묵이 우리를 학문적 지식을 뛰어넘는 지혜로 이끌고 있음을 저는 더욱 깨닫게 되었습니다.

교회의 어머니 수도원에서 쓴 글들을 모아 둔 이 책은 저의 죽음 이후에 출판될 것입니다. 엘리오 구에리에로는 이탈리아어로 저의 전기를 쓴 바 있고, 저는 그의 신학적 능력을 잘 알고 있습니다. 그러므로 이 마지막 작업을 기꺼이 그에게 맡깁니다.

2022년 5월 1일, 노동자 성 요셉 축일에
교회의 어머니 수도원에서
베네딕토 16세

차례

나의 영적 유언 • 5
편집자 서문 • 10
머리말 • 15

제1장 그리스도교 신앙의 본질

  선교를 통해 성장하는 그리스도교 • 26
  종교란 무엇인가 — 종교의 원천에 계신 하느님 • 36

제2장 그리스도교를 이루는 기반

  유일하신 하느님과 관용 • 48
  그리스도교와 이슬람교의 대화 • 71
  음악과 전례, 하느님을 찬미하는 무상의 선물 • 76
  거룩한 전례의 본질 • 83

제3장 유다인과 그리스도인의 대화

  철회되지 않는 은총과 부르심 • 90
  화합과 일치의 길 — 베네딕토 16세와 아리 폴거의 서신 교환 • 134

제4장 신앙의 신비를 찾아서

믿음은 관념이 아닌 삶입니다 · 150
가톨릭 사제직의 소명 · 169
성체성사의 의미 · 220

제5장 사라지지 않는 하느님의 빛

어둠에서 빛으로 — 가톨릭 교회의 성 학대 추문을 바라보며 · 252

제6장 믿음 안에서 길을 찾다

진리를 향한 발걸음 — 국제 신학 위원회를 기억하며 · 286
희망의 표징 — 요한 바오로 2세 성인 교황을 기억하며 · 296
그리스도의 빛을 증거하다 — 알프레드 델프 신부를 기억하며 · 308
나의 수호성인, 요셉 성인 · 312

역자 후기 · 322
참고 문헌 · 326

제1장

그리스도교 신앙의 본질

제2차 바티칸 공의회는 카를 라너Karl Rahner의 '익명의 그리스도인' 이론을 적극적으로 수용하여 교회 일치 운동의 시작을 알렸다. 이는 그리스도의 복음을 들은 적 없는 사람이라 할지라도 복음적으로 살아간다면 구원 은총을 받을 수 있다는 것으로, 모든 종교의 당위성을 지지하기보다는 그리스도를 전혀 알 기회가 없음에도 선한 삶을 살아가는 이들의 구원 가능성에 대한 이론이다. 또한 그럼에도 하느님 구원의 충만한 의미는 예수 그리스도를 알고 그분을 체험함으로써 이루어짐을 전제한다. 이를 통해 교회는 현대 사회의 다양한 종교와의 대화에 적극적으로 참여해 왔다. 그러나 한편 이는 선교의 필요성에 대한 의문을 일으켰으며 자칫 종교 상대주의를 정당화할 수 있다는 우려를 낳았다.

이에 베네딕토 16세는 그리스도교의 진리를 선포하기를 소홀히 여기게 된 현실을 지적한다. 또한 종교가 다양한 문화에서 서로 다른 모습을 취하지만 결국 동일한 실재를 표현하는 공통 본질로 받아들여지고 있음을 비판한다. 이러한 문제를 해결하기 위해 교황은 선교의 원천이 어디에서 비롯되어야 하는지, 유일신의 개념이 무엇인지에 대해 이야기함으로써 그리스도교의 본질을 설득력 있게 소개한다. '진리의 수호자'라 불리는 베네딕토 16세의 진면목을 볼 수 있는 대목이다. 이에 따라 우리는 다음과 같이 자문해 볼 필요가 있다. "나는 참된 사랑의 기쁨 안에서 주변 이웃들에게 하느님을 적극적으로 선포하고 있는가? 진리이신 하느님을 유일신으로 따르고 있는가? 진리가 아닌 마음의 위안을 주는 도구로서 신앙생활을 영위하고 있지는 않은가?"

선교를 통해 성장하는 그리스도교*

 저는 신앙교리성 장관이었던 시절에 우르바노 대학을 여러 번 방문했습니다. 그때마다 각국에서 온 젊은이들이 현대 세계의 복음을 위해 봉사할 준비를 하고 있음에 깊은 감명을 받곤 했습니다. 오늘 재건축된 이 대강의실에서도 많은 젊은이들로 이루어진 공동체를 보고 있습니다. 이는 우리로 하여금 가톨릭 교회의 놀라운 현실을 생생하게 인식하게 합니다.

 '보편성Cattolica'은 초기 교회부터 신앙 고백에 속한 교회의 속성입니다. 이는 성령 강림 때의 무언가를 담고 있습니다. 이는 예수 그리스도의 교회가 결코 한 민족이나 한 문화에만 관심을 두는 게 아니라 처음부터 모든 인류를 위해 세워졌음을

---

* 2014년 10월 21일, 베네딕토 16세의 이름을 딴 우르바노 대학교 대강당 개관식에서 본 원고가 낭독되었다.

상기시킵니다. 예수님께서 제자들에게 한 마지막 말씀은 다음과 같습니다. "너희는 가서 모든 민족들을 제자로 삼아라."(마태 28,19 참조) 그리고 성령 강림의 순간, 제자들은 여러 언어로 말을 하게 됩니다. 성령의 힘으로 신앙의 모든 충만함을 드러낼 수 있었던 것입니다. 그 이후, 교회는 모든 대륙에서 성장했습니다. 사랑하는 여러분, 여러분의 존재는 교회의 보편적인 모습을 반영합니다. 즈카르야 예언자는 바다에서 바다까지 이르게 될, 평화의 왕국이 될 메시아의 왕국을 선포하였습니다(즈카 9,9 참조). 그리고 실제로 주님에게서 시작해 성찬례가 거행되는 어디에서나 사람들이 서로 한 몸이 될 때, 예수 그리스도께서 제자들에게 주시겠다고 약속하신 평화가 존재합니다. 지금 이 세상은 분열과 폭력으로 얼룩져 있습니다. 이런 상황에서 평화의 협력자가 되어 교회의 사명을 선도하고 보호하는 일이 시급합니다. 그러므로 예수 그리스도의 증인이 되고, 그분을 더욱 잘 아는 것을 배우길 원하는 우르바노 대학 학생들의 과업은 매우 중요합니다.

부활하신 주님께서는 사도들을 통하여 모든 시대에 당신 제자들이 당신 말씀을 땅끝까지 전하길 원하셨습니다. 그리고 사람들을 당신 제자로 삼으라는 사명도 주셨습니다. 제2차 바티칸 공의회는 교령 〈만민에게〉를 통해 모든 세기에 걸쳐 온 전통을 강조함으로써 선교 사명의 이유를 깊이 있게 조명하였습니다. 이 교령은 오늘날 교회에 새로운 힘을 주었습니다. 하지만 교회 안팎의 많은 이들은 이렇게 질문합니다. "정말로 선교가 그만한 가치가 있을까?", "선교가 아직도 통용된다고?", "선교보다는 종교 간 대화 안에서 만나고 세상의 평화를 위해 함께 봉사하는 일이 더 적절하지 않을까?" 저는 반대로 다음의 질문을 던지고 싶습니다. "과연 대화가 선교를 대체할 수 있을까?"

실제로 오늘날 많은 이는 종교가 서로 존중해야 하며, 대화를 통해 평화를 위한 공동의 힘이 되어야 한다고 생각합니다. 이러한 사고 안에서 대부분은 서로 다른 종교가 본래는 하나의 유일하고 동일한 실재의 변형이라고 가정합니다. 즉, '종교'는 다양한 문화에 따라 서로 다른 형태를 취하지만 그럼에도 동일한 실재를 표현하는 공통 본질이라는 것입니다. 바로 이 순간, 본래 그리스도인을 가장 감동하게 했던 진리의 문제가 모호해집니다. 이에 따르면 하느님에 대한 진정한 진리는 궁극적으로 도달할 수 없는 것으로 여겨지며, 형언할 수 없는 진리가 다양한 상징들로 표현된다고 가정하게 됩니다. 이러한 진리의 포기는 세상 모든 종교 간의 평화를 위해 현실적이고 유용해 보입니다. 그러나 신앙에 있어서는 치명적입니다. 실제로 모든 것이 근본적으로 치환할 수 있는 상징으로 축소되어 버린다면 신앙은 구속력 있는 성격과 중요성을 잃게 됩니다. 또한 범접할 수 없는 하느님의 신비에서 동떨어진 채로 남게 됩니다.

따라서 선교의 문제를 생각할 때, 선교가 신앙의 근본적인 질문뿐만 아니라 인간이 무엇인지에 대한 질문 앞에 우리를 놓아둔다는 점을 알아야 합니다. 이 짧은 인사말에서 오늘날 많은 이들에게 근본적인 영향을 미치는 문제를 완전히 분석할 수는 없습니다. 그러나 적어도 저는 우리가 나아가야 할 방향을 언급하고 싶습니다. 저는 이것을 각기 다른 두 개의 출발점에서 시작하고자 합니다.

I

많은 종교가 마치 지도 위의 대륙과 개별 국가와 같이 서로 나란히 있다는 것이 공통된 견해입니다. 그러나 이는 옳지 않습니다. 종교는 민족과 문화가 이동하듯이 역사적으로도 이동합니다. 그러므로 기다림 안에 있다고 말할 수 있습니다. 부족 종교가 이런 유형입니다. 그들은 고유한 역사를 가지고 있지만 아직 그들을 충만하게 할 더욱 커다란 만남을 기다리고 있습니다. 우리는 그리스도인으로서 그들이 침묵 속에서 예수 그리스도와의 만남을 기다리고 있다고 확신합니다. 그분에게서 오는 빛만이 그들을 진리로 완전히 인도할 수 있습니다. 그리스도께서는 이들을 기다리십니다. 그리스도와의 만남은 부족 종교가 지닌 고유한 역사와 문화를 파괴하는 외부의 침입이 아닙니다. 오히려 그들이 나아가는 더 큰 무언가로 들어가는 입구입니다. 그러므로 이는 언제나 정화이자 성숙의 만남이며, 늘 상호적입니다. 그리스도께서는 그들의 이야기와 지혜, 무언가를 향한 비전을 기다리고 계십니다. 또한 오늘날 우리는 점점 더 분명하게 또 다른 측면을 바라봅니다.

그리스도교는 위대한 역사를 가진 나라에서 때로는 힘을 잃기도 하고, 겨자씨에서 자란 큰 나뭇가지의 일부는 마른 채로 땅에 떨어지기도 했습니다. 그러나 기다림 속에 있는 종교들과 그리스도와의 만남에서 새로운 생명이 솟아나기도 했습니다.

오직 소모되기만 하였던 곳에서 새로운 차원의 신앙이 나타나고, 기쁨이 자랐습니다.

종교는 그 자체로 단일한 현상이 아니기에 그 안에서 더욱 많은 차원이 구별되어야 합니다. 종교에는 세상을 넘어 영원하신 하느님을 향하여 나아가는 위대함이 있습니다. 그러나 또 다른 한편으로 인간 역사와 종교의 경험에서 파생된 요소들을 발견하게 됩니다. 한편 종교 안에서는 의심할 여지 없이 아름답고 고귀한 것들을 발견할 수 있으나, 저급하고 파괴적인 것도 발견할 수 있습니다. 인간의 이기주의는 종교를 장악해 그곳을 열린 공간이 아닌 폐쇄적인 공간으로 바꾸어 놓기도 합니다. 그러므로 종교는 결코 단순히 긍정적인 현상 혹은 부정적인 현상이 아닙니다. 종교 안에는 이 두 가지 측면이 혼합되어 있습니다.

처음에 그리스도교 선교는 이교도들의 부정적인 요소를 매우 강렬하게 인식했습니다. 이러한 이유로 처음에 그리스도인의 선언문은 타 종교에 극도로 비판적이었습니다. 그리스도교가 악마적인 것으로 보이는 이교도의 전통을 극복해야 신앙이 개혁적인 힘을 발전시킬 수 있다고 믿었던 것입니다. 이러한 요소를 바탕으로 복음주의 신학자 카를 바르트Karl Barth는 종교와 신앙이 대립한다고 보았으며, 종교를 절대적으로 부정적인 것이라 여겼습니다. 그에게 종교는 신을 파악하려는 인간의 독단적인 행동이었습니다. 디트리히 본회퍼Dietrich Bonhoeffer 역시 '종교 없는' 그리스도교를 지지한다고 선언함으로써 동일한 접근법을 채택하였습니다. 이는 결코 받아들일 수 없는 일방적인 견해입니다. 물론 모든 종교가 올바로 유지되기 위해 동시에 항상 비판적 시각을 견지해야 한다고 말하는 것은 정당한 측면이 있습니다. 이런 견해는 그 기원과 본성에 따라 그리스도교 신앙에 적용됩니다. 그리스도교 신앙은 모든 종교에 대한 내적인 기대와 풍요로움을 커다란 존중을 갖고 바라봅니다. 다른 한편으로 부정적인 것은 비판적으로 바라봅니다. 그리스도교 신앙은 자신의 종교적 역사와 관련하여 이 비판적인 힘을 항상 새롭게 발전시켜야만 합니다. 그리스도인에게 예수 그리스도께서는 하느님의 말씀이며, 종교의 본질과 왜곡을 식별하는 데 도움을 주는 빛이십니다.

우리 시대에 종교 자체가 시대에 뒤떨어졌다고 확신시키길 원하는 이들의 목소리가 점점 더 커지고 있습니다. 이들은 오직 비판적인 이성만이 인간의 행동을 이끌어야 한다고 여깁니다. 이러한 개념들의 이면에는 실증주의적 사고와 함께 순수한 이성이 마침내 우위를 차지하리라는 결정적인 확신이 있습니다. 실제로 이러한 사고방식과 생활 방식은 역사적으로 규정되었으며, 이는 특정한 역사적 문화와 관련이 있습니다. 그러나 이러한 사고방식만 타당하다고 간주한다면 인간을 축소하고 그 존재의 본질적인 차원을 박탈하는 결과를 초래합니다. 하느님께 시선을 돌릴 공간이 더 이상 없을 때, 실용주의보다 고귀한 참된 인간 본성을 기초로 하는 에토스ethos를 위한 공간이 더 이상 없을 때, 인간은 더욱 작아집니다.

기술과 경제라는 거대한 활동 영역에서 실증주의적 이성은 적절한 역할을 수행할 수 있으나, 이것이 인간의 모든 것을 대변하지는 않습니다. 따라서 단순한 기술과 순수 실용주의를 넘어서는 살아 계신 하느님과의 만남을 통해 존재의 완전한 위대함으로 이끄는 문을 계속해서 활짝 열어야 합니다. 이는 믿음을 지닌 우리의 몫입니다.

II

다소 수고스러운 이러한 성찰들은 완전히 변화된 오늘날의 이 세상에 예수 그리스도의 복음을 다른 이들에게 전해 주는 과업이 여전히 타당함을 보여 줍니다. 이를 정당화할 수 있는 더욱 간단한 두 번째 방법이 있습니다. 커다란 기쁨을 누린 이는 기쁨을 혼자 간직할 수 없으며, 이 기쁨을 다른 이에게 전달해야만 합니다. 사랑의 선물과 진리를 인식하는 선물 또한 마찬가지입니다. 안드레아 사도는 그리스도를 만났을 때, "우리는 메시아를 만났소."(요한 1,41)라고 말할 수밖에 없었습니다. 그리고 역시 예수님과 만나게 된 필립보 또한 나타나엘에게 이렇게 말하였습니다. "모세가 율법에 기록하고 예언자들도 기록한 분을 만났소."(요한 1,45)

우리는 가능한 더 많은 구성원을 확보하기 위해서나 권력을 챙기고자 예수 그리스도를 선포하는 것이 아닙니다. 우리는 우리에게 주어진 기쁨을 전해야 한다고 느끼기 때문에 그리스도에 대해 이야기합니다. 존재 깊은 곳에서 주님을 진정으로 만날 때, 그분과의 만남을 통해 진리와 사랑과 기쁨의 위대한 경험을 얻게 될 때, 비로소 예수 그리스도의 믿을 만한 선포자가 될 것입니다.

종교의 본질 중 하나는 하느님께 자신을 온전히 내맡기는 신비로운 봉헌과 하느님께서 창조하신 세상과 이웃에 대한 책임감 사이의 깊은 유대입니다. 마르타와 마리아는 때때로 한쪽으로 치우치지만 서로 분리할 수 없는 관계입니다(루카 10,38-42 참조). 이 두 극단이 만나는 지점은 하느님과 그분의 피조물을 동시에 아우르는 사랑입니다. "사랑을 우리는 알게 되었고 또 믿게 되었습니다."(1요한 4,16) 이 성경 구절은 그리스도교의 진정한 본질을 표현합니다. 모든 시대의 성인들에게서 다양한 방식으로 실현되고 나타나는 사랑은 그리스도교 진리의 진정한 증거입니다.

종교란 무엇인가
— 종교의 원천에 계신 하느님*

우리가 종교의 본질을 명확히 하고자 할 때, 종교는 다른 곳이 아닌 종교들 안에서만 존재한다는 사실이 가장 먼저 떠오른다. 종교의 추상적인 본질은 존재하지 않고 구체적인 형태만 있는 듯 보이는 것이다. 이는 대화의 방법을 찾으려는 시도를 막다른 골목으로 몰고 가는 것과 같다. 실제로 종교는 시간과 공간을 아우르는 하나의 건축물처럼 보일 뿐이다. 하지만 자세히 살펴보면 종교란 거대한 건축물 같은 정적인 방식으로 표현될 수 없으며, 궁극적으로 자기 극복을 향한 역사적 움직임 안에서 자신을 발견한다. 이러한 움직임 안에서 종교는 파괴되지 않고 정화되어 가장 진정한 본성으로 되돌아간다.

---

* 본 원고는 2022년 3월 19일에 탈고되었으며 발표되지 않았다.

한때 단순히 이교도라 불렸던 부족 종교들은 개별적인 삶의 영역에 명령을 내리는 구체적 형태의 신을 알고 있었다. 다산 숭배가 가장 눈에 띄는 예다. 부족 종교를 믿는 이들은 풍요의 신비를 기쁘게 숭배하며 동시에 항상 새로운 방식으로 이를 받아들였다. 그러므로 풍요의 보존에 대한 감사, 그리고 그 자체에 대한 기쁨이 이러한 종교들의 필수적인 내용이다. 하지만 그렇게 함으로써 신과 인간의 요소가 서로 얽혀 고유의 존엄성을 잃어버리게 되는 무아의 남용에 빠지게 되었다. 이러한 숭배는 종교의 본질 자체에 의문을 제기하게 함으로써 전체 사회를 파멸시켰다. 이 유혹에 맞서 싸우는 것은 종교와 성경적 믿음의 관계를 결정짓는 중요한 요소다.

물론 이러한 종교는 이 땅의 보존과 풍요를 목적으로 한다는 점에서 긍정적인 측면도 있다. 심지어 후기 고대 사회에서 이교도의 본질은 화해의 행렬, 의례들, 그와 유사한 행동들에서 매우 긍정적인 방식으로 나타난다. 그리스도교는 초기에 이러한 종교적 형태를 알지 못하였기에 이방의 신앙심에 반대했으나, 결국 이러한 많은 요소를 정화하고 수정하며 자신의 것으로 만들었다. 한편으로는 새로운 개방으로 신앙의 또 다른 구체적인 형태를 받아들이게 되었다. 예를 들어 이교도의 기도 형식이었던 '호칭 기도Litaniae maiores'는 현재에 이르기까지 간구의 기도로 보전되고 있다. 이는 처음에는 그리스도교 신앙에 반대되는 것으로 여겨졌으나 오늘날에는 불행한 죽음을 타고난 인간과 그 삶을 바라보는 그리스도교 시선의 한 형태가 되었다. 제거해야 한다고 여겼던 이교도의 기도가 하느님에게서 받은 삶을 표현하는 데 기여하게 된 것이다.

여기서 나는 특별히 중요한 또 다른 면을 언급하고 싶다. 이는 질병과 죽음과 관련된 것이다. 이교도의 의식에는 아주 감동적인 말과 행동이 있지만, 질병과 죽음으로 대표되는 도전을 악용하여 권력을 행사하고자 하는 의지 또한 있다. 마술사의 힘은 과거와 마찬가지로 오늘날에도 부족 종교의 모습을 훼손시킨다. 죽은 이와의 관계에 대한 본질적인 표현은 모든 부족 종교에서 나타나는 조상 숭배와 관련이 있다. 과거에는 조상 숭배가 삶과 죽음에 대한 그리스도교적 관점에 반대되는 것으로 숙고되었다. 호르스트 뷔르클Horst Bürkle은 자신의 경험을 통해 조상 숭배에 대한 새로운 표현과 유용성을 제안했는데, 이는 고려할 가치가 있다고 보인다. 그는 조상 숭배를 가장 강력하게 반대했던 서양의 개인주의가 오히려 그리스도의 신비체에서 보호받는다고 보는 그리스도교의 이미지와 반대된다고 이야기한다. 그리스도와 인간의 연대는 나와 너의 관계뿐만이 아닌 새로운 우리를 창조한다. 예수 그리스도와의 친교는 우리를 그리스도의 몸, 즉 주님께 속한 거대한 공동체로 인도하며 죽음과 삶의 경계를 넘어선다. 이러한 의미에서 우리보다 먼저 세상을 떠난 사람들과의 친교는 그리스도인으로서 필수적이다. 그것은 우리와 죽은 이들과의 친교를 발견하게 한다. 아프리카에서의 조상 숭배는 유럽과 다른 방식으로 이루어지는 것처럼 보일 수 있다. 하지만 이는 그리스도교가 조상 숭배에 있어 풍부한 의미를 가진 어떤 변화를 불러일으킬 수 있도록 해준다.

그렇다면 이제 유일한 신으로서의 하느님에 대한 믿음이 어떻게 다른 신들의 세계를 능가할 수 있는지에 대한 의문이 생긴다. 거룩한 말씀의 사도회의 빌헬름 슈미트Wilhelm Schmidt는 전 생애에 걸친 연구를 통해 유일한 하느님에 대한 믿음이 종교 역사의 기원에 놓여 있으며, 이 믿음이 다시금 다른 신들을 제압할 수 있기까지 여러 신들에 의해 점진적으로 가려졌다고 주장했다. 그는 결국 이러한 발전이 입증될 수 없다는 것을 인정했다. 그런데 우리는 어떤 면에서 '신들'이 단순한 '하느님의 복수형'이 아님을 알고 있다. 하느님께서는 단수로서 계시며, 오직 단일성으로만 존재하신다. 이에 다원성의 신들은 다른 수준으로 이동한다. 실제로 다양한 영역의 세계는 오직 일부만 지배할 수 있는 신들로부터 다스려진다. 이에 에릭 피터슨Erik Peterson이 그의 중요한 초기 연구인 《정치적 문제로서의 일신론 — 왕은 재위하지만 통치하지는 않는다*Il monoteismo come problema politico — Le roi regne, mais il ne gouverne pas*》에 서술한 내용을 언급할 필요가 있다. 오랜 종교의 역사에서 하느님께서는 모든 것에 대한 권력을 가지고 있지만 행사하지는 않는 군주로 여겨져 왔다. 참으로 유일하신 하느님께서는 누구도 위협하지 않고 누구의 도움도 필요하지 않으시다. 그러므로 그분께는 숭배가 필요하지 않다. 유일하신 참하느님의 선하심과 능력은 그분의 무의미함을 조건으로 삼는다. 그분에게는 인간이 필요하지 않고, 인간은 그분이 필요하지 않다고 믿는다. 그런데 신에 대한 믿음이 확산되면서 공포 정치 체제가 발전하게 되었다. 그러자 참된 신이 나타나 인간을 해방시키리라는 기대가 커졌다. 그리스도인들의 믿음에 따르면 이것이 바로 예수님과 함께 일어난 일이다. 유일한 하느님께서 종교의 역사에 들어와 신들을 폐위시킨 것이다. 무엇보다 앙리 드 뤼박Henri de Lubac은 그리스도교가 인간을 얽매고 있던 신들의 공포스러운 힘에서 해방되는 것으로 인식되었음을 증명했다. 결국 강력한 신들의 세계가 무너진 것은 유일한 하느님께서 등장해 그들의 권세를 끝냈기 때문이다.

나는 카를 라너의 60세 생일을 기념해 출판한 공동 작업물 《세상의 신들Gott in Welt》에서 이를 더욱 자세히 설명하고자 노력했고, 그 결과 '신들'에 대한 믿음에서 벗어나는 두 가지 종류의 출구가 있음을 확인할 수 있었다.

첫 번째는 아브라함의 뿌리에서 시작된 유일신 종교에서는 한 개인인 하느님께서 온 세상을 결정하신다는 것이다.

두 번째 출구는 소승 불교Hinayana를 중심 형태로 하는 신비주의 종교다. 여기에는 인격적이거나 유일한 신이 없고, 오히려 하나의 신은 소멸되어 덧없이 사라진다. 부처의 길은 소멸을 향하는 경향이 있다. 실제로 모든 개별 인물이 신비롭게 소멸한다고 여기는 이 사상이 널리 퍼지지는 않았다. 하지만 현대인들에게 이는 죽음의 최종적인 모습으로 인식되었고, 한때 유럽의 그리스도교 문화에서도 이것이 매력적으로 보였다. 카를 라너는 다음과 같은 말을 인용한 바 있다. "내일의 그리스도인은 신비주의자일 것이다. 그렇지 않으면 더 이상 존재하지 않을 것이다." 겉보기에 이는 신앙의 내적 심화와 내면화를 목표로 한다. 나는 라너가 이 문장에서 무엇을 말하고자 했는지 명확히 분석하는 것은 생략하겠다.

루이제 린저Luise Rinser 역시 신비주의를 그리스도인 존재의 가장 높은 형태로 제시하였다. 하지만 이는 신앙의 모든 구체적인 형태를 부차적으로 여기는 계획을 숨기고 있으며, 궁극적으로는 비인격적인 독단으로 이어질 뿐이다. 루이제 린저는 내게 카를 라너와 교환한 서신을 출간한 목적이 자신이 신비주의자임을 증명하기 위해서였고, 공의회 기간과 그 이후에 라너와 함께한 긴 영적 여정이 궁극적으로 그리스도교에 대한 신비로운 설명으로 이어졌다고 설명한 바 있다. 루이제 린저가 그리스도교를 신비주의 종교로 바꾸려는 데 라너를 참여시키고 싶어 했는지는 명확하지 않다. 어쨌든 린저는 라너의 저 유명한 구절에 대한 설명을 미래를 여는 열쇠로 제시하고자 했다.

하지만 그리스도교에 대한 이러한 해석은 그리스도교의 내밀한 의도 및 역사의 구체적인 형태와 모순된다. 그리스도인에게는 예수 그리스도 안에서 인간에게 손과 마음을 결속하신 하느님이 중심이다. 우리를 위하여 죽음에 이르기까지, 그리고 죽음을 넘어서까지 사람이 되어 견디어 내신 하느님께서 그리스도교의 중심인 것이다. 하느님과 신들 사이에 놓인 종교의 역사에 대한 모든 논쟁은 하느님께서 여타의 맹목적 숭배의 대상처럼 사라지는 것으로 끝나지 않는다. 오히려 다른 신들 위에 계신 유일한 참하느님의 승리로 끝난다. 이는 사람이 되신 하느님이 전제된 사랑의 선물이다. 그러므로 인간은 자신이 하느님의 사랑을 받고 있음을 받아들이고, 이를 전달함으로써 완전한 인격체가 된다.

제2장

그리스도교를 이루는 기반

그리스도교는 "한 분이신 하느님을 흠숭하여라."라는 계명에서 볼 수 있듯 유일신 사상에서 출발한다. 그러나 이 유일신 사상은 다른 종교에 불관용적일 수 있다는 위험을 담보하는 것처럼 느껴진다. 실제로 구약 성경을 보면 마치 유다인들이 이방인을 배척하는 듯한 모습을 보인다. 하지만 이러한 배척은 단순히 하느님에게 선택받지 못한 이방인에 대한 적대적 태도가 아닌 윤리적으로 악한 문화에 대한 반감이다. 또한 불합리한 방식으로 믿음을 위협하는 역사에 대한 반응이라 할 수 있다.

이에 베네딕토 16세는 구약의 다양한 본문과 역사적 배경을 분석함으로써 그리스도교 신앙이 세상의 권세를 가지고 계신 하느님의 선을 향한 충실성에서 완성됨을 강조한다. 또한 그리스도교가 인류의 역사 안에서 어떻게 공통 이성으로 받아들일 수 있는 합리적인 종교로 발전되었는지 보여 준다. 무엇보다 중요한 것은 현대 사회 안에서 그리스도교는 여전히 믿음을 위협하는 악한 문화에 방어적으로 대처하는데, 이로 인해 구약의 역사와 마찬가지로 폭력적인 말살의 위험에 처해 있다는 것이다. 이러한 견해는 베네딕토 16세가 전 생애에 걸쳐 끊임없이 그리스도인들에게 강조했던 바다. 실제로 현대 사회에서 그리스도교의 가치, 특별히 윤리적인 주제는 시대에 뒤떨어졌거나 혹은 비합리적인 것으로 여겨진다. 이에 대해 베네딕토 16세는 선을 지키고자 하는 열정이 그리스도인들에게 요구되는 태도임을 상기시킨다. 이 외에도 그리스도교를 이루는 기본 요소에는 음악과 전례가 포함되는데, 이는 우리의 신앙심을 고취시키는 놀랍고도 아름다운 요소다.

유일하신 하느님과 관용[*]

에크하르트 노르드호펜Eckhard Nordhofen은 본질적으로 표면적인 수준에 머물러 있는 유일신교와 불관용 사이의 관계를 처음으로 마주한 후, 그의 방대한 논문 〈말뭉치 — 유일신교의 무정부적 힘 Corpora — Die anarchische Kraft des Monotheismus〉에서 이 문제를 광범위하게 다루었다. 그럼에도 나는 역사적인 측면을 더 탐구해 볼 수 있을 것 같다는 인상을 받았다. 그렇게 유일신교와 불관용 사이의 관계에 대한 복잡성을 살피고자 이 원고가 탄생했다. 이것은 아주 오래전부터 생겨난 주제임에도 현재에 대한 성찰도 담겨 있기에 분석적으로 다루어져서는 안 된다고 생각한다. 이는 특히 마지막 단락에서 두드러질 텐데, 표면적

---

[*] 본 원고는 2018년 12월 29일에 완성되었다.

으로 관용적인 것처럼 보이는 헬레니즘 종교와 문화의 거대한 힘이 유다교를 적대적으로 여기는 한계적이고 편협한 태도와 만나게 된다. 이로 인하여 점점 더 유다교에 관용적이지 못한 태도를 보이게 된 것이다. 그러나 오늘날의 관점에서 보면 당시 상황에 대한 또 다른 평가가 가능하다. 신앙의 본질적인 형태가 유다교에서 싹튼 것이라고 단호하게 생각하는 그리스도인들은 오히려 관용이라는 명분 안에서 행사되는 편협함의 희생자가 되고 있다. 과거의 현실에 대한 논의는 의도적으로 자제하도록 하겠다. 이는 독자의 성찰에 맡겨 둔다.

사실 이 과정의 복잡성은 매우 일찍 시작된다. 예를 들면, 유명한 금송아지 사건(탈출기 32장)은 단순히 하느님의 유일성에 대한 고백의 문제가 아니다. 이는 하느님을 신상神像으로 축소함으로써 하느님을 향한 이스라엘의 충성심이 실패하는 문제다. 여기에서 하느님의 유일성에 대한 진리는 변호되지 않고, 계약을 통해 하느님과 특별한 유형의 충성 관계를 맺었던 이스라엘의 불충실함이 단죄된다.

여호수아기, 판관기, 열왕기의 유일신교에 대한 각각의 이해를 다루는 것은 너무 광범위하다. 그러므로 나는 여호수아기

24장 15절에서 28절의 본문만을 간략히 분석하고자 한다. 왜냐하면 이 안에 이스라엘과 하느님과의 관계에 대한 설명이 담겨 있으며, 이후의 모든 것에 결정적인 영향을 미치기 때문이다. 이스라엘은 계약에 내재된 하느님에 대한 의무에서 벗어날 수 있음에도, 즉 아직 계약을 거부할 기회가 분명히 주어져 있을 때에도 하느님과의 독점적인 계약을 기꺼이 받아들인다. 주 하느님(야훼)과의 이러한 독점적인 유대 관계, 만들어진 다른 모든 신에 대한 거부, 그리고 다른 신들에 대한 투쟁은 추상적인 유일신교의 결과로 나타나는 것이 아니다. 이는 이스라엘에 있어 유일하신 하느님, 다른 신들에게 속한 것처럼 여겨지는 땅을 자신을 위해 독점적으로 주장할 수 있는 하느님과의 구체적인 계약 관계에서 유례없이 비롯된 것이다.

거룩한 역사의 또 다른 구절에서, 앞서 약속의 땅에 살았던 민족들에 대한 이스라엘의 불관용이 또 다른 동기를 가지고 있었음을 덧붙일 필요가 있다. 거기에서 이전 민족들은 그들이 섬기던 우상들이 원했던 혐오스러운 것들로, 특별히 인간을 희생 제물로 바치는 형식으로 약속의 땅을 더럽혔기에 더 이상 이에 대한 권리를 가질 수 없었다. 결국 하느님께서는 그 땅을 이스라엘에게 준다고 약속하심으로써 당신 백성이 법에 따라 살 수 있도록 하였고, 약속의 땅이 지닌 존엄성을 회복하셨다. 그런데 이 땅에 이전 인구의 상당수가 여전히 남아 있었다. 그 영향으로 이스라엘은 하느님 뜻에 따라 완전하게 살지 않았고, 다른 민족에게 의롭게 살기를 가르치지도 않았다. 오히려 그들에게 맡겨진 삶의 방식에서 벗어나 이전에 살았던 민족의 생활 방식에 순응했다. 결국 이러한 경우에 다른 민족들에 대한 '불관용'을 결정하는 것은 결코 추상적인 유일신론이 아닌 신앙과 관련된 도덕의 문제다. 이는 우리의 이성을 조심스럽게 불러내 하느님 행위의 정당성을 증거한다.

유일신교와 관용의 문제에 대한 본질적인 관점은 솔로몬이 자신이 사랑한 이방인 여성들의 우상들에게 산당을 세워 준 이야기에서도 발견할 수 있다(1열왕 11,1-13 참조). 지혜서 안에서 솔로몬은 이상적인 통치자로 자신의 민족뿐만 아니라 더 나아가 모든 이에게 계속해서 지혜의 이야기를 건네는 스승으로 나타난다. 그러나 다른 한편으로 솔로몬이 거둔 성공은 그를 이교도들을 위한 신전 건설과 거대한 하렘을 포함한 무절제한 생활 양식으로 이끌었다. 현대의 기준으로 보면 솔로몬은 다양한 종교를 위한 공간을 허용하여 상호 간의 관용을 가능하게 한 계몽적인 임금이라고 할 수 있다. 하지만 이스라엘의 공식 역사는 이에 대조적인 입장을 취하고 있다. 물론 솔로몬은 40년간 왕국을 통치한 위대하고 현명한 임금이다. 그러나 동시에 이스라엘과 유다 사이의 분열이 시작된 시기도 바로 솔로몬이 통치했던 때이며, 개탄스럽게도 그의 종교적 관용은 지혜를 버리고 우상 숭배라는 극도의 어리석음에 빠지는 결과를 가져왔다. 신약 성경의 스테파노 이야기는 솔로몬이 거룩한 장막 대신에 지었던 화려한 성전이 어떻게 거짓 신앙심으로 가는 통로가 되었는지 내밀하게 보여 준다. 참하느님께서는 인간이 손으로 지은 석조 건물에 머물지 않으신다. 그분께서는 길 위에 계신 하느님이시다(사도 7,47-53 참조).

아합 임금의 상황은 완전히 다르다. 아합은 이교도 부인인 이제벨을 사랑하였으므로, 부인이 원하는 만큼 우상 신들에게 모든 공간을 제공하였다(1열왕 16,29-34 참조). 바로 이러한 이유로 아합은 악한 통치자의 원형이 되었으나, 성경을 살펴보면 어떤 면에서는 백성에게 나름 좋은 통치자로 여겨졌음을 알 수 있다. 이는 아람군과의 전쟁에서 치명상을 입은 백성이 아합의 죽음을 애도하는 모습에서 관찰할 수 있다(1열왕 22,29-40 참조). 유일신교, 즉 유일한 하느님에 대한 신앙과 우상 숭배의 위선 사이의 극적인 충돌은 엘리야와 이제벨의 대립에서 발생한다(1열왕 18,20-40 참조). 엘리야는 아합의 이제벨을 위한 정책으로 인하여 바알의 예언자 450명이 거부하는 시나이 하느님의 유일한 예언자로 남게 된다. 이후 하느님의 심판은 엘리야가 바알의 모든 예언자를 죽이는 결과로 나타난다. 사실상 유일신교가 이룩한 이 승리로 엘리야는 의로운 편에 서는 듯 보였지만, 실제적인 힘의 균형은 그가 심신의 위협을 느끼고 도피하도록 만들었다. 엘리야는 하느님의 산인 시나이로 돌아가 새로운 지시를 받는다(1열왕 19,1-8 참조). 하느님과의 만남이 엘리야가 우상들과의 전쟁에서 사용한 폭력에 대한 처벌로 이해되어야 한다는 해석은 여전히 논란의 여지가 있다. 하느님께서는 불 속이나 폭풍 속에 계시지 않으신다. 그분의 존재는 산들바람의 속삭임 안에서 느낄 수 있다(1열왕 19,12 참조).

약 300년 후, 이사야 예언자의 활동이 시작된다. 이때 우리는 다시 유배 생활의 종료, 즉 이스라엘의 해방을 알리는 신비로운 음성과 만난다(이사 40,3-5 참조). 그로부터 약 500년이 지난 후, 다시 한번 요한 세례자의 목소리를 통해 이 음성이 들려온다(요한 1,23 참조). 이렇게 구약에서 신약으로 넘어가는 통로가 성취된다. 이 음성의 의미를 점진적으로 구체화함으로써 시나이산에서 엘리야에게 내려진 계시가 궁극적으로 무엇을 의미했는지가 매우 분명해진다. 하느님께서는 엘리야처럼 폭력으로 승리하는 것이 아니라, 역사 안에 개입하여 고통받는 하느님의 종 안에서 승리하신다. 비록 엘리야에게 이루어진 하느님 출현의 본래 의미에 대한 물음이 여전히 열려 있다고 할지라도, 이사야서와 요한 세례자에게서 반복되는 모습은 하느님의 능력과 무능력에 대한 의문에 있어 신비롭고 새로운 정의가 세상 안에 선포되고 있음을 확인할 수 있게 한다. 그러나 엘리야 자신은 폭력 정치를 추구하지 않았음에도 새로운 정의는 깨닫지 못한 것처럼 보인다.

한편, 폭력 정치는 예후 왕국에서도 계속된다. 극도로 피비린내 나는 전제 정치는 아합 집안의 학살로 이어진다(2열왕 9,14-37 참조). 예후는 이러한 식으로 자신이 엘리야의 지시를 따르고 있다고 단언했다. 성경은 엘리야가 이러한 폭력적인 정권에 대해 알고 있었는지, 이에 대해서 어떠한 의사를 가졌는지 언급하지 않는다. 분명한 것은 예후의 피비린내 나는 통치가 엘리야가 예후에게 부여한 임무를 상기시킨다 할지라도(1열왕 19,15-18 참조), 이는 유일하신 하느님과 바알 신들의 관계와는 상관없다는 사실이다. 이는 전적으로 이스라엘 안에서의 권력 투쟁과 관련이 있다.

그러나 이 이야기의 각 구절을 더 깊이 분석해 보면 끔찍한 엘리야의 대학살은 살아 계신 하느님을 향한 응답으로 이해해야 한다. 엘리야는 바알 신들의 침묵과 하느님의 강력한 말씀 가운데 학살을 저지른다. 이것이 다신교에 대한 일신교의 승리로 해석되어서는 안 된다. 주어진 상황을 봤을 때 오히려 선조들에게서 받은 믿음의 위협에 대한 이스라엘의 구체적인 반응으로 보아야 한다. 이를 통해 이스라엘 선조들의 믿음은 자신의 우상 신들만을 추구하는 이제벨 여왕의 오만함에서 보호받는다. 앞선 엘리야와 바알 예언자들의 이야기에 등장하는 또 다른 인물인 이제벨은 자신이 믿는 우상 신들을 데려옴으로써 자신의 힘을 구체적으로 행사하려 한다.

이 이야기 안에서 이제벨은 나봇으로 대표되는 이스라엘의 신앙을 권력을 위한 수단으로 가볍게 여기고 있다는 점에서 비난받는다(1열왕 21,1-26 참조). 구체적으로 나봇은 선조들에게서 물려받은 포도밭이 이스라엘의 하느님께서 당신의 백성에게 약속하신 선물임을 알고 있다. 나봇에게 포도밭은 보다 구체적으로 하느님께 받은 선물이다. 포도밭은 약속에 대한 참여이자 조상에게서 받은 땅의 선물이고 유산인 것이다. 그러므로 이를 동일한 가치의 포도밭 혹은 더 좋은 포도밭으로 교환해 주겠다는 아합의 관대한 제안은 그에게 중요하지 않다. 나봇에게는 조상들의 상속 재산이 중요할 뿐이다. 이러한 신앙에 대적해 이제벨은 나봇의 명예를 훼손함으로써 권력의 오만함을 드러낸다. 구약의 저자는 이 안에서 바알 종교의 본질을 바라보며 이것이 이스라엘 조상들의 하느님에 대한 신앙과 근본적으로 차이가 있음을 표현한다. 바알 숭배는 신과 인간 사이의 경계가 무너지는 풍요의 예식이다. 타의 추종을 불허하는 무절제 속에서 신은 아래로 끌어내려지고 존엄성은 왜곡된다. 이러한 의미에서 해방되어야 하는 지역 민족들의 도덕적 멸망의 원인은 바알 숭배에 있음이 드러난다.

이를 기초로 하여 한 분이신 하느님을 흠숭하라는 제1계명의 의미를 이해할 수 있다. 이 계명은 하느님 법의 확실하고 본질적인 요구를 드러낸다. 그리고 이어지는 계명은 이를 구체적으로 명시한다. 유일하신 하느님께서는 모든 인간의 현실 위에 있다. 또한 순수한 초월성 속에서 인간의 존엄성을 보증하신다. 결국 바알을 상대로 하는 살아 계신 하느님을 위한 투쟁은 인간의 정의를 위한 투쟁인 것이다. 이는 제4계명부터 제10계명까지 구체적으로 표현된다. 그런데 종교의 관용과 불관용 문제는 여전히 열려 있다. 이러한 의미에서 엘리야가 카르멜산에서 한 행동에서 유일신교의 관용과 불관용 문제의 결론을 도출할 수 없어 보인다. 사실 시나이산으로의 여정은 이미 새로운 개념을 열어 놓았다. 이는 나중에야 발전되어 정착될 것이다.

이제 이스라엘의 하느님에 대한 신앙과 바알 종교 사이의 관계를 보다 면밀히 정의해 보자. 이스라엘 신앙의 결정적인 특징은 이스라엘 백성과 이 땅의 다른 모든 민족 앞에 오직 한 분이신 하느님께서 계신다는 것이다. 하느님과 전체 세상의 관계는 초월성으로 정의할 수 있다. 반면에 바알 종교와 같은 풍요의 종교들에게 중요한 사실은 신과 인간의 세계 사이에 넘을 수 없는 경계가 존재하지 않는다는 것이다. 이러한 종교들의 본질은 이스라엘과 같은 초월적인 신에 대한 인간의 순종이 아니라, 오히려 인간의 것과 신의 것이 얽혀 구성되어 있다. 그 중심에는 풍요에 대한 광대한 신비가 있다. 이는 파괴적인 힘뿐만 아니라 호화로움을 맛보고 경험하게 한다. 이스라엘의 하느님의 덕에 따르면 신성과 인성을 혼합하는 이러한 의식은 오만함으로 여겨지고 궁극적으로는 세계와 인간의 파멸로 간주된다. 그러기에 이스라엘은 이를 모두 거부해야만 한다. 이제 우리는 다소 도식적으로, 풍요를 숭상하는 종교들은 동일한 정체성을 갖고 있다고 말할 수 있다. 그리고 초월적인 하느님께 존경을 드리는 종교는 순명의 종교라고 정의할 수 있다. 순명에 대한 내용은 앞서 살펴본 바와 같이 십계명 안에 있다. 이는 어떠한 의미에서 하느님에 대한 참된 묘사라고 할 수 있다. 인간은 이를 실천함으로써 하느님의 모상으로 그분과 닮아 간다.

이는 아모스서를 통해 더 자세하게 설명할 수 있다. 특별히 아모스 예언자가 임금에게 자신을 소개하는 방식이 중요하다. 북이스라엘의 중앙 지성소 베텔의 제사장 아마츠야는 아모스에게 이렇게 말한다. "선견자야, 어서 유다 땅으로 달아나, …… 다시는 베텔에서 예언을 하지 마라. 이곳은 임금님의 성소이며 왕국의 성전이다."(아모 7,12-13) 여기서 중요한 것은 아모스의 대답이다. "나는 예언자도 아니고 예언자의 제자도 아니다. 나는 그저 가축을 키우고 돌무화과나무를 가꾸는 사람이다."(아모 7,14) 이는 하느님의 메시지가 정치에서 독립적임을 의미하고, 예언자가 정치 권력 앞에서 자유로움을 상징한다. 그런데 사실 이 특별한 경우에는 더 큰 의미가 있다. 이 시기 이스라엘은 도시의 부와 사회 구조의 권력이 증가하고 있었다. 그러기에 농촌 인구와 도시 경제 사이의 불균형이 발생했으며, 이는 필연적으로 농촌 인구의 감소를 가져왔다. 따라서 이런 특수한 상황에서 아모스는 사회적 평등과 정의의 수호자가 되었다. 하느님의 메시지가 인간의 권위에 의존하지 않는다는 것은 정의에 대한 헌신이 모든 이를 대상으로 함을 의미한다. 오경과 이스라엘의 역사서에는 과부, 고아, 외국인에 대한 관심이 드러난다. 그들은 특별히 하느님의 사랑과 보호를 받는다.

또 다른 측면도 고려해야 한다. 아모스서는 하느님께서 당신의 민족들을 처벌하고자 하는 일련의 위협으로 시작하며, 그들이 저지른 악행에 대한 재앙을 극적으로 선포한다. 하느님께서 다른 민족에게 처벌을 내리신다는 위협은 성경에서 흔히 볼 수 있다. 그런데 여기에 통상적인 도식을 뒤집는 새로운 면이 있다. 바로 하느님의 심판이 다른 민족이 아닌 당신 백성들을 향하여 절정에 달한다는 사실이다. 결국 하느님 행위의 목적은 궁극적으로 모든 백성의 구원이며 여기서 선포되는 보편성은 구약 성경에서 나타나는 하느님 행동의 근본적인 동기라고 볼 수 있다. 어떤 경우에도 유일신론을 다양한 역사적 상황에 적용할 수 있는 것으로 여기거나, 관용 혹은 불관용과 같은 우리 시대의 개념과 연관시킬 수 있다고 간주하는 것은 옳지 않음이 분명하다.

마지막으로 유배 시기와 마카베오기를 살펴보자. 유일신교가 이스라엘에서 발전한 것은 유배 시기에 이르러서였다. 이스라엘이 유일한 하느님을 모시고 있었고, 다른 모든 신이 우상이라는 것은 분명했다. 그러나 이스라엘에게는 다른 신들의 존재 여부와 이를 존재론적으로 어떻게 생각해야 할지는 관심 밖의 문제였다. 하지만 이제 이스라엘은 자신들의 땅을 **빼앗겼**고, 당시에 이는 통상적으로 그 지역 또는 민족의 신이 종말했음을 의미했다. 자신의 민족과 땅을 지키지 못한 신은 신이 될 수 없었다. 그러나 이스라엘에서는 정반대의 생각이 일어났다. 아브라함의 하느님, 이사악과 야곱의 하느님, 시나이산의 하느님께서 온 땅을 다스리시는 것이다. 하느님께서는 당신 백성을 수 세기 동안 이집트로 보낼 수 있었고, 그들을 파라오의 폭력에서 구출할 수 있었으며, 사막을 건너 약속의 땅으로 인도할 수 있었다. 심지어 당신 백성을 패배하게 함으로써 바빌론으로 유배를 보낼 수도 있었다. 하느님께서는 특정 국가나 특정 민족만의 신이 아니셨다. 그 결과로 이제 창조 개념이 유배 시기의 중심이 된다. 하느님께서는 하늘과 땅의 창조주이시다. 그분만이 무無에서 세상을 창조하셨다. 그분만이 참하느님이신 것이다.

이스라엘의 신앙은 바로 이 역설과 마주하게 된다. 모든 신 위에 홀로 유일하신 하느님께서 이스라엘을 선택하셨고, 어떤 식으로도 얽매이지 않고 이스라엘을 사랑으로써 당신에게로 이끄신다는 사실을 말이다. 온 땅이 하느님께 속해 있으므로 그분께서는 어떠한 땅도 필요하지 않으시다. 시편 저자의 말처럼 온 땅이 하느님의 손 안에 쥐어진 작은 것에 불과하다는 사실은 놀랍다. 하느님께서는 이 땅의 힘 있는 이들을 그 목적에 따라 사용하실 수 있고, 이스라엘을 예루살렘으로 돌려보내는 당신의 종으로서 페르시아의 임금 키루스를 선택하실 수 있다

(2역대 36,22-23 참조). 이러한 상황에서 이스라엘이 하느님께 정치적 편협함을 통한 어떠한 권리를 요구할 생각을 할 수 없었음이 분명하다. 이스라엘은 유배 상황 안에서 오직 확신을 가지고 하느님 손에 자신을 맡길 뿐이다. 하느님만이 모든 현실에 대한 권세를 가지고 계시다. 그런데 이것은 이스라엘이 민족들과의 분쟁에서 이제 공통 이성에 호소하게 되었음을 의미한다. 하느님께서는 이스라엘의 신앙으로만 이해할 수 있는 분이 아니라, 공통 이성으로써 이해할 수 있어야 한다.

다신교의 숭배는 합리적인 근거가 있는 것으로 여겨지지 않지만, 이스라엘이 믿고 숭배하는 유일하신 하느님께서는 합리적인 관점에서 검증되고 이해되어야 했다. 귀가 있지만 들을 수 없고, 눈이 있지만 볼 수 없는 신들에 대한 조롱은 어떠한 면에서 점잖지 못하게 보일 수 있다. 그러나 이는 완전한 유일신교를 향한 방향으로 새로운 단계를 정확히 표현하는 것이다. 이런 식으로 그리스도교와 그리스 사상과의 만남이 준비되었고, 이를 위해 구약 성경을 그리스어로 번역한 《70인역》이 도구로 제공되었다. 이는 후기 지혜 문헌에서 명시적으로 다루어진다. 이런 식으로 그리스도교 안에서 철학적 사고와 이스라엘 신앙의 만남이 결정적으로 이루어지게 되었다. 경건함과 동시에 비판적이었던 소크라테스의 사상은 나름대로의 방식으로 다른 신들이 지닌 환상에 대한 정체를 밝히는 효과가 있었다. 오늘날 우리는 인간 정신을 정반대로 움직이게 하는 것들과 직면하고 있다. 현대 사상은 더 이상 존재의 진리를 분별하기를 원하지 않고, 존재에 대한 권력을 얻고 싶어 한다. 또한 자신의 필요와 욕구에 따라 세상을 재구성하기를 원한다. 진리가 아닌 권력을 향한 이러한 지향은 의심할 여지 없이 우리가 궁극적으로 돌아가야 할 현시대의 진정한 문제와 맞닿아 있다.

마카베오기를 다시 살펴보자. 알렉산드로스 대왕의 승리로 거대한 그리스 문화권이 생겨났고, 디아도코이* 왕국은 문화적·정치적인 형태를 갖추게 되었다. 통합을 방해하는 전통적인 삶의 형태는 모든 것을 하나로 묶는 통일된 문화를 위해 폐지되어야만 했다. 따라서 오경에 규정된 할례, 음식에 관한 규정 등의 유다교적 삶의 형태들은 사라져야 하는 것으로 여겨졌다. 이스라엘의 신앙과 생활 양식, 언어는 새롭게 통일된 국가와 양립할 수 없었기 때문이다.

---

* 알렉산드로스 대왕 사후에 제국을 계승한 이를 지칭하는 말이다. — 편집자 주

이스라엘 사람들 대부분은 헬레니즘의 현대적 계몽주의 생활 방식과의 융합을 환영한 반면, 다른 이들은 대안이 없다는 이유로 이를 기피했다. 하지만 이스라엘의 신앙과 언어로 이뤄진 생활 방식은 얼마 지나지 않아 불가피한 상황과 맞닥뜨릴 수밖에 없었다. 마카베오기 상권 2장은 권위 있고 존경받는 사람이었던 마타티아스가 어떻게 이러한 요구에 반기를 들어 새로운 사회의 약속을 거부하고, 임금의 사절에 반대했는지 효과적으로 묘사한다. "임금의 왕국에 사는 모든 민족들이 …… 저마다 자기 조상들의 종교를 버리고 그의 명령을 따르기로 결정했다 하더라도, 나와 내 아들들과 형제들은 우리 조상들의 계약을 따를 것이오. …… 우리는 임금의 말을 따르지도 않고 우리의 종교에서 오른쪽으로도 왼쪽으로도 벗어나지 않겠소."(1마카 2,19-22)

이 말이 끝날 무렵, 한 유다인이 왕명에 따라 이교도의 제단에서 희생 제물을 바치려고 했다. 그러자 마타티아스는 "열정이 타올라 …… 달려가 제단 위에서 그자를 쳐 죽였다. 그때에 그는 제물을 바치라고 강요하는 임금의 신하도 죽였다."(1마카 2,24-25) 마카베오기는 민수기의 인물인 피느하스의 '열정'을 상기하면서 마타티아스의 행동을 정당화한다(1마카 2,26 참조). 마타티아스와 그의 아들들은 산으로 도망치게 되는데, 많은 이들이 그를 따랐다. 이제 '열정'은 단일 헬레니즘 문명에 대한 저항의 근본적 범주가 되었다. 이렇게 시작된 마카베오의 운동으로 국가의 군사력에 대항해 신앙을 기초로 하는 새로운 이스라엘 국가를 세울 수 있었고, 예루살렘 성전도 재건할 수 있었다.

마카베오 운동은 자신의 정체성에 대한 이스라엘의 굳건한 충실함을 기반으로 한다. 이러한 충실함은 시대에 뒤떨어진 고대 전통에 대한 완고한 애착이 절대 아니다. 이스라엘의 하느님께서는 이성적으로도 인정할 수 있는 참된 하느님이시므로 그분의 율법에 충실하다는 것은 곧 진리에도 충실한 것이라고 할 수 있다. 유일신론적 편협함이라는 꼬리표를 붙이면 이 운동의 정신을 확실히 이해할 수 없다. 오히려 이는 자기들만이 타당하다고 여기는 삶의 방식을 주장하는 세속 국가의 편협함과, 고유한 생활 방식을 지닌 선조들의 신앙을 지키고자 하는 신실함의 대결로 이해해야 한다.

이 지점에서 우리는 현재 상황을 살펴볼 필요가 있다. 사실 어떠한 면에서 서구 세계의 현대 국가는 자신을 모든 종교의 어리석고 비합리적인 전통을 깨는 관용의 위대한 힘이라 간주한다. 게다가 인간에 대한 급진적 조작과 젠더 이데올로기를 통한 성 왜곡과 함께 특히 그리스도교를 반대한다. 피상적인 합리성으로 스스로가 항상 옳다고 여기는 이러한 독재적 주장은 그리스도교의 인간학 및 그에 따른 생활 방식을 포기할 것을 요구한다. 또한 이를 비이성적이라고 간주한다. 그리스도교 신앙에 대한 현대의 이 명백한 불관용은 아직 공개적인 박해로 드러나지는 않지만, 점점 더 권위주의적인 방식으로 나타나고 있다. 입법을 통해 본질적으로 그리스도교적인 것의 말살을 목표로 하는 것이다. "우리는 (현대의 법률에 대한) 임금의 말을 따르지 않겠소."(1마카 2,22 참조)라는 마타티아스의 태도는 그리스도인의 태도다. 그러나 마타티아스의 '열정'은 그리스도인의 열정이 표현해야 하는 구체적 형태는 아니다. 진정한 '열정'은 예수 그리스도의 십자가에서 그 본질적인 형태를 취하기 때문이다.

마지막으로, 구약 성경의 유일하신 하느님에 대한 신앙 역사의 몇 가지 단계를 간단하게 검토하면서 일종의 결론을 이끌어 내 보고자 한다. 우선 우리는 역사적으로 유일신교가 매우 다양한 방식으로 존재해 왔음을 분명히 말할 수 있다. 따라서 단일 현상에 대한 현대적 기준으로는 이를 명확히 정의할 수 없다. 현대적 용법에 따른 유일신교는 엄밀한 의미에서 오직 진리의 문제에 연결될 때만 도달할 수 있다. 이스라엘에서의 이러한 여정은 비록 진정하고 고유한 의미의 철학적 성찰은 아닐지라도 기본적으로는 유배에서 비롯된다. 종교사적 관점에서 볼 때 혁명적인 사건은 지중해 유역의 '하느님을 두려워하는 사람들', 즉 사도들이 선교하였던 하느님에 대한 이방인들의 유일신 신앙과 함께 발생했다. 그러나 유일한 신의 보편성에 대한 결정적인 확증은 이 유일한 하느님께서 이스라엘과 연관되어 있고 따라서 이스라엘 안에서만 완전히 접근할 수 있다는 사실에서 방해를 받았다. 이방인들은 이스라엘에서 함께 하느님께 경배할 수 있었지만 완전히 그에 속할 수는 없었다.

하지만 그리스도교 신앙은 바오로 사도를 통해 보편성을 지니게 되었고 이제 당신을 계시하신 이스라엘의 하느님께서는 구체적으로 숭배될 수 있는 유일한 하느님이 되었다. '철학자들의 하느님'과 유다교의 구체적인 하느님의 만남은 그리스도교 선교가 가져온 보편적 역사에 변혁을 일으킨 사건이다.

궁극적으로 선교가 성공한 것은 바로 이 만남에 바탕을 둔다. 이렇게 그리스도교 신앙은 '진정한 종교'로 역사에 존재할 수 있었다. 보편성에 대한 그리스도교의 주장은 철학에 대한 종교의 개방성을 근거로 한다. 이것은 고대 그리스도교에서 발전한 선교 과정 중에 그리스도교가 자신을 종교로 여기지 않고 주로 철학적 사고, 즉 진리에 관한 인간 탐구의 연속으로 생각했던 이유를 설명한다. 하지만 불행히도 이는 현대에 이르러 점점 잊히고 있다. 그리스도교는 세계 종교 중 하나로, 혹은 다른 종교들 우위에 있는 종교로만 인식된다.

따라서 알렉산드리아의 클레멘스가 그리스도교 이전의 역사에 존재하는 그리스도를 향한 긴장을 언급한 로고스의 씨앗은 포괄적으로 다른 종교들과 동일시된다. 그러나 클레멘스에게 '로고스의 씨앗'은 인간의 사고가 그리스도를 향해 잠정적으로 나아가는 철학적 사고의 과정을 의미한다.

관용의 문제로 다시 돌아가 보자. 관용이 의미하는 바는 그리스도교가 자신을 본질적으로 진리로 이해하고 이를 바탕으로 보편성을 주장한다는 것이다. 그러나 진리에 관한 주장을 그 자체로 불관용적인 것으로 보는 현재의 그리스도교에 대한 비판이 바로 여기에서 비롯된다. 진리와 관용이 서로 배타적으로 보이는 것이다. 이에 따르면 그리스도교의 불관용은 진리에 관한 주장과 밀접하게 관련이 있다. 이 개념의 기저에는 진리 자체가 위험한 것이라는 의심이 깔려 있다. 그렇기에 현대의 근본적인 경향은 진리와 무관한 문화의 형태를 향해 더욱 분명하게 움직이고 있다. 인간을 스스로 창조자로 만들고 창조의 근원적 사실에 대해서는 이의를 제기하는 포스트모더니즘 문화에는 그리스도교의 진리에 반하여 세상을 재창조하려는 욕망이 있다. 우리는 이러한 태도가 오히려 필연적으로 불관용을 초래한다는 것을 앞서 살펴보았다.

하지만 진리와 관용의 관계에서 관용은 진리의 본성에 뿌리를 둔다. 마카베오의 반란을 언급하면서, 우리는 진리에 반대하는 사회가 오히려 전체주의적이며 따라서 매우 관용적이지 않다는 것을 살펴보았다. 나는 진리에 관한 오리게네스 교부의 말을 인용하고 싶다. "그리스도께서는 원하지 않는 사람을 상대로 승리하지 않으신다. 그분께서는 오직 설득을 통해서만 승리하신다. 하느님의 말씀은 아무런 이유 없이 이루어지지 않는다." 그러나 결국 모든 형태의 불관용에 대한 진정한 균형은 십자가에 못 박히신 예수 그리스도이시다. 신앙의 승리는 십자가에 못 박힌 예수님과의 친교 안에서만 실현될 수 있다. 십자가 신학은 자유와 폭력의 문제에 대한 그리스도교의 대답이다. 역사적으로도 그리스도교는 박해받는 이를 통해서 승리를 거두었다. 반대로 박해자의 편에 섰을 때는 결코 승리를 거두지 못했다.

그리스도교와 이슬람교의 대화[*]

나는 그리스도교와 이슬람교의 대화가 서로의 경전에 대해 충분하지 않은 지식으로 인해 어떻게 특징지어졌는지, 구조적으로도 어떻게 잘못 설정되었는지 몇 번이나 발견하게 되었다. 쿠란과 그리스도교의 성경 모두 하느님의 자비에 관해서 이야기한다. 여기에는 사랑의 명령이 존재한다. 하지만 다른 한편으로는 이 두 경전 모두 폭력을 가르치고 있다는 지적이 있다. 이러한 지적을 하는 이는 마치 자기가 두 종교의 원천에 있듯이 선한 것과 악한 것이 있다고 단언한다. 그러므로 우리는 사랑의 해석학으로 경전들을 분석함으로써 두 종교가 폭력을 반대하고 있음을 살펴볼 필요가 있다. 다음 사항을 통해 우리는

---

[*] 본 원고는 2018년 3월 1일에 작성되었으며 발표되지 않았다.

서로의 근본적인 구조적 차이를 간과하고 있음을 알 수 있다.

쿠란은 무함마드의 생애 동안 다양한 상황에서 발전한 하나의 책이다.* 그러나 이 책은 사람이 아닌 하느님에게서 직접 영감을 받은 것이므로 모든 부분이 하느님에게서 유래된 권위를 지니고 있다고 주장한다. 그러므로 그리스도교 성경과 쿠란을 구조적으로 구분하는 세 가지 기본 요소는 다음과 같다.

첫 번째, 그리스도교 성경은 책이 아닌, 약 천 년의 역사를 거치며 신학적으로 서로 다른 주장을 가진 여러 가지 책들이 모여서 만들어진 모음집이다. 그리스도인과 유다인의 신앙에 따르면 성경은 하느님께서 직접 지시하신 것이 아닌 하느님 백성의 공동체가 그분의 인도에 따라 나아가는 여정에 대한 해석이다. 그러므로 사람의 말을 매개로 한 하느님 말씀이라고 할 수 있다. 모음집들의 권위는 각각 다르며, 이들이 드러내는 개별적인 부분은 전체적인 지평 아래에서 바라볼 때 올바로 이해할 수 있다.

---

* 쿠란은 무함마드가 가브리엘 천사에게 610년 첫 부름을 받은 이후, 23년간 알라의 계시를 기록한 책이다. 그러나 이 책은 무함마드가 직접 기록한 것이 아닌 그의 가르침을 받은 제자들이 여러 장소에서 여러 시대에 걸쳐 기록한 것이다. — 역자 주

두 번째, 그리스도인들의 이천 년의 다양한 문헌은 질적으로 세분화된 구약과 신약으로 구성되어 있다. 신약 성경 또한 여러 책의 모음집이며 전체적인 맥락을 통해서만 이해할 수 있다. 유다인들이 구약 성경만을 '성경'으로 여기는 반면, 그리스도인들은 신약 속 예수 그리스도의 말씀과 행적에 대한 새로운 해석을 통해 구약 성경을 올바르게 이해할 수 있다고 여긴다. 이는 신약 성경에서 유효하게 증명된다. 구약과 신약의 두 모음집은 매우 밀접하게 연관되어 있기에 신약 성경은 구약을 해석하는 열쇠가 된다. 그리스도교적 관점에서 볼 때, 구약의 영구적인 신학적 의미를 확립할 수 있는 것은 오직 신약 성경을 기반으로 할 때뿐이다.

세 번째, 그러므로 성경의 언어적 영감에 대해서 말하는 것은 불가능하다. 개별 부분들의 의미와 권위는 전체로써, 그리고 그리스도의 사건에 비추어서만 올바로 파악할 수 있다.

이 모든 것은 《가톨릭 교회 교리서》 108항과 2008년 시노드 후속 교황 권고인 〈주님의 말씀〉에서 찾아볼 수 있듯 그리스도교가 경전의 종교가 아님을 의미한다. 성경 속 하느님께서는 오직 살아 있는 교회 공동체 안에서만 말씀하신다. 여기에는 이중 교환, 즉 종속과 상하의 관계가 있다. 교회는 하느님 말씀에 분명히 종속되어 있으며, 항상 그 말씀에 인도되고 판단을 받아야 한다. 그러므로 성경 전체는 살아 있는 교회 안에서만 올바로 해석될 수 있다.

16세기까지 모든 교회가 고수했던 이 입장은 종교 개혁 때에 '오직 성경'이라는 원칙에 따라 거부되었다. 이로 인해 그리스도교는 경전의 종교로 오해받게 되었다. 그러나 실제로 그리스도교는 앞서 구약과 신약의 구분과 함께 언급한 성경의 특수한 성격, 즉 전체와의 관계 안에서만 이해할 수 있다. 또한 신성한 기원으로 거슬러 올라갈 수 있는 개별 텍스트의 고유한 '상대화'로 인해 '오직 성경'의 원칙은 결코 엄격하게 적용되지 않는다. 아돌프 폰 하르낙Adolf von Harnack은 이를 다음과 같이 표현했다. "구약과 신약은 관계적으로 나란히 있을 때만이 유효하다. …… 성경과 관련하여 문자의 절대적 우상 숭배(문자학 Grammatology)는 결코 가능하지 않다. …… 성경주의는 '성경'과 함께 나란히 그 권위를 조직하고 규정하는 '사도들의 가르침'의 권한으로써 유익하게 교정을 받았다." 이와 관련하여 에릭 피터슨이 추가 설명을 요청하자 하르낙은 이렇게 답했다. "초기 그리스도교의 소위 '형식적 원칙'은 중대한 불가능성을 나타낸다." 위대한 개신교 신학자가 이러한 정식에 대해 구체적으로 어떻게 판단을 내렸든, 개신교의 개념에서조차 성경이 문자 그대로 성립하지 않는다는 것은 여전히 분명하다. 따라서 그리스도교와 이슬람교 경전의 구조적 차이를 고려하는 이들은 성급한 일반화를 주의해야 한다.

음악과 전례, 하느님을 찬미하는 무상의 선물*

저에게 명예 박사 학위의 영광을 베풀어 주신 모든 분에게 감사드립니다. 무엇보다 위대한 성인이신 요한 바오로 2세 성인 교황님의 고향인 폴란드 크라쿠프와 유대 관계가 더욱 깊어진 것을 기쁘게 생각합니다. 그분이 없다면 저의 영적, 신학적 여정은 상상조차 할 수 없기 때문입니다. 요한 바오로 2세 성인 교황님은 위대한 성음악의 기쁨과 신성한 전례에 공동으로 참여하는 일, 즉 겸손한 신앙을 거행하는 장엄한 기쁨과 단순함이 어떻게 함께할 수 있는지 살아 있는 모범으로 보여 주셨습니다.

---

* 본 원고는 2015년 7월 4일, 카스텔간돌포에서 작성한 것으로 크라쿠프 음악대학과 교황청립 크라쿠프 요한 바오로 2세 대학에서 명예 박사 학위를 받게 된 베네딕토 16세의 감사 인사다.

제2차 바티칸 공의회 이후 몇 년간 음악과 전례의 오래된 대비가 새로운 열정으로 나타나게 되었습니다. 저는 음악의 도시로 위대한 전통이 깃든 잘츠부르크 지방에서 자랐습니다. 성가대와 관현악단이 함께했던 주일 미사는 전례의 중요성을 일깨워 주었습니다. 이는 제 신앙 경험에서 빼놓을 수 없는 부분이기도 합니다. 지금도 모차르트가 작곡한 〈대관식 미사〉의 첫 음이 울려 퍼질 때, 마치 하늘이 열리는 듯한 느낌을 받으며 주님 현존을 깊이 경험했던 그때 그 순간을 잊지 못합니다.

전례 운동의 새로운 현실은 이미 자리하고 있었습니다. 이는 무엇보다 프라이징 대신학교의 부총장이었다가 후에 총장이 된 요제프 파셔Joseph Pascher 교수를 시작으로 대두되었습니다. 저는 뮌헨에서 공부하는 동안 공의회에서 전례 문제에 관해 중요한 전문가 중 한 사람이었던 그의 강의를 들었습니다. 그리하여 특별히 신학교 안에서 전례에 참여하며 전례 운동의 정신에 더욱 깊이 빠져들었습니다. 그리고 공의회가 권장하는 전례를 향한 '참여 행위participatio actuosa'와 거룩한 행동을 감싸는 엄숙한 음악 사이의 긴장감을 조금씩 느끼기 시작했습니다.

제2차 바티칸 공의회의 〈거룩한 공의회 — 거룩한 전례에 관한 헌장〉에서는, "성음악의 보고는 극진한 배려로 보존되고 증진되어야 한다."(114항)라고 매우 분명히 기록합니다. 다른 한편으로 이 문헌은 전례의 근본적인 범주로서 모든 신자가 거룩한 행동을 함께하는 '참여 행위'를 강조합니다. 문헌에서는 참여 행위를 언급한 이 부분이 기존의 가르침과 평화롭게 공존하는 듯 보입니다. 그러나 제2차 바티칸 공의회의 가르침을 받아들이는 과정에서 극적인 긴장 관계가 발생했습니다. 전례 운동을 하는 영향력 있는 집단은 대규모의 합창곡과 관현악단과 함께하는 미사가 앞으로는 콘서트홀에서만 허용될 것이라고 믿었습니다. 그들에 따르면 전례 안에서는 신자들의 공동 기도와 노래만 허용될 수 있었습니다. 한편 필연적으로 초래될 교회의 문화적 빈곤을 이야기하는 이들도 있었습니다. 과연 이 둘을 어떻게 조화할 수 있을까요? 공의회의 뜻을 온전히 실행하는 방법은 무엇일까요? 이는 저와 다른 많은 신자들, 그리고 신학 교육을 받은 사람들뿐 아니라 일반인들 역시 직면하는 문제였습니다.

이 지점에서 다음의 기초적인 질문을 던지는 것이 옳을 것 같습니다. 과연 음악은 무엇일까요? 음악은 어디에서 왔으며 어떤 경향을 지니고 있을까요? 저는 음악이 나오는 '장소'를 다음의 세 가지 기원에서 찾을 수 있다고 생각합니다.

첫 번째 기원은 사랑의 경험입니다. 인간이 사랑을 하게 되면 존재의 또 다른 차원, 현실의 새로운 너비와 폭이 열립니다. 또한 새로운 방식으로 자신을 표현하도록 자극합니다. 일반적으로 시와 노래, 음악은 삶의 새로운 차원이 열리는 사랑의 깨달음에서 비롯됩니다.

두 번째 기원은 죽음과 고통, 존재의 깊은 곳에서 오는 슬픔의 경험입니다. 이 경우 역시 더 이상의 담론으로 감히 대답할 수 없는 새로운 차원의 현실이 반대 방향을 향해 열립니다.

마지막으로, 세 번째 기원은 처음부터 인간을 정의하는 데 한 부분을 차지하는 신과의 만남입니다. 완전히 다른 존재, 완전하고도 위대한 존재가 있음은 인간에게 새로운 표현 방식을 불러일으킵니다. 어쩌면 우리에게 사랑과 죽음이라는 서로 다른 두 영역에서도 영향을 주는 것은 바로 이 신성한 신비라고 할 수 있습니다. 이런 의미에서 음악의 기원을 구성하는 것은 하느님에게서 온다는 사실을 알 수 있습니다. 이를테면 시편을 예로 들 수 있습니다. 시편 149편은 주님을 찬미하는 일이 노래만으로는 충분하지 않기에 모든 악기로 그분을 찬미합니다. 이는 참으로 감동적입니다. 창조의 숨겨진 음악, 그 신비한 언어가 깨어나기 때문입니다. 우리는 사랑과 죽음이라는 두 가지 주제가 나타나는 시편을 통해서도 하느님 교회에서 나타나는 음악의 기원에 직접 도달하게 됩니다. 음악의 질은 사랑과 슬픔의 경험, 그리고 신과 함께 만나는 그 순수함과 위대함에 달려 있습니다. 그 경험이 순수하고 진실하다면 여기서 영감을 받아 발전하고 탄생하는 음악 역시 더욱 순수하고 위대할 것입니다.

제가 최근에 다양한 문화와 종교가 서로 영향을 주고받는 것을 보며 갖게 된 어떤 생각을 표현하고 싶습니다. 다양한 문화와 종교 안에는 위대한 문학, 건축, 회화, 조각품이 있습니다. 그리고 모든 곳에는 음악도 있습니다. 하지만 조반니 피에를루이지 다 팔레스트리나에서 시작해 바흐, 헨델, 모차르트, 베토벤, 브루크너에 이르기까지 그리스도교 신앙 안에서 탄생한 음악만큼 위대한 음악은 다른 어떤 문화권에서도 찾아볼 수 없습니다. 서양 음악은 다른 문화권에서는 찾아볼 수 없는 독특한 음악입니다. 물론 서양 음악은 종교와 교회의 영역을 훨씬 뛰어넘습니다. 하지만 여전히 서양 음악의 가장 깊은 근원은 전례, 즉 하느님과의 만남에서 찾아볼 수 있습니다. 하느님의 영광을 모든 음악의 궁극적인 목표로 삼았던 바흐에게서 이 점이 매우 분명하게 드러납니다. 서양 음악의 위대하고 순수한 응답은 전례 안에서, 예수 그리스도를 통해 인간에게 당신을 드러내시는 하느님과의 만남 안에서 발전되었습니다. 저에게 이러한 음악은 그리스도교의 진리를 보여 줍니다. 이러한 응답이 발전되는 곳에 진리와의 만남, 세상의 진정한 창조주와의 만남이 있습니다. 그러므로 위대한 성음악은 언제 어디서나 연주될 필요는 없지만 그리스도교 신앙에 항구한 의미를 지니는 신학적 차원의 실재입니다. 또한 전례에서 성음악이 사라질 수 없으며, 성음악의 존재가 신앙의 신비 안에서 성스러운 미사 거행의 참여에 매우 특별한 방법이 될 수 있습니다.

요한 바오로 2세 성인 교황님이 모든 대륙에서 거행한 전례를 생각해 보면, 우리는 전례 안에서 신앙을 표현할 수 있는 가능성의 폭이 얼마나 넓은지 알 수 있습니다. 또한 서양 전통의 위대한 음악이 전례와 무관한 것이 아님을 깨닫게 됩니다. 그리고 위대한 서양 음악이 전례에서 탄생하고 성장하여 전례를 형성하는 데 언제나 새롭게 기여하고 있음을 알게 됩니다. 우리는 우리 문화와 성음악의 미래를 알지 못합니다. 하지만 한 가지 분명한 사실이 있습니다. 바로 그리스도 안에서 우리를 향해 오시는 살아 계신 하느님과의 만남이 실제로 일어나는 바로 그곳에서, 진리 자체에서 발생하는 아름다운 응답이 새롭게 탄생하며 성장한다는 것입니다.

제게 명예 박사 학위를 수여하는 두 대학의 활동은 그리스도교 신앙의 전통에서 비롯된 위대한 음악이 주는 무상의 선물을 계속해서 살아 숨 쉬게 할 것입니다. 또한 신앙의 창조적 힘이 미래에도 소멸되지 않도록 본질적인 기여를 할 것입니다. 저에게 주신 영예뿐만 아니라 신앙의 아름다움을 위해 봉사하는 여러분이 하시는 모든 일에 진심으로 감사드리며, 주님께서 여러분을 축복해 주시길 바랍니다.

거룩한 전례의 본질[*]

"아무것도 하느님의 일보다 낫게 여기지 말아야 한다. 그 어떤 것도 신성한 예배보다 우선할 수 없다."《베네딕토 규칙서》 43,3) 베네딕토 성인은 이 규칙을 통해 수도 생활의 다른 어떤 일도 거룩한 예배보다 우선순위를 차지할 수 없음을 분명히 한다. 당시 농업과 학문에 대한 과업은 수도자에게 필수적이었으므로 수도 생활에서 전례의 중요성이 즉시 확립된 것은 아니다. 수도자 양성 과정 중에는 농업과 공예를 비롯한 일이 포함되어 있었다. 이는 시급하고도 현실적인 것이었으므로 전례 참여보다 이 일들이 더 중요하게 느껴질 수 있었다. 하지만 이러한 모든 상황에서도 베네딕토 성인은 전례에 우선순위를 부여함으

---

[*] 요제프 라칭거 – 베네딕토 16세의 전집 제11권의 《전례의 신학》 러시아어판 서문. 이 원고는 베네딕토 성인의 축일인 2015년 7월 11일에 완성되었다.

로써 삶에서 하느님이 가장 우선시되어야 함을 분명히 강조한다. "성무일도 시간을 알리는 신호를 들으면 즉시 손에 있던 모든 것을 그대로 두고 가장 빠르게 달려와야 한다."《베네딕토 규칙서》43,1)

오늘날 사람들은 하느님과 전례에 관한 일은 전혀 긴급하게 생각하지 않는다. 다른 일은 시급하게 여기지만 하느님의 일은 그렇게 생각하지 않는 것이다. 어쨌든 수도 생활은 세상 사람들의 삶과는 다르다고 주장할 수 있다. 이는 확실히 옳다. 하지만 우리가 잊어버린 하느님의 우선순위는 모든 이에게 적용되는 것이다. 신이 더 이상 중요하지 않다면 무엇이 중요한지 정하는 기준이 바뀌기 때문이다. 하느님을 제쳐 두면 인간은 스스로 물질적인 힘의 노예가 되고, 자신의 존엄성에 반하는 제약에 굴복하게 된다.

나는 제2차 바티칸 공의회 이후 몇 년 동안 하느님과 신성한 전례의 우선순위에 대해 다시금 깨달았다. 교회에 광범위하게 퍼져 있던 전례 개혁에 대한 그릇된 해석은 점차 교육과 개인의 활동, 창의성의 측면에 초점을 맞추었다. 인간의 행위는 하느님의 현존을 거의 잊게 했다. 이러한 상황에서 교회의 존재는 전례의 올바른 거행에 달려 있으며, 하느님의 우선권이 전례와 삶에서 더 이상 나타나지 않을 때 결국 위험에 처하게 된다는 사실이 점점 더 분명해졌다. 교회를 뒤흔든 위기의 가장 큰 원인은 전례에서 하느님의 우선순위가 모호해진 데에 있다. 나는 이 모든 상황에서 전례의 진정한 쇄신이 교회 쇄신의 근본적인 조건임을 알게 되었다. 그래서 과거보다 더욱 전례의 주제에 전념했다. 동서양 전례의 모든 차이에도 불구하고 전례의 본질은 하나이며 동일하다. 이러한 확신을 바탕으로 내가 쓴 《전례의 신학》이 거룩한 전례를 통해 주어지는 위대한 선물을 더 나은 새로운 방식으로 이해하는 데 도움이 되길 바란다.

제3장

유다인과 그리스도인의
대화

이번 장에서는 오랫동안 유럽 사회 안에서 논의된 '유다인에 대한 연구' 문제를 다룬다. 역사 안에서 유다인들은 예수 그리스도를 십자가형에 처한 민족으로 많은 비난을 받았고, 이는 제2차 세계 대전 때 유다인 박해로 이어졌다. 또한 그들의 경전인 구약 성경은 신약 성경과 단절되었다고 이해되기도 했다. 그러나 사실 그리스도교는 유다인과 같은 구약을 공유하며, 유다인들을 향한 하느님의 구원 약속이 결코 철회되지 않았다고 주장해 왔다. 그러나 여전히 갈등의 씨앗은 남아 있다. 구약과 신약을 바라보는 관점에 분명한 차이가 있기 때문이다. 이 문제는 유럽이 아닌 곳에 살고 있는 우리에게 다소 생소할 수 있지만 현재까지도 매우 민감한 문제다. 이에 베네딕토 16세는 이 문제의 가장 근원적인 시작점으로 돌아가 갈등을 해소하고자 노력한다. 동시에 신약 성경의 메시지를 분명히 함으로써 그리스도교의 참의미를 상기시킨다.

이 장에는 빈의 최고 랍비 아리 폴거와 베네딕토 16세가 주고받은 아름다운 서신이 포함되어 있다. 빈의 최고 랍비와 교황은 서신을 주고받음으로써 앞으로 유다교와 그리스도교 간의 대화가 더욱 활발하게 이루어지리라는 것을 보여 주었다. 이는 특별히 두 종교가 사회의 도덕적 감수성을 높이고 신자들의 종교 자유를 보호하기 위해 노력할 것을 약속했다는 점에서 매우 높은 가치가 있다.

철회되지 않는 은총과 부르심*

유다인과 그리스도인 대화의 신학적 의미

아우슈비츠 사건 이후 교회는 유다교의 본질에 대한 문제를 다시 생각해야 했다. 제2차 바티칸 공의회는 〈비그리스도교와 교회의 관계에 대한 선언〉을 통해 이와 관련한 근본적인 지침을 제시하였다. 여기서 먼저 '유다인에 대한 연구Il trattato de Iudaeis'가 무엇을 의미하는지 명확히 할 필요가 있다. 이 주제를 다룬 프란츠 머스너Franz Mussner의 유명한 저서는 본질적으로

---

* 본 원고는 2017년 10월 26일에 완성되었다. 또한 《국제 가톨릭 저널 친교 Internationale Katholische Zeitschrift Communio》 47호, 2018년 7~8월호에 게재되었으며, 이 글의 이탈리아어판은 베네딕토 16세의 저서 《유다인과 그리스도인》 39~75쪽에 실렸다.

구약 성경의 긍정적인 영구적 가치를 다룬다. 이 주제는 확실히 매우 중요하지만 '유다인에 대한de Iudaeis' 것이라고는 할 수 없다. 사실 올바른 의미에서 바라보면 본질적으로 유다인과 그리스도인은 같은 구약 성경을 사용하지 않는다. 오히려 역사에서 일어난 성전 파괴와 새롭고 급진적인 이스라엘의 유배에 대해 다른 관점을 보이는 유다교와 그리스도교가 있다. 실제로 이스라엘은 성전이 파괴되고 흩어지는 상황을 이미 여러 번 경험했다. 그때마다 성전 재건과 약속된 땅으로 돌아가리라고 희망할 수 있었다. 그런데 서기 70년에 성전이 파괴되고, 바르 코크바Bar Kochba 반란까지 실패하자 다른 결과가 전개되었다.* 이제 성전이 파괴되었다는 사실과 이스라엘의 디아스포라는 아주 긴 시간 동안 받아들여야 하는 문제가 되었다. 이후 정치적

---

* 서기 70년경에 일어난 제1차 유다–로마 전쟁은 그리스계 로마인과 유다인 사이의 종교적 분쟁에서 시작되었다. 그 결과 로마군은 예루살렘을 함락하고 예루살렘 성전을 불태웠으며 유다인들이 자신들의 국가를 잃어버리고 흩어지는 디아스포라가 본격적으로 시작되었다. 이후 로마인들이 1차 전쟁으로 무너진 예루살렘 성전의 자리에 로마의 신전을 세웠고, 이는 유다인들의 반로마 감정을 다시금 불러일으켰다. 이에 132~135년, 바르 코크바 반란(제3차 유다–로마 전쟁)이 일어나게 되었다. 유다인들은 이 전쟁에서 또다시 패배해 예루살렘에서 완전히 추방되었으며, 디아스포라는 더욱 극대화되었다. 이후 유다인들이 쫓겨난 땅에는 팔레스타인인들이 대신 거주하게 되었다.
— 역자 주

상황이 나아지더라도 예배를 드리는 성전을 더 이상 복원할 수 없다는 것이 점점 더 분명해졌다. 이에 유다인들은 이 모든 것을 이스라엘의 신앙이 시작된 때부터 예견된 최종적 사건이라 여기게 되었다. 이는 아직 유다교에서 완전히 분리되지 않은 그리스도인들의 첫 반응이기도 했다. 그들은 믿음 안에서 이스라엘의 연속성을 유지해야 한다고 주장했다. 잘 알려져 있듯 이스라엘의 일부는 이러한 반응을 받아들였지만 대다수는 이러한 의견에 반대하여 다른 해결책을 찾아야만 했다. 물론 이 두 가지 의견이 처음부터 명확하게 구분되는 것은 아니었으며, 계속되는 논쟁 속에서 점차 발전했다.

사도행전에서 알 수 있듯이 그리스도교 공동체는 나자렛 예수님의 삶과 죽음, 그리고 십자가와의 연속성 안에서 탄생했다. 처음에는 전적으로 이스라엘 내에서 그 길을 모색했으나, 나중에는 점차 선교의 범위를 그리스 지역으로 확장했고 그 과정에서 이스라엘과 충돌했다. 사도행전의 결론은 이러한 전개 방식을 잘 보여 준다. 사도행전에 따르면 바오로 사도는 다시 한번 로마에서 예수님 사건에 대한 설명으로 유다인들을 설득하려 했다. 그러나 그는 이사야서 6장 9절에 예고된 거부와 마주쳤다(사도 28,23-28 참조). 이때부터 두 공동체 사이의 분열이 시작되는 듯 보이지만, 실은 이러한 상황이 훨씬 더 오래전부터 지속되어 왔다. 그 후에도 양측은 논쟁을 계속했다.

그리스도교 공동체는 기본적으로 1세기 후반에 시작된 신약 성경의 기록에서 자신의 정체성을 표현했다. 그러나 그리스도교의 정체성을 정의하는 정경이 형성되기까지는 시간이 필요했다. 이 문서들은 독자적으로 있는 것이 아니라 '구약 성경', 즉 이스라엘의 성경을 지속적으로 참고한다. 예수 그리스도와 관련된 사건들에서 구약 성경의 기록에 대한 진정한 의미가 드러나는 것이다. 따라서 그리스도교 정경은 본질적으로 이스라엘과 현재 유다교의 경전인 구약 성경, 그리고 예수님에게서 시작된 구약 성경의 설명 방식을 진정으로 보여 주는 신약 성경으로 구성되어 있다. 그러므로 두 공동체가 구약 성경을 서로 다른 방식으로 해석한다고 해도 동일한 기록을 공유하는 것이다. 또한 그리스도인들 사이에서는 기원전 3세기경부터 만들어지기 시작한 구약 성경의 그리스어 번역본인 《70인역》이 히브리어 성경과 함께 정경으로 여겨졌다. 이런 식으로 그리스도교의 정경은 유다인의 정경보다 더 광범위해졌다. 게

다가 《70인역》 본문과 히브리어 본문 사이에는 무시할 수 없는 차이가 있었다. 한편 유다교와 그리스도교가 점차 상호 배타적이 되어 가던 시기에 유다교는 히브리어 본문을 최종적으로 구성했다. 나아가 그리스도의 죽음 이후 1세기 동안 《미슈나 Mishnah》와 《탈무드 Talmud》는 성경을 읽는 고유한 방식을 결정적으로 공식화했다. 그러나 이 모든 것이 두 종교가 하나의 거룩한 책을 공유한다는 사실을 바꾸지는 않는다.

2세기 후반, 마르키온Marcione은 자신이 일으킨 운동으로 유다교와 그리스도교가 서로 대립하게 하고자 이 통합성을 깨트리려고 하였다. 그는 이러한 비전을 바탕으로 이스라엘의 성경과 뚜렷한 대조를 이루는 정경을 만들었다. 마르키온에 따르면 구약 성경 속 이스라엘의 하느님과 신약 성경 속 예수 그리스도의 하느님은 서로 다르며 대립하는 신이다. 구약의 하느님께서는 은총을 베풀지 않는 정의의 하느님인 반면, 예수 그리스도의 하느님께서는 자비와 사랑의 하느님이시다. 따라서 마르키온은 루카 복음서와 바오로 사도의 열 개의 서신으로만 구성된 신약 성경 정경을 만들었다. 당연히 본문은 그가 의도한 목적의 달성을 위해 개정되었다. 마르키온은 짧은 활동 끝에 로마 교회에서 파문당했고, 그가 만든 종교는 그리스도교에 속하지 않으므로 배척되었다. 그러나 마르키온의 유혹은 여전히 지속되고 있으며 교회 역사의 특정한 상황에서 다시 나타나기도 한다.

이 지점에서 유다교와 그리스도교가 힘든 과정에서 각각 발전했으며, 서로 다른 공동체에서 형성되었음을 염두에 두어야 한다. 무엇보다 두 종교는 각자의 정체성을 공식화한 권위 있는 문헌을 가지고 있지만, 구약을 공통의 성경으로 삼고 있기에 여전히 서로 일치한다. 여기서 분열되었지만 공통의 성경으로 연결된 이 두 공동체가 서로를 어떻게 판단하는지 의문이 생긴다. 이로 인해 '유다인에 대한 연구'가 시작되었다. 이는 종종 '유다인에 대한 반론Adversus Iudaeos'으로 불리며 논쟁적 성향을 띠곤 했다. 유다인들이 정치적, 사회적 문제를 일으키는 민족이라고 보는 부정적 시선은 잘 알려져 있다. 이는 곧 유다인들을 향한 공격으로 이어졌다. 반면에 앞서 살펴본 것처럼 2세기의 마르키온을 제외하면 로마 교회는 그리스도인과 유다인이 동일한 하느님을 섬기며, 이스라엘의 성경이 그리스도교의 성경이라는 것을 분명히 했다. 아브라함의 신앙은 그리스도인의 신앙이며, 또한 아브라함은 그리스도인들에게도 '신앙의 아버지'다. 이러한 근본적인 공통점이 있음에도 해석이 충돌하는 부분이 있다.

첫 번째, 유다인들에게 예수님은 분명 메시아가 아니다. 그러므로 그들은 그리스도인들은 유다인들의 성경인 '구약'을 올바로 바라보지 못한다고 한다. 유다인들은 메시아는 평화를 주는 인물인데, 예수님은 세상에 평화를 가져오지 않았다고 주장한다.

두 번째, 그리스도인들은 서기 70년 성전이 파괴되고, 끝이 보이지 않는 이스라엘의 디아스포라 상황에 직면한 후에 '구약성경'을 재해석해야 했다. 그리고 현재의 형태로는 더 이상 하느님의 뜻을 이해할 수 없다는 유다교의 주장을 반대하였다. 예수님께서 성전이 파괴되고 사흘 후에 재건되리라고 예언하셨고, 당신의 몸을 바침으로써 이뤄질 새로운 형태의 하느님을 향한 예식을 선포하셨기 때문이다. 이런 방식으로 시나이산의 계약이 최종적인 형태로 완성되어 새로운 언약이 되었다. 그리하여 예배는 모든 신자에게 확장되었고, 땅에 대한 약속은 결정적인 의미를 부여받게 되었다. 따라서 그리스도인들에게 예수 그리스도의 설교와 죽음, 부활은 하느님에게서 받은 시대의 전환을 의미했다. 결과적으로 예수 그리스도의 성경에 관한 설명은 하느님께서 당신 자신을 정당화하시는 것과 같았다.

전통적으로 구약 성경은 토라(율법), 네비임(예언서), 케투빔(지혜서와 시편), 세 가지로 나뉜다. 유다교는 전적으로 토라에 중점을 둔다. 시편을 제외하면 다른 책들, 특별히 예언서의 비중이 상대적으로 높다. 그러나 그리스도교의 관점은 다르다. 구약 성경 전체가 미래의 성사에 대한 예언이라 간주하는 것이다. 그러므로 오경도 근본적으로는 예언서라 여긴다. 이는 구약 성경의 역동성을 수반한다. 구약 성경의 본문은 정적으로 읽혀서는 안 되며, 그리스도를 향해 나아가는 움직임 안에서 함께 이해해야 한다. 그러므로 그리스도교 안에서 구약의 비중이 조정되었다. 지혜서들은 교리 교육과 일반적인 그리스도인 삶에서 도덕적 가르침의 기초가 되는 책이다. 토라와 예언서는 그리스도론의 앞선 예고로 읽어야 한다. 마지막으로 시편은 교회의 위대한 기도서다. 전통적으로 시편의 저자는 다윗 임금으로 간주된다. 그러나 그리스도인에게 진정한 다윗 임금은 예수 그리스도다. 이로 인해 시편의 진정한 청원자 역시 예수 그리스도이시다. 따라서 그리스도인들은 예수 그리스도에게서 시작해 예수 그리스도와 함께 구약을 읽는 것이다. 시편이 지닌 본래의 역사적 의미가 이것으로 지워져서는 안 되고, 더 나아가야 한다. 성경의 네 가지 감각에 대한 유명한 이행시二行詩는 이러한 과정을 잘 설명한다. "글자는 행한 것을 가르치고, 우의는 믿을 것을 가르치며, 도덕은 행할 것을 가르치고, 신비는 향할 것을 가르친다Lictera facta docet. Quid credas allegoria. Moralis quid agas. Quo tendas anagogia."(《가톨릭 교회 교리서》 118항)

그러나 이 균등한 네 감각과 관련하여 이미 그레고리오 1세 대大교황 때부터 변화가 일어났다. 도덕적 의미가 점점 더 우선시되는 가운데 우의, 즉 성경 전체에 대한 그리스도론적 해석은 의미를 상실했다. 새로운 신학적 비전을 소개한 토마스 아퀴나스 성인과 함께 문자 그대로의 의미만 논증에 사용할 수 있게 되었고 우의는 완전히 평가 절하 되었다. 실제로 아리스토텔레스의 《니코마코스 윤리학》이 그리스도교 도덕의 기초로 자리 잡으며 구약 성경 전체가 의미를 잃을 위험이 분명해졌다.

제2차 바티칸 공의회의 새로운 시각

제2차 바티칸 공의회의 교회와 비그리스도교의 관계를 다룬 선언 〈우리 시대〉 4항은 그리스도교와 유다교의 관계를 다룬다. 이 선언은 유다교와 관련된 참된 내용을 공식화하며 과거의 오류들은 거부한다. 그렇게 '유다인에 대한 연구'의 유효한 기준이 마련되었다. 2015년, 교황청 유다인 종교 관계 위원회는 이 선언의 4항 발간 50주년을 맞이하여 그리스도교와 유다교 사이의 신학적 문제를 성찰하고자 새로운 문서를 발표했다. 여기에는 현재까지 두 종교의 관계가 발전해 온 여정이 권위 있는 목소리로 요약되어 있다. 이 문서에 나타나는 공의회 이후의 유다교에 대한 그리스도교의 새로운 시각은 다음의 두 가지로 요약할 수 있다.

첫 번째, 지금까지 이 분야에서 신학적 사상을 지배했던 '대체 이론teoria della sostituzione'은 거부되어야 한다. 이 이론은 이스라엘이 예수 그리스도를 배척한 이후 더 이상 하느님 약속의 전달자가 될 수 없으므로, 그리스도인이 이미 오래전에 대체된 백성이라고 주장한다. 이러한 대체 이론은 '예수 성심께 천하

만민을 바치는 기도(예수 성심 성월 기도)'에 반영되어 있다.*

두 번째, 공의회 문헌은 이후 발전된 로마서 9장에서 11장의 결코 철회되지 않는 계약에 대해 말한다.

이 두 가지의 주장은 모든 면에서 근본적으로 옳다. 하지만 명확하지 않은 면이 있으므로 보다 더 비판적으로 발전시킬 필요가 있다. 우선 공의회 이전에는 대체 이론이라는 개념이 없었다는 점에 주목해야 한다. 미하엘 부흐베르거Michael Buchberger, 카를 라너, 발터 카스퍼Walter Kasper의 신학 사전 세 가지 판본** 어디에도 '대체 이론'이라는 항목은 없으며 심지어 《역사와 현재의 종교*Religion in Geschichte und Gegenwart*》*** 와 같은 복음주의 사전에도 존재하지 않는다. 그러나 이와 관련된

---

* 레오 13세 교황은 1899년 6월 11일, 전 세계를 예수 성심께 봉헌함과 동시에 '예수 성심께 천하 만민을 바치는 기도'를 발표하였다. 대체 이론이 반영된 기도문은 다음과 같다. "저희는 이미 주님의 백성이오니 언제나 주님과 함께 살아가기를 바라나이다." — 역자 주

** 《신학과 교회의 백과사전*Lexikon für Theologie und Kirche*》은 프라이부르크의 헤르더Herder 출판사에서 3판으로 출판된 독일어 가톨릭 사전이다. — 역자 주

*** 《역사와 현재의 종교》는 《신학과 교회의 백과사전》과 마찬가지로 독일어 가톨릭 사전이며 초판 첫 여섯 권이 1909~1913년에 출판되었다. 현재 네 가지 판본이 있으며 마지막 8권은 1998~2005년에 출판되었다. 1957~1965년 사이에 출판된 세 번째 판에는 당시 젊은 신학자로 촉망받았던 요제프 라칭거가 공동 집필에 참여하였다. — 역자 주

표현은 카스퍼가 편집한 《신학과 교회의 백과사전》의 '구약 성경'(브로이닝Breuning), '이스라엘 III'(브로이닝Breuning), '하느님의 백성 I'(크라우스W. Kraus) 항목에서 반복하여 등장한다. 이렇게 '대체 이론'이라는 항목이 존재하지 않았던 것은 그리스도께서 돌아가신 이후의 구원 역사에서 이스라엘에 대한 통일된 견해가 존재하지 않았음을 의미한다. 그러나 살인을 일으키는 포도밭 소작인의 비유(마르 12,1-11 참조) 또는 초대받은 이들이 오지 않아 다른 이들로 대체된 혼인 잔치의 비유(마태 22,1-14; 루카 14,15-24 참조)와 같은 본문에서 비롯된 이스라엘 배척 사상이 구원 역사 안에서의 이스라엘에 대한 개념을 크게 지배했다고 주장하는 것은 옳다.

다른 한편으로 이스라엘, 더 정확하게는 유다교는 실제 구원 역사 안에서 자신의 역할을 항상 변함없이 유지하며 다른 종교들 속으로 사라지지 않았다. 무엇보다 다음의 두 가지 고려 사항이 유다 민족을 하느님의 약속에서 완전히 배제하는 것을 불가능하게 만든다.

첫 번째, 의심할 여지 없이 이스라엘은 여전히 성경의 소유자다. 코린토 신자들에게 보내는 둘째 서간에는 이러한 부분이

다음과 같이 언급된다. "사실 오늘날까지도 모세의 율법을 읽을 때마다 그들의 마음에는 너울이 덮여 있습니다."(2코린 3,15) 성경은 그들의 마음에 너울이 덮여 있음을 언급하지만 어쨌든 이스라엘이 하느님의 계시가 담긴 성경을 손에 쥐고 있음은 논란의 여지가 없다. 그러므로 아우구스티노 성인과 같은 교부들은 성경의 진위를 증명하기 위해서는 가톨릭 교회가 아닌 이스라엘이 있어야 한다고 강조했다.

두 번째, 바오로 사도는 "온 이스라엘이 구원을 받게 되리라는 것입니다."(로마 11,26)라고 기록했을 뿐만 아니라 요한 묵시록의 구원받은 그룹, 즉 이스라엘의 열두 지파에서 온 14만 4천 명은 바오로 사도의 "온 이스라엘"이라는 동일한 개념을 다른 언어로 표현한 것이다. 그리고 "아무도 수를 셀 수 없을 만큼 큰 무리"(묵시 7,9)는 이방인의 구원받은 이들을 대표하는 표현이다. 신약 성경의 전통적 관점에서 볼 때 이 마지막 관점은 단순히 수천 년이 지난 후에 실제로 그렇게 끝난다는 것을 말하는 것이 아니다. 이는 '종말론적'인 것이 어떠한 방식으로든 항상 존재함을 뜻한다.

이 두 가지 관점에서 볼 때, 유다교가 다른 종교 중 하나가

된 것이 아니라 특수한 상황에 처해 있으므로 교회도 이를 인정해야 한다는 것이 분명하다. 이를 바탕으로 교황들의 이중 보호 의무의 개념이 발전했다. 교황은 유다인에게서 그리스도인들을 보호해야 했지만 한편으로는 유다교도 '합법적 종교 religio licita'로 그리스도인과 함께 존재할 수 있도록 보호해야만 했다.

대체 문제는 이스라엘에게만 발생하는 것이 아니라 선택의 여러 가지 요소에서도 발생한다. 첫 번째는 성전의 제사 의식과 이스라엘의 큰 축제 등의 종교 규정, 두 번째는 안식일, 할례, 음식, 순결에 관한 법과 같은 유다인 개인에 관한 종교 규정, 세 번째는 토라의 법률적·도덕적 조항, 네 번째는 메시아, 다섯 번째는 땅에 대한 약속 등에서 발생한다.

대체에 대한 문제

이제 대체의 개념을 적용할 수 있는 하느님 약속의 본질적인 요소를 다루고, 이어서 계약에 대한 문제를 살펴보고자 한다.

성전의 제사 의식

토라에는 성전의 제사 의식이 규정되어 있다. 그런데 이와 관련하여 대체를 거부한다는 것은 무엇을 의미하는가? 더욱 구체적으로 다음과 같이 질문할 수 있다. "성찬례가 제사의 희생 제물을 대신할 수 있는가? 아니면 그것이 꼭 필요한 것인가?" 나는 '대체 이론'을 거부하는 입장의 이면에 있는 법과 약속에 대한 고정적인 관점이 변화되어야 한다고 생각한다. 처음부터 이 문제는 이스라엘의 '제사 의식에 대한 비판'과 '규정들에 대한 충실성' 사이에서 변증법적으로 발전되었다. 이와 관련하여 나의 저서 《전례의 정신》의 제1부 3장을 인용하고자 한다. 제사 의식에 대한 비판을 담고 있는 부분은 사무엘기 상권 15장 22절, 호세아서 6장 6절, 아모스서 5장 21절에서 27절 등에서 찾아볼 수 있다. 헬레니즘 문화에서 이 제사 의식에 대한 비판은 점점 맹신적 희생 제물에 대한 전면적 거부를 가져왔다. 그 결과로 말씀의 희생 제물에 관한 사상이 구체적인 형태로 나타났지만 이스라엘에서는 여전히 이러한 영적 희생 제사만으로는 충분하지 않다는 확신이 존재했다. 이런 확신이 언급된 두 가지 본문은 다니엘서 3장 37절에서 43절과 시편 51편 18절에서 21절을 들 수 있다. "당신께서는 제사를 즐기지 않으시기에 제가 번제를 드려도 당신 마음에 들지 않으시리이다."(시편 51,18) 그러나 놀랍게도 이어지는 구절에서는 다음의 기도와 예언이 이어진다. "예루살렘의 성을 쌓아 주소서. 그때에 당신께서 의로운 희생 제물을, 번제와 전번제를 즐기시리이다. 그때에 사람들이 당신 제단 위에서 수소들을 봉헌하리이다."(시편 51,20-21)

이에 대해 현대의 주석가들은 보수적 입장을 취하는 이들이 이전 구절에서 부정된 것들을 다시 삽입하였다고 말한다. 실제로 두 구절들 사이에는 확실한 모순이 있다. 그럼에도 마지막 구절이 논쟁의 여지 없이 정경에 속한다는 사실은 당시 사람들이 제사 때 영적인 희생 제물만으로는 충분하지 않다고 인식하고 있었음을 보여 준다. 앞서 언급한 다니엘서 본문에서도 동일한 증거가 나온다. 그런데 그리스도인들에게 십자가 예수님의 완전한 희생은 하느님에게서만 유일하게 가능하고, 동시에 필요하다는 두 가지 견해의 종합이다. 육화하신 주님께서는 우리를 위해 전적으로 자신을 내어주셨다. 그분의 희생은 육체, 즉 육신의 세계를 충만한 현실로 끌어안는다. 그것은 예수 그리스도의 자아를 통해 인격적인 차원으로 완전히 고양된다. 그러므로 그리스도인들은 이전의 모든 제사 의식이 예수 그리스도의 희생을 향한 통로였다는 사실에서 그 의미와 성취를 발견한다. 앞선 모든 제사 의식 안에서 모든 것이 의미를 취득하는 것이다. 그러므로 '대체'가 아닌, 실제로 '궁극적인 현실이 되는' 존재가 있는 것이다. 이로써 동물들의 희생을 성체성사가 대신하게 되었다. 따라서 이를 단순히 대체 또는 비대체라는 정적인 관점으로 바라보기보다는, 그리스도 안에서 그분을 머리로 하여 "한데 모으는anakephalaiosis"(에페 1,10) 종합을 발견하는 구원역사 전체에 대한 역동적 관점으로 바라봐야 한다.

유다인 개인에 관한 종교 규정

무엇보다 바오로 사도의 서간에 나오는 그리스도인의 율법으로부터의 자유에 대한 논쟁은 유다인 개인과 관련된 종교 규정들(할례, 안식일)에 관한 것이다. 이러한 규정들은 이방인 세계에 흩어진 거대한 디아스포라에서 이스라엘의 정체성을 보호하기 위함이었다. 또 다른 한편으로는 이방인들 사이에서 보편적인 그리스도교가 퍼지기 위한 조건이었음이 분명하다. 이러한 관점에서 볼 때, 이스라엘과 그리스도교 교회가 분리되던 당시의 이 문제들은 지금은 더 이상 서로 아무 관련이 없다. 개신교 측에서는 16세기 이후 고해성사를 비롯해 가톨릭이 주일과 금요일의 규정을 둠으로써 고대 율법주의를 재도입했다고 비난한 바 있다. 하지만 이것은 고대의 규범을 새로운 규범으로 대체한 것이므로 이러한 사실은 더 이상 논의할 필요가 없다.

토라의 율법적 · 도덕적 조항

토라에 나타나는 도덕적 조항들이 율법의 구체적인 개발을 통해 '판례법'을 발전시킬 수 있는 모델을 유다인들에게 제공함은 분명하다. 그러므로 이 점에 있어서 그리스도인들과 유다인들이 논쟁을 벌일 필요는 없다.

한편 십계명의 근본적인 표현을 기초로 하는 참되고 고유한 도덕적 가르침은 마태오 복음서 5장 17절에서 20절의 산상 수훈 이후 주님께서 하신 말씀에서 찾아볼 수 있다. 이는 새로운 상황에서 다시 읽는 경우에도 유효하다. 그러나 이 새로운 읽음은 예전의 율법을 제거하거나 대체하지 않고 오히려 심화한다. 여기에는 대체할 사항이 존재하지 않는다. 오늘날의 많은 사람들은 진복팔단이 십계명을 대신하고 산상수훈이 구약의 도덕을 대체한다고 주장하는데, 이는 옳지 않다. 이와 관련된 전체 내용은 나의 저서 《나자렛 예수》의 8장을 참고하길 추천한다.

이 '바오로주의paolinismo'의 오류는 그리스도인 생활의 근본적인 가르침에 급진적인 대체가 일어났다는 잘못된 판단에서 일어난다. 그러나 사실 바오로 서간은 새로운 맥락에서 예수 그리스도를 사랑하고 그분으로부터 사랑을 받는다고 하더라도 사랑의 이중 계명으로 요약되는 구약의 도덕적 가르침이 그리스도인들에게 여전히 유효하다는 점을 분명히 한다. 여기서 '성전의 제사 의식'과 '토라의 율법과 도덕'이 바오로 안에서 결합된다. 이는 곧 십자가에 못 박힌 예수님께서 인간의 모든 죄를 짊어졌다는 것으로 그리스도교의 진정한 참신성을 드러낸다. 이스라엘에서 화해의 날과 매일의 속죄 제사는 세상 모든 불의를 제거하기 위한 것이었다. 그러나 동물을 희생 제물로 바치는 일은 그것이 화해의 행동이 되기를 기대하는 행위일 뿐이었다.

세상의 모든 고통과 아픔을 스스로 짊어지신 하느님의 아들은 이제 진정한 화해의 힘이 된다. 세례를 통해서 그분의 죽음에 일치하는 것은 그리스도인들이 하느님의 용서하시는 사랑에 둘러싸여 있음을 의미한다. 그렇다고 해서 그리스도인의 삶이 이제 무의미하다거나 도덕적 가르침이 더 이상 존재하지 않음을 의미하지는 않는다. 도덕적 가르침이 이제 친밀한 자유 안에서 그리스도와 결합됨으로써 그리스도인은 새로운 방식으로 살아갈 수 있게 되었고, 그렇게 살아야만 한다.

바오로 사도의 그리스도교 사상에 관한 논쟁은 앞으로 계속될 것이 분명하지만, 나는 구약과 신약의 도덕적 가르침이 궁극적으로 동일하며 여기에는 어떠한 대체도 있을 수 없음을 다시금 명확히 해야 한다고 생각한다.

메시아

예수님의 메시아성에 대한 문제는 유다인과 그리스도인들 사이에 여전히 논쟁의 여지가 있다. 두 종교가 지닌 견해는 계속 차이가 있겠지만 최근의 구약 성경 연구는 대화의 새로운 가능성을 열어 주었다. 새로운 연구를 통해 이스라엘의 희망에 관한 위대한 말씀(창세 49,10; 민수 24,17; 1사무 7,12-16; 시편 89,20-46; 아모 9,14-15; 이사 7,10-17; 9,1-6; 11,1-9; 미카 5,1-5; 하까 2,20-23; 즈카 4,8-14,

시편의 여러 구절들)에 대한 연대 측정과 해석에 변화가 생겼기 때문이다. 이는 새로운 다윗, 즉 메시아의 정치적 성격이 여러 형태의 희망 중 하나에 불과하다는 것으로 다양한 희망의 종합적 형태를 보여 준다. 구약 성경 전체가 희망의 책이며, 동시에 이 희망이 다양한 형태로 표현됨도 사실이다. 또한 희망이 세속적, 정치적 권력을 의미하는 경우가 점차 줄어들고 열정이 희망의 필수적인 요소로 점점 더 부각되기도 한다.

신약 성경의 기록을 보면 예수님께서는 메시아라는 칭호와 이와 관련된 표현에 대해 비판적이었다는 사실이 분명해진다. 이는 다윗 임금의 자손이 메시아가 될 것인가에 관한 예수님의 대답에서 찾아볼 수 있다. 예수님께서는 율법 교사들이 메시아가 다윗 임금의 자손이라고 말한 것을 비판한다. 그리스도께서는 시편 110편에서 다윗 임금의 자손이 아닌 "내 주님"(마르 12,36)으로 나타나기 때문이다(마르 12,35-37 참조). 제자들 사이에서 고백이 형성되는 과정에서 그리스도의 칭호가 자신에게 적용될 때에도 예수님께서는 즉시 구세주의 수난에 대한 교리를 통해 이 칭호에 숨겨져 있는 표현을 보완하고 수정하신다(마르 8,27-33; 마태 16,13-23 참조).

즉 예수님께서는 스스로를 다윗 임금의 전통과 연결시키지 않고 다니엘이 선포한 희망을 품은 사람의 아들이 지닌 모습과 연결시켰다. 그 외에도 수난, 고통, 대속으로서의 죽음, 속죄에 대한 생각이 중심에 있었다. 예수님에게 있어서 고통받는 하느님의 종에 대한 생각과 수난을 통한 구원에 관한 생각은 필수적이었다. 이사야의 고난받는 하느님의 종에 대한 노래들과 즈카르야의 고통에 대한 환상이 구세주에 관한 예수님의 이미지를 결정한다. 이 본문들에서 헬레니즘에 의한 유배와 박해 시기 이스라엘의 신앙 체험이 드러나며, 이는 나자렛 예수로 이어지는 백성과 함께하는 하느님의 길에 있어 결정적인 단계로 나타난다. 한편, 백성을 위하여 개입해 자신의 대속 죽음을 바치는 모세 역시 예수 그리스도의 사명을 조명하는 것으로 나타난다.

피터 쿤Peter Kuhn은 〈랍비 신학에 나타나는 하느님의 자기를 낮추심*L'autoabbassamento di Dio nella teologia dei Rabbini*〉이라는 중요한 연구에서 유다교에서도 하느님께서 자신을 낮추심, 즉 고난에 대한 사상은 낯선 것이 아니라고 말했다. 물론 궁극적인 차이는 남아 있을지라도 구약 성경의 희망에 관한 그리스도교의 해석과 상당히 유사한 부분이 있다는 것이다. 중세 유다인과 그리스도인 사이의 논쟁에서 유다인들은 이사야서 2장 2절에서 5절과 미카서 4장 1절에서 5절의 메시아적 희망의 핵심을 흔히 인용하곤 했다. 메시아적 주장을 하는 사람은 누구든지 이 말씀 앞에서 자신을 증명해야만 했다. "그분께서 민족들 사이에 재판관이 되시고 …… 그러면 그들은 칼을 쳐서 보습을 만들고 창을 쳐서 낫을 만들리라. 한 민족이 다른 민족을 거슬러 칼을 쳐들지도 않고 다시는 전쟁을 배워 익히지도 않으리라."(이사 2,4; 미카 4,3) 이 말씀이 아직 성취되지는 않았지만 미래의 기다림 속에 남아 있는 것은 분명하다.

실제로 예수님께서는 이스라엘의 약속을 더 넓은 이해의 지평으로 읽었고, 이 세상에서 하느님의 수난과 그에 따른 의인들의 고통이 점점 더 중심적인 위치를 차지하게 되었다. 하느님 나라에 대해 예수님께서 표현하는 이미지에서도 승리주의가 특별히 강조되지는 않는다. 이는 인간을 위한, 인간과 함께 하시는 하느님의 특징적 모습이다. 하느님 나라의 밭에서는 밀과 가라지가 함께 자라지만 가라지가 뽑히지 않는다. 하느님의 그물에는 좋은 물고기와 나쁜 물고기가 있다. 하느님 나라의 누룩은 천천히 스며들어 세상을 변화시킨다. 엠마오로 가는 길에서 제자들은 예수님과 함께하는 대화를 통해 십자가가 메시아 모습의 참된 중심이라는 것을 알게 된다. 애당초 메시아는 다윗 임금의 왕족으로 나타나지 않는다.

요한 복음서는 예수님과 유다인의 대화를 최종적으로 종합한 것으로, 유다인과 그리스도인들의 미래의 대화를 이미 반영하고 있다. 이는 예수님의 모습과 이스라엘의 희망에 대한 해석의 초점을 다른 곳으로 옮겨 놓는다. 약속된 이에 대한 주요한 선언은, "주 너희 하느님께서 너희 동족 가운데에서 나와 같은 예언자를 일으켜 주실 것이니, 너희는 그의 말을 들어야 한다."(신명 18,15)에서 드러나는 모세의 인물 유형으로 요한 복음서에서 나타난다. 모세라는 인물의 결정적인 사실은 그가 주님을 직접 대면하여 알았다는 것이다. 신명기는 이와 관련하여 "이스라엘에는 모세와 같은 예언자가 다시는 일어나지 않았다. 그는 주님께서 얼굴을 마주 보고 사귀시던 사람이다."(신명 34,10)라고 언급함으로써 당시까지 약속이 성취되지 않았다고 언급한다. 요한 복음사가는 요한 복음서 첫 번째 장에서, 기다림 중에 있었던 이 말씀이 이제 예수님 안에서 성취됨을 선포한다. "아무도 하느님을 본 적이 없다. 아버지와 가장 가까우신 외아드님 하느님이신 그분께서 알려 주셨다."(요한 1,18) 그러므로 우리는 이사야서 2장과 미카서 4장이 예언하는 바와 같이 예수님께서 새로운 평화의 세계를 즉시 가져오길 원한 게 아니라, 이방인을 포함한 모든 인간에게 하느님을 보여 주기를 원했음을 알 수 있다. 또한 진정한 구원이라는 당신 의지를 모두에게 열어 놓았다고 말할 수 있다.

나는 《나자렛 예수》에서 예수님의 종말론적 대화를 분석하면서 예수님의 역사관에 따르면 성전 파괴와 세상의 종말 사이에 '이방인의 시대'가 올 것이며, 그 기간은 매우 짧겠지만 인류와 함께하는 하느님 역사의 일부로서 필수적인 것임을 언급한 바 있다. 하느님께서 세상과 함께하시는 이 시기는 구약 성경 본문에서 직접 확인할 수는 없지만 후기에 더욱 명확해지며 (이사야서 40-55장, 즈카르야서) 이는 이스라엘이 지닌 희망의 발전과 일치한다.

루카 복음서는 부활한 예수님께서 두 제자와 엠마오로 가시는 동안, 동시에 그들을 내면의 길로 인도하셨다고 이야기한다. 이때 예수님께서는 제자들과 구약 성경을 다시 읽는다. 이에 그들은 새 계약과 이스라엘의 희망, 메시아의 모습을 완전히 새로운 방식으로 이해하는 법을 배운다. 또한 자신들과 함께 신비롭게 길을 걸어가고 있는 스승님, 십자가에 못 박혔으나 부활하신 그분의 운명이 책에 미리 예견되어 있음을 발견하게 된다. 이로써 제자들은 구약을 새롭게 읽게 된다(루카 24,13-35 참조). 이 본문은 1세기와 2세기의 그리스도교 신앙이 형성되는 과정을 묘사하며, 우리가 항상 추구하며 나아가야 할 길을 설명해 준다. 또한 유다인과 그리스도인 간의 대화를 근본적으로 묘사하고 있는데, 안타깝게도 오늘날까지 이 대화는 드물게 이뤄지고 있다.

교부들은 이러한 새로운 역사의 진행을 충분히 인식하고 있었다. 그러므로 역사의 진행을 '그림자Umbra - 형상Imago - 진리Veritas' 세 단계의 체계로 묘사했다. 교회의 시대, 즉 이방인의 시대는 아직 열린 진리에 도달하지 않았다(이사야서 2장, 미카서 4장 참조). 그것은 아직 '형상Imago', 즉 새로운 개방성 속에서 있다고 할지라도 일시적인 것들의 연속이다. 클레르보의 베르나르 Bernardo di Chiaravalle는 그리스도께서 두 번 재림하셨던 것을 주님 현존의 삼중 형태로 변화시키고, 현재 교회의 시간을 '중간

도래Adventus medius'로 정의 내리며 이러한 상황을 올바로 표현한다.

요약하자면, 신약 성경의 유혹의 이야기에서 엠마오 사건에 이르기까지의 예수님에 관한 전체적 이야기는 '이방인의 시대'인 예수님의 시대가 하느님과 인간 사이에 최종적인 결정이 내려진 우주적 변화의 시대가 아닌 '자유의 시대'임을 보여 준다고 말할 수 있다. 이 안에서 하느님께서는 십자가에 못 박힌 예수님의 사랑을 통해 인간을 만나러 오신다. 그리고 하느님 나라에 자유로이 응답하게 함으로써 그들을 불러 모으신다. 자유의 시대는 여전히 악이 힘을 가지고 있는 시대를 의미하기도 한다. 이 모든 시간 속에서 하느님의 힘은 악이 여전히 활동하는 가운데 펼쳐지는 인내와 사랑의 힘이다. 지금 이 시대에서는 하느님께서 지나칠 정도로 인내하시는 것처럼 보이며, 진리와 사랑이 승리하는 시대이기도 하지만 패배하는 시대이기도 하다. 초대 교회는 이 시대의 성격을 "주님께서 십자가 나무에서 군림하셨다Regnavit a ligno Deus."라는 표현으로 요약하였다.

교회는 엠마오로 가는 제자들처럼 예수님과 함께하는 여정 중에 그분과 함께 구약 성경을 읽고, 새로운 방식으로 예수님을 이해하는 법을 배운다. 이렇게 교회는 '메시아'에 대한 예언을 인식하는 법을 배우고, 유다인들과의 대화 안에서 이 모든 일이 '성경에 따라' 일어났음을 보여 주려고 지속적으로 노력해야 한다.

이에 영성 신학은 교회의 시대가 천국에 도달함을 의미하는 게 아니라 이집트에서 탈출한 이스라엘의 40년간의 유배 시기에 해당된다는 것을 항상 강조해 왔다. 이는 해방된 이들의 길이다. 광야의 이스라엘은 자유라는 선善을 선으로 인식하지 못했다. 그들은 자신들의 방황이 오히려 이집트의 속박에서 해방되었기 때문이라고 여기며 다시 이집트로 돌아가기를 갈망했다. 그리스도교 역시 탈출의 여정에서 이와 마찬가지다. 구원의 선물인 해방과 자유의 신비를 올바로 인식한다는 것은 끊임없이 어려운 문제이며, 인간은 오히려 해방을 되돌리려 한다. 하지만 인간은 하느님의 자비로 자유가 참된 삶을 위한 위대한 선물이라는 것을 끊임없이 배울 수 있다.

땅에 대한 약속

땅에 대한 약속은 역사적 민족인 아브라함의 자손들에게 구체적으로 예견되어 있다. 특별히 갈라티아서가 예리하게 언급하듯 그리스도인들은 스스로를 아브라함의 진정한 자손으로 여긴다. 하지만 유일하게 선택된 지상의 역사적 민족이라고 이해하지는 않는다. 그들은 지상에서 다른 여러 민족 중 하나이므로 세상에서의 어떠한 특정한 영토를 기대하지 않는다. 히브리인들에게 보낸 서간은 약속된 땅에 대한 이러한 견해를 다음과 같이 명시적으로 제시한다.

"믿음으로써, 아브라함은 …… 천막을 치고 머무르면서, 약속받은 땅인데도 남의 땅인 것처럼 이방인으로 살았습니다. 하느님께서 설계자이시며 건축가로서 …… 갖추어 주신 도성을 기다리고 있었기 때문입니다."(히브 11,9-10)

"이들은 모두 믿음 속에 죽어 갔습니다. 약속된 것을 받지는 못하였지만 멀리서 그것을 보고 반겼습니다. 그리고 자기들은 이 세상에서 이방인이며 나그네일 따름이라고 고백하였습니다."(히브 11,13)

2세기 무명 교부의 '디오그네투스에게 보낸 서신'은 이러한 관점을 더욱 발전시킨다. 그리스도인은 각자의 지역에서 책임감 있는 시민으로서 살아간다. 동시에 그들은 진정한 도시, 진정한 나라가 아직 오지 않았음을 알고 있다. 땅에 대한 약속은 미래의 세상을 가리키며 특정 국가에 속해 있는 다양한 소속감을 상대화시킨다. 이 세상에 대한 책임감 있는 소속과 현재 여정 중에 있는 존재 사이의 변증은 국가와 민족에 대한 그리스도교적 이해를 정의한다. 우리는 이를 당연히 항상 새롭게 받아들여야 하며 인내하고 경험하여야 한다.

이와 대조적으로 유다교는 아브라함으로부터 이어지는 구체적인 혈통에 대한 사상을 고수해 왔다. 이로 인해 땅의 약속에 대한 구체적이고 내재적인 의미를 어떻게든 항상 다시 찾아야만 했다.

일부 랍비가 신학적으로 지지했던 바르 코크바 반란의 실패(132~135년)는 자연스럽게 정치적 메시아주의를 오랫동안 포기해야 함을 의미했다. 이에 직면한 마이모니데스Maimonides는 합리주의적 방식을 사용해 땅에 대한 기다림의 탐구에 새로운 방향을 제시했다. 그러나 구체적인 현실은 19세기에 이르러서야 나타났다. 스페인의 갈리시아와 동유럽 전역의 소수 유다인들에 대한 박해가 일어난 것이다. 이에 땅이 없어 고통받는 가난한 유다인들은 다시금 고향을 되찾고자 하였다. 이는 테오도

르 헤르츨Theodor Herzl이 주장한 '시온주의' 창설의 출발점이 되었다. 이후 홀로코스트 사건은 유다인들이 자신들을 위한 국가 건설의 필요성을 더욱 절실히 느끼도록 하였다. 성지가 속해 있던 오스만 제국이 몰락하고 있는 상황에서 유다인들은 역사적인 도시를 다시금 그들의 조국으로 만들어야 했다. 하지만 이 과정에서 내적인 동기와 구체적인 전망의 간극은 매우 컸다. 유다 민족주의자, 시오니스트의 대부분은 신앙인이 아니었고 유다인들을 위한 땅을 세속적 관점에서 점유하고자 했다. 그러나 시온주의에는 일부라 할지라도 종교적인 세력이 항상 존재했다. 놀랍게도 새로운 세대가 종교로 전향하는 경향도 드물지 않게 일어났다.

시온주의를 어떻게 평가할 것인가에 대한 문제는 가톨릭 교회 내부의 논의를 일으키기도 했다. 처음부터 지배적이었던 입장은 새로운 정치적 메시아주의로 이해되는 영토의 점령이 신학적으로 용납될 수 없다는 것이었다. 1948년 이스라엘 국가가 수립된 이후, 바티칸에서는 궁극적으로 이스라엘 국가를 정치적으로 인정하는 신학적 교의가 형성되었다. 하지만 엄밀한 신학적 의미에서 유다교 국가를 약속의 종교적, 정치적 성취로 여기는 것이 그리스도교 신앙에서는 받아들일 수 없는 일이라는 인식이 자리했다. 또한 이는 약속에 대한 그리스도교의 이해와도 반대된다고 확신했다. 그러나 동시에 자연법에 따라 유다 민족도 다른 모든 민족과 마찬가지로 자신의 영토에 대한 권리가 있음이 확실해졌다.

앞서 언급한 바와 같이, 이러한 목적을 위한 장소를 유다 민족의 역사적 경험의 영역에서 찾아야만 한다는 것은 분명해 보였다. 오스만 제국에 대한 영국의 보호령이 해제된 정치적 상황에서 국제법 기준에 따라 이스라엘의 영토는 이전 오스만 제국의 지역에서 찾을 수 있었다.* 이러한 의미에서 현재 바티칸은 이스라엘을 현대의 법치 국가로 인정하고 합법적인 유다 민족의 국가로 여긴다. 그 기원을 성경에서 직접 도출할 수는 없

---

* 오스만 제국은 본래 중동의 패권 국가였으나 제1차 세계 대전에서 패망한 뒤 쇠락하게 되었고, 이에 따라 팔레스타인 아랍인들이 거주하던 지역은 영국에 귀속된다. 이후 많은 유다인이 제2차 세계 대전 때 홀로코스트를 피해 이스라엘 선조들의 땅인 팔레스타인 지역으로 이주하게 되었다. 이는 결국 유다인과 팔레스타인 아랍인의 갈등을 초래하게 된다. 이에 유엔은 1947년에 이 지역을 유다인 국가와 아랍인 국가로 분리하되 예루살렘만은 국제 공동 통치 구역으로 두는 '팔레스타인 분할안'을 통과시키고자 하였으나 아랍인 측의 거부로 성사되지 못했다. 결국 이 문제를 해결할 수 없었던 영국은 철수하게 되었고, 그 뒤 유다인 지도자들은 1948년 국제 사회와 협력해 이스라엘 국가 건국을 선언하였다. — 역자 주

지만, 더 넓은 의미에서 이는 이스라엘 민족에 대한 하느님의 신실함의 표현이 될 수 있을 것이다.

그러나 유다인 국가의 비신학적 특성은 성경의 약속이 그 안에서 성취된 것으로 볼 수 없음을 의미한다. 오히려 역사의 흐름은 다른 내용들에서 보았듯이 약속의 성장과 발전을 보여 준다. 이미 네부카드네자르 임금의 첫 번째 디아스포라에서 당신 백성에 대한 하느님의 사랑은 심판 중에도 작용하여 민족의 흩어짐에 새롭고 긍정적인 의미를 부여했다. 이처럼 유배지에서만 이스라엘의 하느님의 형상인 유일신교가 충만히 발전할 수 있었다. 당시 기준에서 자신의 영토를 지키지 못하는 신은 더 이상 신이 아니었다. 유다인들은 이스라엘의 하느님께서 다른 민족에게 정복되었고, 영토가 빼앗겼다는 사실로 다른 민족의 조롱을 받게 되었다. 그러나 오히려 더 이상 하느님께서 특정한 영토의 신이 아닌, 온 세상이 하느님 소유라는 것이 명백해졌다. 그래서 하느님의 신성이 더욱 빛나고 있음이 드러났다. 하느님께서는 영토를 마음대로 사용할 수 있고, 당신 의지에 따라 이를 다시 나눌 수 있는 분이었다. 이렇게 유배지에서의 이스라엘은 그들의 하느님께서 역사와 민족을 자유롭게 배치하시는 신들의 신이라는 것을 명확히 인식했다.

실제로 헬레니즘의 유다교 박해는 원칙적으로 모든 이를 통합하기 위한 계몽된 신의 모습을 기반으로 하고 있었다. 그러므로 이스라엘의 하느님을 선교하는 것에 대한 주장과 그 특성을 위한 여지가 더 이상 없었다. 그런데 그리스의 다신교와 이스라엘이 섬기는 유일신의 대립 중에, 고대의 신을 탐구하는 사람들이 예기치 않게 이스라엘의 하느님에게로 개종하는 일이 일어났다. 유다교 회당 주변에 모인 '하느님을 두려워하는 사람들'의 운동에서 구체적인 경험을 하게 된 것이다. 나는 나의 논문인 〈아우구스티노 성인의 사상 안에서의 하느님의 백성과 집*Popolo e casa di Dio in Sant'Agostino*〉을 통해 이를 더욱 자세히 설명하고자 했다. 그 핵심은 다음과 같이 요약할 수 있다. 고대 사상의 종교에서 숭배하는 신과 세상의 현실은 서로 궁극적인 대조를 이루고 있었다. 이로 인해 신들은 비현실적인 것으로 여겨져 거부될 수밖에 없었다. 세상을 창조한 힘과 현실에서 일어나는 현상이 종교적 관점에서 볼 때 무관하게 보였던 것이다.

이러한 상황에서 철학이 발견한 원초적 힘을 효과적으로 지니고 있었던 유다인들의 하느님께서는 인간이 만날 수 있는 신, 인간에게 질문을 던지는 신으로서 종교적 힘을 가지고 그 모습을 드러냈다. 철학적 사고와 종교적 현실의 이러한 결합은 새로운 것이었으며 이성적인 관점에서도 종교를 실현 가능한 현실로 만들 수 있었다. 단지 장애물은 하나의 민족과 하느님과의 연대, 그리고 그들의 법 체계였다. 바오로 사도의 선교에서 볼 수 있는 바와 같이, 이러한 연대는 해체되었고 그에 따라 유다인의 하느님께서는 모든 이의 하느님이 되었다. 그리고 신앙과 이성의 화해는 성공적이었다.

이러한 방식으로 유다인들은 세상에 최종적으로 흩어짐으로써 하느님께로 향하는 문을 열었다. 그들의 디아스포라는 형벌의 상황이 아닌 선교의 상황을 의미한다.

결코 철회되지 않는 계약

지금까지 바티칸 유다인 종교 관계 위원회가 발표한 선언을 바탕으로 그리스도교와 유다교 사이의 새로운 합의의 첫 번째 기본 요소에 대한 입장을 알아보았다. 이는 그리스도교와 유다교 사이의 관계에 대한 '대체 이론'이 부적절하다고 말한다. 우리는 이스라엘이 선택받았음을 표현하는 기본 요소들에 관한 논제를 탐구했으며, 이 논제가 올바른 방향으로 나아가고 있지만 개별 부분에 있어서는 다시 생각할 필요가 있다는 결론에 도달했다. 그렇다면 이제 우리는 이 새로운 합의의 두 번째 요소, 즉 "결코 철회되지 않는 계약"에 대한 담론에 주의를 기울여야 한다.

유다인 종교 관계 위원회 문서 39항에 언급된 "하느님께서 당신의 백성인 이스라엘과 맺으신 계약은 변치 않으며 결코 그 효력을 잃지 않는다."는 주장은 〈우리 시대〉에 포함되어 있지 않지만, 이는 1980년 11월 17일, 마인츠에서 요한 바오로 2세 성인 교황이 처음 표현한 것이다. 이 교리는 나중에 《가톨릭 교회 교리서》 121항에 포함되었고, 오늘날 가톨릭 교회의 교의에 속한다.* 대체 이론과 마찬가지로, 이와 관련해서도 발표된 내용의 핵심이 올바르게 숙고되어야 하며 개별적인 점에서 많은 설명과 심화가 필요하다. 우선 로마서 9장 4절이 이스라엘이 받은 특별한 은사를 열거할 때 '계약'이 아닌 '여러 계약'에 대해

---

* "구약은 성경의 사라지지 않을 한 부분이다. 구약 성경은 하느님의 영감을 받은 책들이며 영원한 가치를 지니고 있다. 옛 계약은 결코 철회된 바가 없기 때문이다."《가톨릭 교회 교리서》, 121항) — 역자 주

말하고 있음을 분명히 해야 한다. 사실 신학적 측면에서 계약을 유일한 것으로 여기거나 옛 계약과 새 계약의 엄격한 대립으로만 본다면 이는 잘못된 것이다. 구약 성경에서 '계약'은 여러 가지 계약이 발전하며 구체화되는 역동적인 현실이다. 주요한 예는 노아와의 계약, 아브라함과의 계약, 모세와의 계약, 다윗 임금과의 계약, 그리고 마지막으로 새 계약의 약속에 대한 다양한 형태 등이 있다.

마태오 복음서의 시작과 루카 복음서 속 어린 시절 예수님의 이야기는 다윗 임금과의 계약을 언급한다. 두 복음서는 각각의 방식으로 사람들로부터 계약이 어떻게 깨져서 끝이 났는지, 대신 하느님께서 이사이의 그루터기에서 어떻게 계약의 새싹을 다시 틔우는지를 보여 준다(이사 11,1 참조). 세상의 모든 왕조와 마찬가지로 다윗 왕조도 종말을 맞이한다. 하지만 약속은 성취되었다. 그의 통치는 끝이 없을 것이다(루카 1,33 참조).

우리의 질문에 있어 중요한 것은 갈라티아 신자들에게 보낸 서간이다. 바오로 사도는 갈라티아서 3장과 4장에서 아브라함의 계약과 모세의 계약을 비교한다. 그리고 하느님과 아브라함의 계약이 조건 없이 보편적인 방식으로 이루어졌다고 말한다.

반면에 모세와의 계약은 430년 후에 공포되었다. 이 계약은 율법의 성취라는 조건에 제한되어 있었고 결속되어 있었다. 이는 조건이 충족되지 않으면 소멸할 수 있음을 의미한다. 이것은 중간적 기능을 가지고 있으나 그렇다고 해서 아브라함의 계약의 최종성과 보편성을 제거하지는 않는다(갈라 3,17 참조). 히브리인들에게 보낸 서간은 예레미야서 31장에서 특별히 생생하게 울려 퍼지는 새 계약의 약속을 다루며 이를 이전의 계약과 비교한다(히브 8장 참조). 우리는 이 안에서 계약 신학의 새로운 발전을 발견할 수 있다. 이것은 결정적인 새 계약이 계승해야 하는 "첫째 계약"이라는 포괄적인 이름 아래 모든 것을 하나로 모은다.

새 계약이라는 주제는 예레미야서, 에제키엘서, 후기 이사야서, 호세아서에서도 다양한 모습으로 등장한다. 에제키엘서 16장의 하느님과 이스라엘 사이의 사랑에 관한 묘사는 특히 인상적이다. 하느님께서는 애정 어린 마음으로 최종적인 계약이 있었던 이스라엘의 어린 시절을 기억하신다. 하지만 이스라엘은 계약을 지키지 않았으며 온갖 신들과 음행을 저질렀다. 그런데 하느님의 진노는 모든 것을 끝내는 것이 아니라 오히려 이스라엘을 더 이상 깨트릴 수 없는 새로운 계약으로 데려간다. 바로 이러한 이유로 우리가 지금 탐구하고 있는 '결코 철회될 수 없는 계약'에 관해 하느님께서는 그 어떠한 것도 취소하지 않으셨다고 하는 것이 옳다. 그러나 인간은 이스라엘과 함께하는 하느님의 구체적인 역사에서 계약을 파기하곤 했다. 그 첫 번째 형태는 탈출기에 묘사되어 있다. 모세의 오랜 부재는 이스라엘 백성이 눈에 보이는 신을 숭배하게 했다. "백성들은 앉아서 먹고 마시다가 일어나 흥청거리며 놀았다."(탈출 32,6) 다시 돌아왔을 때, "모세는 백성이 제멋대로 하는 것을 보았다."(탈출 32,25) 계약을 어긴 것을 본 모세는 하느님께서 직접 기록한 돌판들을 던져서 깨트린다(탈출 32,19 참조). 하느님의 자비하심으로 이스라엘에게 다시 석판이 주어지나, 이 석판은 어디까지나 대체된 석판이며 동시에 계약의 파기를 상기시키는 경고의 표징이다.

이것이 우리의 질문에 있어 무엇을 의미하는가? 이는 하느님과 이스라엘이 맺은 계약의 역사가 그분의 선택으로 철회되지 않지만, 실패한 인간이 계약을 파기할 수 있다는 점에서 인간에게서 계약의 성사가 결정됨을 의미한다. 물론 계약 관계의 당사자 중 한 명인 하느님의 무한한 다양성을 고려했을 때, "계약"이라는 단어는 동등한 동반자적 관계라고 할 수 없다. 하느님께서는 인간에 비해 무한하고 절대적이시므로 두 계약자는 불균형하다. 근동 지방의 모델에 따르면 이 계약은 오히려 위대한 왕의 양보를 의미한다. 이것은 계약을 그리스어로 표현할 때 양자 '합의syntheke'가 아닌 '유언diatheke'이라는 단어를 선택했다는 사실에서도 드러난다. 이것이 히브리인들에게 보낸 서간이 '계약alleanza'이 아닌 '유언testamento'이라는 단어를 사용하는 이유이기도 하다. 이에 따라 구약과 신약이 '오래된 계약antica alleanza'과 '새로운 계약nuova alleanza'이라 불리지 않고 '오래된 유언Antico Testamento'과 '새로운 유언Nuovo Testamento'이라 불리는 것이다. 이스라엘 백성과 함께하는 하느님의 모든 길은 십자가와 부활을 예언하는 예수 그리스도의 최후의 만찬에서 종합적이고 결정적인 형태를 발견한다. 두 가지 유형의 전승, 즉 마르코 복음서, 마태오 복음서의 전승과 루카 복음서와 바오로 서간의 전승 형성에 대한 복잡한 문제를 여기에서 언급할 필요는 없다. 한편, 시나이 전승은 계속되었다. 예레미야서의 예언이 결정적인 방식으로 성취되고, 그렇게 31장의 새 계약의 약속이 실재로 현존한다. 시나이에서의 계약은 본질적으로 항상 남아 있었으며, 궁극적인 것을 향한 길이었다. 모든 파괴, 즉 아들이 죽음에까지 이르는 하느님의 사랑은 그 자체로 새 계약이다.

이제 '결코 철회되지 않는 계약'에 대한 최종적인 판단을 내려 보고자 한다. 우리는 먼저 두 가지의 언어적 이의를 제기해야 한다. '철회'라는 단어는 하느님 행동의 어휘에 포함되지 않는다. 성경의 하느님과 인류 역사 안에서 '계약'은 단번에 일어나지 않고 단계적으로 이루어진다. 이러한 형식적 이의를 넘어 내용적인 관점에서도 우리는 다음과 같이 비판적으로 말할 수 있다.

이는 하느님과 인간의 역사의 참된 드라마를 표현할 수 없는 단어다. 확실히 하느님의 사랑은 영원불변하다. 그러나 하느님과 인간이 맺은 계약의 역사는 인간이 저지른 실패를 포함한다. 그 밖에 계약 파기와 그로 인한 결과, 즉 성전 파괴나 디아스포라, 참회로 부르심, 인간이 새로운 언약에 합당하는 내면적 결과도 모두 포함한다. 하느님의 사랑은 당신을 거부하는 인간의 행동조차 받아들인다. 그것이 당신 자신과 인간에게 상처를 입힘에도 말이다. 예언서들과 토라가 하느님의 진노와 가혹한 형벌을 묘사한다면, 하느님의 징벌적 행동이 그분 자신에게도 고통이 된다는 점을 명심할 필요가 있다. 이는 사랑의 끝이 아닌 새로운 사랑의 단계다.

이제 진노와 사랑이 얽혀 있지만 그 안에서 사랑이 분명히 드러나는 본문을 인용하고자 한다. 호세아서에 나오는 하느님의 구원적 사랑은 이전에 있었던 모든 위협이 지나간 후 장엄하게 나타난다. "내 백성은 나를 배반하려고만 한다. 그들이 위를 향해 부르짖어도 누구 하나 일으켜 세워 주지 않으리라. 에프라임아, 내가 어찌 너를 내버리겠느냐? 이스라엘아, 내가 어찌 너를 저버리겠느냐? …… 내 마음이 미어지고 연민이 북받쳐 오른다. …… 나는 타오르는 내 분노대로 행동하지 않고 에프라임을 다시는 멸망시키지 않으리라."(호세 11,7-9)

인간의 죄와 계약의 최종 파기에서 오는 위협 사이에 하느님의 고통이 있다. "내 마음이 미어지고 연민이 북받쳐 오른다. …… 나는 사람이 아니라 하느님이다. 분노를 터뜨리며 너에게 다가가지 않으리라."(호세 11,8-9) 이처럼 웅장하고 감동적으로 말씀하시는 내용은 최후의 만찬 때 예수님께서 당신 자신을 죽음 앞에 내어놓는 말씀에서 실현된다. 이로써 부활의 새로운 계약이 열린다.

시나이의 계약이 예수님의 몸과 피 안에 있는 새 언약으로, 죽음을 넘어서는 그 사랑 안에서 근본적으로 변화한다. 이로써 영원히 유효한 새로운 형태를 갖는 것이다. 예수님께서는 미리 시나이 계약의 구체적인 형태와 이스라엘의 상황을 근본적으로 변화시킬 두 가지 역사적 사건, 성전 파괴와 전 세계에 흩어지게 될 이스라엘의 운명을 예고하신다. 여기서 우리는 그리스도교의 '본질'과 이러한 사건들에 대한 반응으로 탈무드와 미슈나에서 발전한 유다교의 '본질'에 도달한다.

이제 어떻게 계약을 실천할 수 있을 것인가? 이는 유다교와 그리스도교가 구체적인 현실 앞에서 두 가지 길로 나뉘게 된 이유다. '결코 철회되지 않는 계약'이라는 공식은 유다인과 그리스도인 사이의 새로운 대화의 초기 단계에서는 도움이 되었을지 모르지만, 장기적으로 현실의 광대한 폭을 적절하게 표현하기에는 충분하지 않아 보인다. 간결한 공식이 필요하다고 판단되는 경우, 주로 성경의 두 가지 핵심 표현을 언급할 수 있을 것이다.

바오로 사도는 유다인들에게 "하느님의 은사와 소명은 철회될 수 없는 것이기 때문입니다."(로마 11,29)라고 말한다. 성경은 모든 이에게 이렇게 말한다. "우리가 견디어 내면 그분과 함께 다스릴 것이며 우리가 그분을 모른다고 하면 그분도 우리를 모른다고 하실 것입니다. 우리는 성실하지 못해도 그분께서는 언제나 성실하시니 그러한 당신 자신을 부정하실 수 없기 때문입니다."(2티모 2,12-13)

화합과 일치의 길
— 베네딕토 16세와 아리 폴거의 서신 교환*

빈 이스라엘 공동체의 최고 랍비 아리 폴거에게

친애하는 랍비님, 빈 대학교의 튀크Tück 교수님이 보내신 랍비님의 〈대화의 위험Pericolo per il dialogo〉이라는 기고문을 읽었습니다. 객관적이고 풍요로운 관점으로 이루어진 이 중요한 글에 대해 진심으로 감사드립니다.

무엇보다 최고 랍비님은 제 글이 어떠한 성격을 지니는지 명확히 짚어 주었습니다. 제 원고는 이스라엘의 하느님께서 하신 약속에 대한 이해를 둘러싼 유다인과 그리스도인의 논쟁에 관한 것이었습니다. 그리스도교는 성전이 파괴되고 나자렛 예수

---

* 이탈리아어로 교환된 이 서신은 《유다인과 그리스도인》 77~95쪽에 실렸다.

님의 삶과 죽음을 상기함으로써 예수님을 중심으로 공동체를 형성하였습니다. 이 공동체는 히브리어 성경 전체가 예수님을 다루고 있으며, 그러므로 예수님의 가르침과 함께 성경을 바라보아야 한다고 확신합니다. 그러나 대다수 유다인은 이러한 신념을 공유하지 않습니다. 따라서 어느 쪽의 해석이 옳은지에 대한 논쟁이 계속되었습니다. 안타깝게도 이러한 논쟁은 그리스도교 측에서 대부분 상대방에 대한 정당한 존중 없이 진행되었습니다. 그 결과 그리스도교 반유다주의의 슬픈 역사가 시작되었고, 나치의 반유다주의와 그 정점에서 유발된 아우슈비츠라는 비참한 역사로 귀결되었습니다.

이제 유다인의 성경을 올바르게 이해하기 위해 두 공동체가 대화를 계속하는 것이 중요합니다. 이 대화를 위한 중요한 방법론적 문서는 2001년 5월 24일에 발표된 교황청 성서 위원회의 〈그리스도교 성경 안의 유다 민족과 그 성서 *Il popolo ebraico e la sua Sacra Scrittura nella Bibbia cristiana*〉입니다. 저는 이를 제 견해의 방법론적 기초로 삼고 있습니다. 인간적으로 말하자면 이 대화가 현대 역사에서 두 해석의 일치로 이어지지는 않을 것입니다. 이 일치는 역사의 종말에 계신 하느님께 맡겨져 있습니다. 그때까지 양측은 올바른 이해를 위해 서로 대면하고, 상대방의 이해를 정중하게 고찰해야 하는 과제를 안고 있습니다. 대화의 중심 내용은 이스라엘에 대한 위대한 하느님의 약속일 것입니다. 그리하여 저는 땅, 계약, 윤리적 가르침 및 하느님을 향한 올바른 예배 등에 대한 이스라엘의 메시아적 희망의 주제를 종합했습니다. 저는 다시 한번 이 서신을 통해 위의 주제에 대한 그리스도교적 이해를 설명하고자 했던 내용을 간략하게 언급하고자 합니다.

첫 번째, 메시아의 약속은 항상 논란의 여지가 있습니다. 그러나 저는 상호 이해에 진전이 있을 수 있다고 믿습니다. 저는 메시아의 약속의 다양성을 '처음부터 새롭게' 파악하고자 노력했고, 서로 연결되어 있지만 이미 이루어진 희망과 아직 이루어지지 않은 희망에 대해 이해하고자 했습니다. 다윗 임금이라는 인물에 근거한 메시아적 기대의 형태는 여전히 유효하지만 그 의미는 제한적입니다. 제 견해로 최종적인 희망의 형태는 모세입니다. 성경은 모세가 주님의 친구로서 얼굴을 맞대고 대화를 나누었다고 언급합니다. 나자렛 예수님은 하느님과 대면하는 관계였으므로 그리스도인들에게 희망의 중심이 되는 인물로 나타납니다. 그러므로 이 새로운 비전에서 교회의 시대는 아직 확실하게 구원된 때가 아닙니다. 그리스도인에게 교회의 시대는 이스라엘이 광야에서 보낸 40년과 같습니다. 결론적으로 이 본질적인 내용은 하느님의 자녀로서 자유를 행사하는 것이며, 이는 이스라엘이 그랬듯이 '백성들'에게도 어려운 일이 아닙니다. 백성들의 시대에 대한 이러한 새로운 이해를 받아들인다면 유다인들이 받아들일 수 없는 역사의 신학을 갖추게 되지만 아마도 우리의 공통 과제에 대한 새로운 근거를 제공할 수 있을 것입니다.

두 번째, 이스라엘 국가가 형성된 맥락에서 땅에 대한 약속의 올바른 해석은 오늘날 두 공동체에게 매우 중요합니다. 그리스도인들에게만 중요한 논제이긴 하나, 신학적으로 이스라엘 국가는 땅에 대한 약속의 성취로 숙고될 수 없습니다. 대신 이스라엘은 그 자체로 세속 국가이며 당연히 전적으로 합법적인 종교 기반을 가지고 있습니다. 벤구리온Ben-Gurion, 골다 메이어Golda Meir 등이 말하듯, 이스라엘 국가의 초대 설립자들은 이스라엘이 세속 국가임을 분명히 알고 있었습니다. 그들이 세운 국가는 이렇게 함으로써만 존재할 수 있었기 때문입니다.

이런 전제가 있어야만 교황청이 이스라엘과 외교 관계를 맺을 수 있었습니다. 그리고 아랍인들과 평화로운 공존을 모색하는 것도 이와 연결되어 있습니다. 나아가 저는 이러한 방식으로도 이스라엘에 대한 하느님의 충실함이 국가의 형성에 신비롭게 함께하셨음을 바라보는 것이 어렵지 않다고 믿습니다.

세 번째, 저는 오늘날 도덕과 예배에 관한 한, 이스라엘과 그리스도교 사이에 더욱 큰 친밀감이 있다고 인식합니다. 근대 시대가 시작된 이래로 루터의 반유다주의 사상은 세상에 그늘을 드리웠습니다. 이는 루터가 겪은 '탑의 체험'에서 시작된 율법에 대한 거부가 근본적이었습니다.* 루터의 존재에 중요한 의미를 지니는 이 사건은 마르키온의 사상과 연결되어 있었으

---

* 루터는 비텐베르크의 아우구스티노 수도원 종탑에서 성경을 연구하던 중 깨달음을 얻는데, 이를 흔히 '탑의 체험'이라고 부른다. 이 체험을 통해 루터는 하느님께서 인간을 엄격하게 심판하시는 무자비한 신이 아닌 '오직 믿음으로' 모든 이를 의롭게 하는 분이시라고 주장한다. 특별히 이러한 깨달음은 "복음 안에서 하느님의 의로움이 믿음에서 믿음으로 계시됩니다. 이는 성경에 '의로운 이는 믿음으로 살 것이다.'라고 기록된 그대로입니다."(로마 1,17)라는 말씀을 근거로 한다. 이를 계기로 루터는 믿음만 있다면 의롭게 된다는 '의화(義化, Justification) 교리'를 주장하며 율법과 복음을 구별하게 되었다. 여기에는 구약의 율법은 인간의 죄를 각인시키며 이를 어길 시에는 죽음과 저주에 빠지게 하므로 하느님의 복음의 뜻과 일치하지 않는다는 견해가 깔려 있다. — 역자 주

며, 그 결과 당시에는 의문시되지 않았던 유사 종교인 마르키온주의를 만들었습니다. 저는 바로 이 지점에 유다교와의 새로운 대화를 여는 중요한 가능성이 있다고 믿습니다.

베네딕토 16세

명예 교황 베네딕토 16세 성하이신 요제프 라칭거에게

교황님과 제가 서로 동의하듯이, 《친교 Communio》에 실린 논문은 그리스도인들에게 해당되는 이야기라 할지라도 유다교와 그리스도교의 대화에 참으로 좋은 지침이 될 만한 논제가 담겨 있었습니다. 그리고 무엇보다 교황님이 보낸 편지의 세 번째 요점에 전적으로 동의한다는 말씀을 드리고 싶습니다.

이 시대의 유다인과 가톨릭 신자들은 서구 사회의 도덕성을 함께 보호하도록 특별히 부름받고 있습니다. 실제로 서구는 점점 더 세속화되고 있으며 대다수는 종교와 신자들, 종교적 관습에 대해 점점 더 편협해지고 있습니다. 소수의 사람들만 종교와 종교적 의무를 진지하게 받아들일 뿐입니다. 그러므로 우리는 공개된 장소에서 더 자주 만나야 합니다. 함께라면 혼자일 때보다 더욱더 강해질 수 있습니다. 또한 우리는 공통의 가치를 지니고 있습니다. 바로 두 교단 모두 히브리어 성경을 소중히 여긴다는 사실입니다. 비록 성경을 다른 관점으로 해석하지만, 여기에는 공통의 토대가 있습니다. 또한 모두 정치적으로 큰 관용을 보여 주며 이를 지지합니다. 물론 양측에 극단주의자들이 존재합니다. 저는 유럽 랍비 의회, 독일 정통 랍비 회의, 미국 랍비 의회 등의 회원으로서 모든 정통 유다인 조직들이 관용적인 사회를 위해 노력해야 한다고 주장합니다. 또한 유다인 중에 극단주의적 성향을 보이는 이가 우리와 다르게 표현하거나 행동할 때 두려움을 느낍니다. 이는 가톨릭 교회 측도 마찬가지라고 생각합니다. 그러므로 저와 교황님과 같은 대표자와 우리의 동료들은 신자들이 존중받고 그들의 종교적 신념이 공론에 기여할 수 있도록 다원적이고 관용적인 사회를 이루어 나가고자 노력해야 할 것입니다.

교황님이 편지에 쓴 두 번째 요점은 유다인과 그리스도인의 대화에서 중요한 주제라고 생각합니다. 교황청 유다인 종교 관계 위원회와 이스라엘의 수석 랍비가 대화를 통해 발표한 〈예루살렘과 로마 사이에서 Tra Gerusalemme e Roma〉라는 문서에 쓴 것처럼, 교회가 이스라엘을 세속 국가로 여김으로써 외교 관계를 맺는 것이 더 쉬운 일이었음을 이해합니다. 그리고 팔레스타인 국가가 스스로를 세속 국가라고 생각한다면 팔레스타인을 위해 타협하는 것이 확실히 더 쉬워 보입니다. 그러나 교황님은 세속 국가라 할지라도 하느님의 축복에서 제외되지 않으며, 이는 유다 민족과의 영원한 계약에 대한 확증이라고 썼습니다. 따라서 우리의 상호 간의 거리는 확실히 줄었습니다.

여기서 저는 교황님이 말했듯이 이스라엘이 민주적 국가를 건설한 것이 세속적인 체제에서 행해졌음을 인정합니다. 그러나 동시에 종교적 관점에서 바라본다면 이것이 전 세계 각지에 흩어진 유다인들이 모두 시온으로 귀환하는 것과 무관하지 않다고 이야기하고 싶습니다. 쿠르트 코흐Kurt Koch 추기경은 다섯 명의 랍비에게 보낸 공개 서한에서 이 문제를 논의하기 위해 만나자고 제안했고, 유다교 측은 이를 기꺼이 받아들였습니다. 실제로 유다교 측에서는 이 주제에 관한 서한을 작성했습니다. 기회가 된다면 로마에서 교황님과 만나 함께 토론할 수 있다면 좋겠습니다.*

 이제 교황님의 첫 번째 요점에 대해 말씀드리겠습니다. 저는 조셉 베르 솔로베이치크Joseph Ber Soloveitchik 랍비의 제자 중 한 사람으로서 신학적 대화보다는 교황님의 세 번째 요점, 즉 사회의 도덕적 감수성을 높이고 신자들의 종교적 자유를 더욱 더 보호하기 위해 노력해야 한다는 말에 훨씬 더 큰 매력을 느낍니다. 교황님의 초대는 보다 온건한 목표를 지향하기에 잠재적으로 더 효과적이라고 생각됩니다. 이 대화는 우리가 서로 설득하려는 것이 아닌 더 깊이 이해하기 위한 것이기 때문입니다. 저는 특별히 "인간적으로 말하자면 이 대화가 현대 역사에서 두 해석의 일치로 이어지지는 않을 것입니다. 이 일치는 하느님께 맡겨져 있습니다."라는 말씀이 매우 중요하다고 생각합

---

* 실제로 이 회의는 2019년 1월 16일, 교회의 어머니 수도원에서 비공개로 이뤄졌다. 이 회의에는 베네딕토 16세와 아리 폴거 최고 랍비, 교황청 유다인 종교 관계 위원회 위원장 쿠르트 코흐 추기경, 작센 랍비이자 독일 정교회 랍비 의회 회장단인 졸트 발라Zsolt Balla, 다름슈타트 유다인 공동체 랍비인 조쉬 아렌스Josh Ahrens 등이 참석했다. 이 만남 후 아리 폴거 최고 랍비는 베네딕토 16세에 대해 이렇게 썼다. "사실 교황님은 더 이상 젊은 나이는 아니지만, 여전히 지적으로 충만했습니다. 저는 그분에게서 모든 형태의 반유다주의에 반발하는 매우 동정적이고 심오한 사상가적인 면모를 발견했습니다."(cfr. Benedetto XVI, *Ebrei e cristiani*, cit., p. 16)

니다. 대화는 개종이나 신학적 요점을 다루는 것이 아니라 이해와 우정을 증진하는 것이어야 한다는 신호가 여기에 담겨 있습니다.

《친교》에 기고한 원고의 주제인 '결코 철회되지 않는 계약'에 대해 말씀드리고자 합니다. 제가 독일 유다인의 정기 간행물, 《유디쉬 알게마인*Jüdische Allgemeine*》에 기고한 글에서 밝혔듯이, 그리스도인들이 신앙의 초석에 충실하기를 원한다는 사실을 깊이 이해합니다. 그렇기 때문에 유다인 종교 관계 위원회는 이 철회될 수 없는 계약을 '신비'라고 불렀습니다. 교황님은 원고에서 이러한 신비가 지닌 긴장의 영역을 다루고자 했습니다. 저는 여기에서 철회될 수 없는 계약에 대한 이 논제가 반유다주의와의 싸움에서 얼마나 중요한지 강조하고 싶습니다. 지난 세기 일부 그리스도인들은 계약이 철회되었다는 논리로 유다인들에게 행해진 큰 악을 정당화했습니다. 저는 감히 다른 신앙 공동체에 이 교리를 어떤 식으로든 해석해 달라고 요청하지 않을 것입니다. 하지만 과거에 그리스도인들이 유다인에게 행한 구체적인 악에 대해 여기서만은 예외로 두고자 합니다. 저는 현재 가톨릭 교회에서 높은 평가를 받으며 다른 방식으로 숙고되어서는 안 되는, 결코 철회되지 않는 계약에 대한 논제를 강화해 달라고 요청합니다.

《친교》에서 교황님은 교회가 대체 이론을 결코 믿지 않았다고 주장했습니다. 교황님은 가톨릭 교회의 최고 대표자로서 이 주장을 확실히 지지할 수 있습니다. 역사와 관련된 새로운 견해를 과거와 오래된 가르침에 확립시키는 것은 매우 중요합니다. 하지만 이제 그리스도인들의 원칙에 반대되는 것으로 숙고된다고 해서 그리스도교의 이름으로 저질러진 과거의 범죄가 잊힐 수는 없습니다. 오늘날 독일 교회에 있는 유다인 돼지와 프랑스 스트라스부르를 포함한 기타 여러 곳의 교회와 회당의 동상들은 오늘날의 평화와 우정의 관계만큼이나 어두운 과거를 상기시킵니다.* 그러나 이를 기억하는 것은 바람직합니다.

반면 역사를 잊은 채, 범죄를 저지른 이들만 그릇된 신학을 옹호한 것이므로 그 외의 사람은 괜찮았다고 주장하는 것은 용

---

* 대표적으로 독일 비텐베르크 교회에 있는 '유다인 돼지Judensau' 부조는 1305년에 부착된 것으로 돼지고기를 먹지 않는 유다인을 비하하는 의미가 담겼다. 돌판 부조에는 돼지가 있고, 유다인들이 돼지의 젖을 빨고 있다. 돼지의 뒤편에서는 유다인 랍비가 돼지의 항문을 보고 있다. 종교 개혁 500주년을 맞이하여 화해와 용서를 위해 이를 철거해야 한다는 의견이 있었지만, 비텐베르크시와 교회는 이전의 인종 차별과 관련된 죄와 행실을 기억하며 이를 반성하고자 부조를 철거하지 않기로 했다. — 역자 주

납될 수 없습니다. 제가 감히 교황님이 과거의 이야기를 희석시키고 싶어 한다고 말하는 것은 아닙니다. 이는 하느님께서 원하시는 일이 아닙니다. 하지만 우리 유다인들에게는 교회가 유다 민족의 대체 이론을 결코 지지하지 않았다는 교황님의 논지도 중요하지만, 그럼에도 특정 시기의 많은 그리스도인들이 분명 대체 교리를 주장했으며 그 과정에서 말할 수 없는 고통이 정당화되었다는 사실도 매우 중요합니다.

교황님과 저, 그리고 각자의 동료들을 포함한 '우리'의 서신이 유다교와 그리스도교 간의 대화를 더욱 강화하고 심화하여 더 나은 사회를 일구어 나가는 데에 도움이 되기를 바랍니다.

며칠 후, 유다교에서는 아담의 창조를 기념하는 날로 인류의 보편적 축제로 여겨지는 '나팔절'*을 기념합니다. 그러므로 유다인과 그리스도인, 모든 이가 '새롭고 달콤한 해shana towa umetukah'를 맞이하기를 기원합니다.

2018년 9월 4일
빈 최고 랍비, 아리 폴거

---

* 나팔절, 로쉬 하샤나Rosh hashanah는 유다력으로 새로운 해가 시작되는 날이다.

제4장

신앙의 신비를 찾아서

그리스도교와 타 종교, 특히 개신교와의 차이는 사제직과 성체성사에 있다. 그리스도인이라면 사제직이 어떻게 시작되었는지, 또 이것이 정말 예수 그리스도에게서 이어진 유효한 권한인지, 성체성사의 의미는 무엇인지에 관한 질문을 한 번쯤 받았을 것이다. 때로 이러한 질문은 공격적인 비판을 동반하며, 그리스도교와 개신교의 본질적인 차이를 드러낸다. 또한 이것은 현재의 교회 제도에 관한 질문이기도 하다. 사제 독신제 유지, 주일의 성체성사 의무 참여 등의 주요한 주제를 함축하기 때문이다.

베네딕토 16세는 이 장에서 해당 주제를 교의 신학과 역사적 관점에서 매우 깊이 있게 다루면서, 본질적 핵심을 논리적으로 제시한다. 실제로 신앙은 단순한 관념이 아닌 구체적인 삶에서 구체화된다. 그리고 이는 자연스럽게 사제직과 성체성사의 주제로 이어진다. 이를 통해 우리는 사제직과 성체성사가 단순히 역사 속 인간이 만든 전통이 아니라 그리스도께서 제정하신 참된 성사임을 깨닫는다.

이 장은 베네딕토 16세가 사제 서품을 준비하던 젊은 시절의 체

힘을 엿볼 수 있다는 점에서 더욱 호소력 있게 다가온다. 또한 개신교를 대표하는 루터교의 교리와 그리스도교의 교리가 구체적으로 비교되어 우리가 그동안 받았던 근원적인 문제의 해답을 얻을 수 있다.

믿음은 관념이 아닌 삶입니다*

교황 성하, 올해 예수회에서 '학문의 날'의 일환으로 열린 심포지엄의 의제는 '믿음을 통한 의화'에 관한 것입니다. 성하께서는 전집 4권인 《그리스도교 입문*Introduzione al cristianesimo*》에서 "그리스도인의 믿음은 관념이 아닌 삶입니다."라고 단호하게 말씀하신 바 있습니다.

그리고 바오로 사도의 "사실 사람은 율법에 따른 행위와 상관없이 믿음으로 의롭게 된다고 우리는 확신합니다."(로마 3,28)라는 구절과 함께, "믿음은 공동체를 통해 전달되는 그리스도인에게 주어진 선물이며, 이는 하느님의 선물의 열매다."라고 언급하시면서 믿음의 두 가지

---

* 이 글은 2015년 10월 8일부터 10일까지 로마에서 있었던 '신앙에 의한 의화' 심포지엄에서 나눈 예수회 다니엘레 리바노리Daniele Libanori 신부와의 인터뷰다. 2016년 3월 16일 《로세르바토레 로마노*L'Osservatore Romano*》와 2016년에 출판된 《신앙을 통해*Per mezzo della fede*》에 게재되었다.

초월성을 강조하셨습니다. 오늘날 사목 신학을 명확히 하고 신자들의 영적 체험에 활기를 불어넣고자 하는 목적에서 이 말씀이 무엇을 의미하는지 설명해 주시겠습니까?

이는 믿음이란 무엇이고, 우리는 어떻게 믿게 되는지에 대한 것입니다. 믿음은 하느님과 개인이 맺는 깊은 접촉입니다. 이 접촉은 개인의 가장 깊은 곳을 건드리며, 살아 계신 하느님 앞에 나를 절대적이고 즉각적으로 내어놓도록 합니다. 또한 믿음은 우리가 하느님께 말씀을 드릴 수 있게 하며 그분을 사랑하게 하고 친교를 맺을 수 있게 합니다. 즉 믿음을 통해 하느님은 우리의 가장 개인적인 현실이 되는 것입니다. 그런데 동시에 이는 공동체와 분리 불가분합니다. 그것은 '나'라는 개인을 하느님의 자녀인 '우리' 안으로 끌어들이며, 배회하는 형제자매들의 공동체 안으로 안내하기 때문입니다. 이는 신앙의 본질 중 하나입니다. 또한 하느님과의 만남은 닫혀 있는 개인의 고독에서 벗어나 나 자신을 개방하게 합니다. 이는 개인이 교회의 살아 있는 공동체에서 환영받게 됨을 의미합니다. 이렇게 믿음은 하느님과 함께하는 공동체적 만남의 중재자이며 동시에 전적으로 개인적인 방식으로 다가옵니다.

바오로 사도는 "믿음은 경청에서 비롯된다Fides ex auditu."라고 가르칩니다. 경청은 항상 다른 존재가 있음을 전제로 합니다. 믿음은 성찰의 산물이 아니며, 내 존재의 심연에 몰입하는 것도 아닙니다. 물론 이 둘을 통해서도 믿음이 가능하긴 하지만, 세상을 창조하신 이야기에서 볼 수 있듯, 다른 존재를 통해 우리에게 질문을 던지시는 하느님의 말씀을 경청하지 않는다면 신앙은 불충분합니다. 내가 믿을 수 있기 위해서 하느님을 만나고 그분이 내게 다가올 수 있게 하는 증인들이 필요하기 때문입니다.

세례에 관한 글에서 저는 공동체의 이중적 초월성을 이야기하며 다시 한번 중요한 요소를 언급했습니다. 신앙 공동체는 스스로 만들어지지 않았다는 것을 강조했습니다. 신앙 공동체는 공통된 관념을 전달하기 위해 일하기로 결심한 이들의 모임이 아닙니다. 그렇게 생각한다면 개인의 결정에 의존하게 되고 궁극적으로는 다수결의 원칙을 따르게 됩니다. 결국은 인간의 의견에 따라 모든 것을 결정하게 되겠지요. 이런 식으로 세워진 교회는 영원한 삶을 보증할 수 없으며, 개인의 소망에 반하거나 고통을 주는 결정을 할 수도 없습니다. 하지만 교회는 스스로 만들어진 것이 아니라 하느님께서 창조하셨습니다. 그리고 그분께서는 지금도 계속해서 당신 나라를 만들어 나가고 계십니다. 이 사실은 성사들, 무엇보다 세례에서 찾아볼 수 있습니다. 우리는 관료적 행위가 아닌 성사로써 교회에 들어갑니다. 이는 내가 스스로 존재하는 것이 아니라 나 자신을 넘어 나를 투사하는 공동체에서 환영받음으로써 존재하게 됨을 의미합니다.

신자들의 영적인 체험을 위한 사목적 돌봄은 이러한 기초 위에서 진행되어야 합니다. 즉 교회가 자생적이라는 관념을 버리고 그리스도의 몸을 이루는 친교 안에서 마침내 공동체가 된다는 점을 강조해야 합니다. 사목자는 예수 그리스도와의 만남과 성찬례 안에 그분의 현존이 있음을 알려 주어야 합니다.

1999년 10월 31일에 발표된 가톨릭 교회와 루터교 세계 연맹의 《의화 교리에 관한 합동 선언문》이 있습니다. 성하께서 신앙교리성 장관으로 재직하시던 때에 발표되었지요. 이 문서에 대해 논평하면서, 루터가 제기한 구원과 축복에 대한 문제와 관련한 사고방식의 차이를 강조하신 바 있습니다. 루터의 종교적 경험은 하느님의 진노에 직면한 두려움이 지배적이었는데, 이는 하느님께서 부재하신다고 생각하는 현대인들에게는 매우 이질적인 감정입니다(2000년 독일어판 《친

제4장 신앙의 신비를 찾아서 153

교》 430쪽 참조). 현대인들의 관심사는 어떻게 영원한 삶을 얻을 수 있는지가 아닌, 이 세상의 불완전한 조건들 속에서 충만한 삶의 균형을 어떻게 보증받을 수 있는지에 있습니다. 이 새로운 맥락에서 바오로 사도의 믿음을 통한 의화 교리가 현대인들의 '종교적' 혹은 '원초적' 경험에 부합할 수 있을까요?

우선 의화 문제에 대해 제가 2000년에 《친교》에 기고한 글을 다시 한번 강조하고 싶습니다. 루터 시대와 그리스도교 신앙의 고전적 관점에 비해 오늘날 인간의 상황은 어떤 면에서 변화되었습니다. 이제 더 이상 하느님 앞에서 의화가 필요하다고 믿는 이는 없습니다. 오히려 세상의 모든 끔찍한 일과 인간 존재의 고통 앞에서 의화되어야 하는 것은 하느님이시라고 말합니다. 궁극적으로 모든 것이 인간에게 달려 있다고 여기는 것입니다. 이와 관련하여 어느 가톨릭 신학자는 이렇게 말하였습니다. "그리스도께서 인간의 죄를 위해 고난을 받으신 것이 아니라, 오히려 세상에 대한 하느님의 죄를 없애기 위함이었다."

앞서 말한 신학자는 자신이 직접적이고 공식적인 방법으로 세상의 변화에 영향을 받았다는 사실을 이야기하였습니다. 이는 우리에게도 분명 시사하는 바가 있습니다. 당분간 그리스도인들이 이러한 급격한 신앙의 변화에 동의하지 않을지라도 이 모든 것은 우리 시대의 근본적인 경향을 드러냅니다. 요한 밥티스트 메츠Johann Baptist Metz는 오늘날의 신학이 '신론에 민감theodizee-empfindlich' 해야 한다고 주장한 바 있습니다. 이는 앞서 말씀드린 문제를 긍정적인 방식으로 강조하는 것입니다. 하느님과 인간의 관계에 대한 교회의 이 같은 급진적인 논쟁과는 별개로, 일반적인 의미에서 오늘날 인간은 하느님께서 인류를 멸망하게 내버려 두지는 않으시리라고 생각하곤 합니다. 이런 의미에서 과거의 사람들이 생각했던 구원에 대한 전형적 두려움은 거의 사라졌다고 볼 수 있습니다. 그런데 저는 인간에게 은총과 용서가 필요하다는 인식이 다른 방식으로 계속 존재하고 있다고 생각합니다.

파우스티나 코발스카 성녀를 시작으로 하느님 자비에 대한 생각이 점점 더 중심적이고 지배적으로 되어 갑니다.* 이는 '시대의 징표'처럼 보입니다. 파우스티나 성녀는 오늘날 인간에게 적합한 하느님의 이미지와 선하심에 대한 갈망을 다양한 방식으로 깊이

---

* 파우스티나 코발스카 성녀는 1905년 폴란드의 글로고비에츠에서 태어났다. 성녀는 신비로운 은총을 통해 하느님의 자비의 사도가 되라는 요청을 받았으며, 1938년 크라쿠프에서 선종했다. 요한 바오로 2세 성인 교황은 2000년에 파우스티나 코발스카를 시성했다.

있게 반영했습니다. 요한 바오로 2세 성인 교황님 역시 항상 이런 갈망을 분명히 드러내지 않았을지라도 이러한 충동에 깊이 젖어 있었습니다. 교황님께서 선종 직전에 출판한 마지막 저서에서 하느님 자비에 대해 이야기한 것은 결코 우연이 아닙니다. 교황님은 어린 시절부터 인류의 모든 잔인함을 목격해 온 경험을 바탕으로, 악을 물리칠 수 있는 참으로 유일하며 효과적인 궁극적 수단은 자비라고 선언하였습니다. 자비가 있는 곳에서만 잔인함이 끝나고 악과 폭력이 종결됩니다. 프란치스코 교황님도 여기에 전적으로 동의합니다. 교황님의 사목적 실천은 그분이 우리에게 하느님의 자비에 대해 끊임없이 말한다는 사실에서 명확하게 드러납니다. 인간을 하느님께로 인도하는 것은 자비며, 정의는 우리가 그분 앞에서 두려움을 느끼게 합니다.

자비의 필요성을 느끼는 오늘날 인간의 모습을 상기해 보면, 저는 이것이 자신감과 독선의 겉치장 아래 인간이 자신의 상처와 하느님 앞에서 스스로의 무가치함에 대한 깊은 인식을 숨기고 있음을 보여 준다고 생각합니다. 인간은 자비를 기다리고 있습니다. 선한 사마리아인의 비유가 특히 현대인들에게 호소력이 있는 것은 결코 우연이 아닙니다. 이는 단순히 그 안에서 그리스도교의 사회적 역할이 강조되기 때문만이 아닙니다. 종교 대표자들이 하느님에 대한 면역을 갖게 되어 그 익숙함에 사랑을 드러내지 못하는 동안 사마리아인과 같은 비종교인이 진정으로 하느님을 따라 행동하는 모습을 보인다는 사실 때문입니다. 이러한 사실이 현대인들을 기쁘게 하는 것이 분명합니다. 한편 사람들은 마음속에서 사마리아인이 자신을 도와주고, 몸을 굽히고, 상처에 기름을 붓고, 돌보고, 피난처로 데려다주길 기다리고 있습니다. 궁극적으로는 하느님의 자비와 온유함이 필요하다는 것을 아는 것입니다. 더 이상 애정이 중요하지 않은 기술화된 세상의 냉혹함 속에서, 무상으로 주어지는 구원의 사랑에 대한 기대는 더욱 커져 갑니다. 하느님의 자비라는 주제는 믿음을 통한 의화가 의미하는 바를 새로운 방식으로 표현하는 듯합니다. 그러므로 오늘날 모든 이가 추구하는 하느님의 자비에서 출발하여, 의화 교의의 근본적인 핵심을 새롭게 해석하고 그것의 중요성을 다시금 드러내는 일은 여전히 가능합니다.

안셀모 성인은 하느님께 가해진 무한한 범죄를 회복하기 위해 그리스도께서 십자가에서 돌아가셔야 했고 그렇게 파괴된 질서를 회복해야 했다고 말합니다. 이런 식으로 표현하면 인간의 죄에 대한 공격적인 감정과 공포에 지배되는 분노의 신의 이미지를 하느님께 투사할 위험이 있습니다. 그런데 오늘날 신자들 사이에 확립된 그리스도인의 하느님은 "자비가 풍성하신"(에페 2,4) 하느님입니다. 이러한 확신을 깨트리지 않고 어떻게 하느님의 정의로움에 대해 말할 수 있을까요?

안셀모 성인의 개념적 범주는 오늘날 우리가 확실히 이해할 수 없게 되었습니다. 우리에게 주어진 과제는 이러한 표현 방식 뒤에 숨어 있는 진리를 새로운 방식으로 이해하는 것입니다. 저는 이 점에 대해 다음의 세 가지 관점을 공식화하고자 합니다.

첫 번째, 정의를 절대적으로 주장하는 아버지와 정의의 회복을 위해 십자가 수난이라는 잔인한 요구에 순종하는 아들의 대조는 오늘날 이해하기 어렵습니다. 그뿐만 아니라 삼위일체 신학에 비추어 볼 때, 이것은 그 자체로도 완전히 잘못된 것입니다. 아버지와 아들은 하나이므로 그분들의 의지는 본질적으로 하나입니다. 올리브산에서 아들이 아버지의 의지와 투쟁할 때를 떠올려 봅시다. 이는 하느님의 잔인한 성향을 그대로 받아들이는 것이 아니라, 인류를 하느님의 진정한 뜻 안으로 끌어들이려는 문제와 관련 있습니다. 우리는 다시금 아버지와 아들의 두 의지의 관계로 돌아와야 합니다.

두 번째, 그런데 왜 십자가의 속죄여야만 했을까요? 앞서 논의한 오늘날 현대적 사고의 왜곡 속에서, 이러한 질문에 대한 답은 새로운 방식으로 공식화될 수 있습니다. 전 세계를 감염시키고 파멸시키는 악, 폭력, 거짓말, 불경함, 잔인함, 교만 등의 믿을 수 없는 현상을 직시해 봅시다. 우리는 이러한 악들이 존재하지 않는다고 할 수 없으며 그렇다고 하느님께 오는 것이라고도 할 수 없습니다. 악은 정화되고 재작업되며, 극복되어야만 하는 것입니다. 고대 이스라엘은 인간이 매일 저지르는 죄를 속죄하기 위해서는 '욤 키푸르Yom Kippur', 즉 속죄일 예식을 치러야 한다고 생각했습니다. 그들은 이 속죄일이 세상에 존재하는 악에 대항하기 위한 필수 요소라고 여겼으며, 이를 통해 세상이 유지될 수 있다고 확신했습니다. 하지만 성전의 희생 제사가 사라진 후, 더 큰 악의 힘에 맞서 어떻게 대항해야 하는지, 어떻게 하면 균형을 찾을 수 있을지에 대한 질문이 제기되었습니다. 그리스도인들은 파괴된 성전이 십자가에 못 박히신 예수님의 부활하신 몸으로 대체되었고, 그분의 급진적이고 헤아릴 수 없는 사랑 안에서 악의 존재에 맞설 수 있는 힘의 균형이 만들어졌음을 알고 있었습니다.

또한 지금까지 자신들이 바친 제물이 그리스도의 사랑에 비하면 사소한 몸짓 정도에 불과했다는 것을 알게 되었습니다. 그 결과 압도적인 악의 힘 앞에서는 오직 무한한 사랑만이, 즉 오직 무한한 속죄만이 필요함을 알게 되었습니다. 그들은 십자가에 못 박히고 부활하신 그리스도만이 악의 권세에 대항하여 세상을 구원할 수 있는 힘임을 깨달았습니다. 또한 이를 바탕으로 자신들이 겪는 고통의 의미를 그리스도의 고통 어린 사랑에 내재된 것으로 이해하여, 이 사랑의 구속 능력의 일부로 생각했습니다.

앞서 저는 세상에 대한 하느님의 잘못으로 당신 아드님이신 예수님께서 고통을 겪어야 했다고 주장하는 신학자의 말을 인용했습니다. 하지만 이러한 관점의 전환을 고려하면 다음과 같은 진리가 나타납니다. 하느님께서는 당신이 인간에게 부여한 자유에서 생겨난 악의 덩어리를 그냥 두실 수 없었던 것입니다. 그래서 예수님으로 하여금 세상이 주는 고통의 일부가 되게 하심으로써 세상을 구원하도록 하셨습니다.

이제 하느님 아버지와 아들 그리스도의 관계가 더욱 명확해집니다. 앙리 드 뤼박이 쓴 오리게네스 교부에 관한 책은 이 주제를 명확히 다룹니다. 이는 에제키엘서 6장 6절과 관련된 오리게네스의 강론에 언급됩니다.

"구세주께서는 인류를 불쌍히 여기시어 이 땅에 내려오셨습니다. 그분께서는 십자가 고난을 겪기 전에, 또한 인간의 육신을 취하기 전에 고난을 겪으셨습니다. 구세주께서 먼저 고난을 겪지 않으셨다면, 인간의 삶에 참여할 수 없었을 것입니다. 처음부터 우리를 위해 견디신 이 고난은 무엇입니까? 이는 사랑의 고난입니다. '온 세상의 하느님이시며 인내와 자비와 연민으로 가득하신 아버지 자신도 어떤 식으로든 고통을 받지 않으십니까? 아니면 그분께서 인간의 일에 관여할 때 인간의 고통을 겪으신다는 사실을 모르십니까?' 주 하느님께서는 당신의 자녀를 취하시듯 우리 삶의 방식도 취하십니다. 하느님의 아드님께서는 인간의 고통을 짊어지시는 것과 마찬가지로 우리 삶의 방식도 짊어지십니다. 아버지 하느님께서는 무심하지 않으십니다! 우리가 하느님을 부를 때, 그분께서는 연민과 동정심을 가지십니다. 하느님께서는 사랑의 고통을 겪습니다."

독일의 몇몇 지역에는 '하느님의 고통die Not Gottes'을 매우 감동적으로 표현한 작품들이 있습니다. 이는 아들의 아픔을 내면적으로 공유하며 함께 고통받으시는 하느님 아버지의 이미지를 인상적으로 표현합니다. 또한 '은총의 왕좌trono di grazia'의 이미지도 이러한 신심을 드러냅니다. 이 이미지에서 하느님 아버지께서는 십자가와 십자가에 못 박힌 아들을 지탱하십니다. 그리고 애정 어린 모습으로 자신의 몸을 아들에게 기울입니다. 말하자면 십자가 위에서 아들과 함께 있는 것입니다. 이렇게 인간의 고통에 참여하시는 하느님 자비의 상징이 웅장하고 순수한 방식으로 담겨 있습니다. 이는 잔인한 정의를 다루는 것도, 아버지의 광신적 모습을 다루는 것도 아닙니다. 단지 창조의 현실과 진리를 다루는 것입니다. 궁극적으로 사랑의 고통 속에서만 실현될 수 있는, 악에 대한 참되고 친밀한 극복을 다루는 셈입니다.

로욜라의 이냐시오 성인은 《영신 수련》에서 바오로 사도와 달리 복수에 관한 구약의 이미지를 사용하지 않습니다(2테살 1,5-9 참조). 그럼에도 육화에 이르기까지 수많은 이가 어떻게 '지옥에 떨어지는지'(《영신 수련》 102항, 《신경, 신앙과 도덕에 관한 규정·선언 편람》 IV, 376항·633항·1037항)를 묵상하고, "나보다 더 적은 죄를 짓고도 지옥에 간 사람들"(《영신 수련》 52항)의 예를 생각하도록 우리를 초대합니다. 프란치스코 하비에르 성인은 이러한 정신으로 가능한 한 많은 '이교도'를 영원한 멸망이라는 끔찍한 운명에서 구원해야 한다는 확신을 두고 사목 활동을 펼쳤습니다. 트리엔트 공의회에서 정식화된 선과 악의 심판에 관한 가르침은 나중에 얀센주의자들의 주장으로 급진화했었습니다. 이는 훗날 《가톨릭 교회 교리서》 633항과 1037항에서 훨씬 더 절제된 방식으로 채택되었습니다. 이 점에서 최근 수십 년 동안 가톨릭 교리서가 반드시 고려해야 하는 '교의의 발전'이 있었다고 말할 수 있습니까?

이와 관련하여 교리가 심오하게 진화했음은 의심할 여지가 없습니다. 중세 교부들과 신학자들은 모든 인류가 그리스도인이 되었고, 이교는 변두리에만 존재한다고 생각하곤 했습니다. 하지만 근대 초기에 신대륙이 발견되면서 이 관점은 급격하게 바뀌었습니다. 지난 세기 후반, 하느님께서 세례받지 않은 이들도 구원하실 것이며, 세례를 받는 행복이 인간 존재에 진정한 답을 주지 않는다는 깨달음이 완전히 확립되었습니다. 16세기 위대한 선교자들은 비신자는 영원히 구원받지 못한다고 확신했습니다. 그리고 이러한 확신이 그들의 선교 활동을 가능하게 했으나, 제2차 바티칸 공의회 이후 가톨릭 교회에서는 이러한 신념이 완전히 사라지게 된 것입니다. 그런데 이로 인해 심각한 위기가 발생했습니다.

이것이 곧 앞으로의 선교 사명의 모든 동기를 없애 버리는 것처럼 보였기 때문입니다. 그리스도교 신앙 없이도 구원받을 수 있는데 왜 굳이 사람들이 신앙을 받아들이도록 설득해야 할까요? 교의의 변화는 그리스도인들에게도 어떠한 변화를 가져왔습니다. 그리스도인으로서의 삶과 신앙의 의무적 성격이 불확실해진 것입니다. 다른 방법으로 구원받는 이가 있다면, 그리스도인도 그리스도교 신앙의 도덕적 의무에 묶여 있을 이유가 없기 때문입니다. 믿음과 구원이 상호 의존적이지 않다면 믿음의 동기는 사라지기 마련입니다.

최근에는 그리스도교 신앙의 보편적 필요성과 신앙이 없는 이들의 구원 가능성을 조화하기 위한 시도가 다양하게 이루어지고 있습니다. 이에 관해 여기서 두 가지 시도를 기억하고자 합니다. 그중 첫째는 카를 라너의 '익명의 그리스도인'에 대한 논문입니다. 이 논문에서 라너는 우리 의식의 초월적 구조에서, 그리스도인 존재의 구원과 관련된 본질적 기초 행위는 타자에 대한 개방성과 하느님과의 일치로 구성된다고 주장합니다. 그리스도교 신앙은 이와 관련된 인간의 구조적 요소를 의식 안에 나타나게 합니다. 인간이 자신의 본질적 존재를 스스로 받아들일 때, 개념적으로 이를 인식하지 못할지라도 그리스도인이라는 본질을 성취합니다. 그러므로 그리스도인은 인류와 일치하며, 이런 의미에서 자신을 받아들이는 모든 인간은 자신도 모르게 그리스도인이 된다는 것입니다. 이 이론은 매우 매력적입니다. 하지만 이는 그리스도교 자체를 인간 존재에 대한 순수한 의식적 표현으로 축소시키고, 그리스도교의 핵심인 변화와 갱신의 드라마를 간과합니다. 모든 종교가 각각 고유한 방식으로 구원의 길로 인도하며, 이러한 의미에서 각각의 종교의 효과가 동등하다고 주장하는 종교 다원주의 이론은 더더욱 받아들일 수 없습니다. 구약 성경과 신약 성경 및 초대 교회의 종교 다원주의에 대한 비판은 현실적이고 구체적이며 진실합니다. 다른 종교에 대한 단순한 수용은 이 문제의 중대함에 어울리지 않습니다.

결국 앙리 드 뤼박과 함께 대리 대속의 개념을 주장한 신학자들을 기억할 필요가 있습니다. 그들에게 그리스도의 현존은 그리스도인의 존재와 교회의 근본적인 모습을 표현하는 것이었습니다. 이런 식으로 모든 문제가 해결되지는 않지만, 사실 이것이 그리스도인 개인의 존재에 영향을 미치는 본질적인 통찰인 듯합니다. 그리스도께서는 유일하신 분으로 모두를 위해 계셨으며, 지금도 계십니다. 바오로 사도의 위대한 관점에 따르면 세상에서 그리스도의 몸을 구성하는 그리스도인들은 이 '~을 위한 존재'에 참여합니다. 이는 영원한 행복으로 가는 특별한 자격을 의미하는 것이 아닌 다 함께 전체를 건설하는 소명을 의미합니다. 구원과 관련하여 인간 개인에게 필요한 것은 하느님에 대한 내밀한 개방성, 그분에 대한 내적 기대와 순명입니다. 또한 역으로 우리가 만난 주님과 함께 다른 이들에게 나아가 그리스도 안에서 하느님의 오심을 그들에게 보여 주기 위해 노력함을 의미합니다.

이 '~을 위한 존재'를 좀 더 추상적인 방식으로 설명하는 것도 가능합니다. 인류에게는 진리가 있으며 이를 믿고 실천하는 것은 중요합니다. 이 존재는 진리를 위해 고통받습니다. 이 존재는 진리를 사랑합니다. 이 실재는 빛으로 스며들어 세상을 지탱합니다. 저는 현재의 상황에서 주님께서 아브라함에게 의로운 사람 열 명이면 성읍이 살아남겠지만, 그 적은 수에도 도달하지 못하면 스스로 멸망하리라 말씀하셨던 바가 더욱 분명해지고 명확해진다고 생각합니다. 이 문제에 대해 더 깊이 생각할 필요가 있다는 것은 분명합니다.

19세기와 20세기의 무신론으로 특징지어지는 많은 '평신도'들의 눈에는 불의와 무고한 이들의 고통, 잔인한 권력으로 얼룩진 무력한 세상과 보편 역사에 대한 냉소주의가 있습니다. 성하께서는 이에 답해야 하는 것이 인간이 아닌 하느님이라고 말씀하신 바 있습니다(《희망으로 구원된 우리》 42항 참조). 또한 《나자렛 예수》에서 무신론자들과 우리에게 무엇이 문제인지를 다음과 같이 언급하신 바 있습니다. "불의와 악의 현실은 단순히 무시하거나 그냥 지나칠 수 있는 것이 아니다. 불의는 반드시 대항해야 하고 극복해야 한다. 그래야만 진정한 자비가 있다." 그렇다면 고해성사를 통해 이미 저지른 악에 대한 '속죄'가 어떻게 이루어지는 걸까요?

저는 앞선 세 번째 질문에 대한 답변에서 이 문제와 관련된 근본적인 요점을 설명하고자 시도했습니다. 악의 지배에 대항한 균형은 무엇보다 예수 그리스도의 신성과 인성의 사랑으로만 구성될 수 있습니다. 이는 항상 악의 힘보다 우월합니다. 우리는 하느님께서 예수 그리스도를 통해 주시는 이 성사의 응답에 참여할 필요가 있습니다. 개인이 악의 일부에 대한 책임이 있고, 악의 힘에 연루되어 있더라도 인간은 그리스도와 함께합니다. 이로써 그리스도의 환난에서 여전히 모자란 부분을 채울 수 있습니다(콜로

1,24 참조).

고해성사는 바로 여기에서 중요한 역할을 합니다. 우리가 항상 그리스도로 형성되고 변화되는 것을 허용하며 멸망에서 구원으로 계속 나아가게 하기 때문입니다.

가톨릭 사제직의 소명*

사전 방법론적 고찰

제2차 바티칸 공의회는 가톨릭 사제직에 대한 아름다운 문헌을 발표했지만, 16세기 종교 개혁이 제기한 근본적인 질문은 다루지 않았다. 이 상처는 교회의 침묵 속에서 계속 자리해 왔다. 나는 이 상처가 결국 공개적으로 철저히 다뤄져야 한다고 생각한다. 이는 루터가 정식화한 해석과 주석의 문제를 함유하고 있기에 어렵지만 그만큼 중요한 작업이다. 독일의 종교 개혁자인 루터는 신약의 직무가 구약의 사제직과 본질적으로 다

---

* 본 원고는 2018년에 완성되었으며, 로버트 사라 추기경과 베네딕토 16세의 이름으로 출판된 《우리 마음 깊은 곳으로부터》 23~56쪽에 실렸다. 이후 수정되고 확장된 새로운 본문은 공개되지 않았다.

르다는 사실을 출발점으로 삼았다. 구약의 '사제'의 중심 임무는 토라에 규정된 방식으로 제물을 바치고 이를 통해 의로움을 얻는 데 있었다. 이는 하느님께서 직접 규정하신 행위로 하느님과 인간의 관계를 올바른 질서 위에 놓는 것이었다. 반대로 구약의 예언자들이 예배를 비판하며 이미 분명하게 지적한 바 있듯이, 바오로 사도는 이런 방식으로 인간의 진정한 의화가 이루어질 수 없다고 가르친다.* 게다가 루터는 예수님께서 주신 구원의 선물은 우리가 다른 어떤 것도 아닌 오직 믿음을 통해서만 의롭게 되는 것이라고 했다. 믿음의 근본적인 행위는 내가 의롭게 되었다는 분명한 확신으로 구성된다. 믿음에 대한 확신은 본질적으로 나 자신에 대한 확신, 즉 나의 의로움에 대한 확신을 말한다. 그러므로 루터는 비록 고해성사가 개인적

---

* 구약 성경을 보면 예언자들이 예배를 비판하는 모습이 종종 나온다. 이유는 당시 이스라엘이 형식주의에 빠져 예배를 하느님의 말씀과 상관없는 의식으로 수행했기 때문이다. 형식주의는 하느님과의 계약을 지키는 본래의 뜻에 오히려 장애가 되었으므로 구약의 의로운 예언자들은 이러한 방식의 예배는 하느님께서 받아들이지 않음을 강조하였다. 이에 이사야 예언자는 거짓 경신례와 참된 경신례의 차이를 강하게 지적하며 더 이상 헛된 제물을 가져오지 말라는 하느님의 뜻을 전한다(이사 1,10-17 참조). 이러한 논조는 다른 예언서의 참회 없이 이뤄지는 예배에 대한 비판(예레 7,1-15 참조), 정의롭지 않은 예배에 대한 비판(아모 5,21-24 참조)에서도 잘 드러난다. — 역자 주

으로는 중요하다 할지라도 세례와 성찬례를 제외하고는 그 어떤 성사도 필요하지 않다고 말한다. 그에게 참회의 본질은 죄를 용서받는 것이 아닌 용서받았다는 확신을 얻는 데 있다. 이러한 견해에 따르면 목자의 임무는 본질적으로 개인에게 스스로의 의화를 반복적으로 확신시키는 것이므로, 신약의 직무는 사제직의 성격을 갖지 않는다. 신약의 목자의 직무는 구약의 사제직과 달리 제사를 드리는 것과 아무 관련이 없으며 구조도 완전히 다르기 때문이다. 신약의 직무는 사람들을 신앙으로 인도하기 위해 믿음을 선포하는 것만으로도 가능하다.

이렇듯 구약의 사제직은 신약의 직무인 '목자'와 대조된다. 율법을 섬기는 직무인 사제직과 신약의 직무 사이의 이러한 급진적인 대조는 희생 제물을 바치는 행위로 의로움을 얻고자 했던 율법의 규정이 인간을 근본적으로 잘못된 길로 빠지게 할 수 있었다는 점에서 예리하다 할 수 있다. 이러한 방식으로 루터는 마치 희생 제사를 인간에게 요구하는 듯 보였지만 실제로는 율법을 지키는 이들을 당신의 적이라고 말씀하셨던 하느님의 뜻을 비로소 따르게 되었다고 믿는다. 인간은 오직 믿음으로 의롭게 될 것이다. 구약과 신약의 관계는 율법과 복음의 변증법으로 설명되긴 하지만, 구약 자체에 율법과 함께 미래의 복음을 가리키는 '약속promissio'이 있다는 사실로 이 변증법은 오히려 약해진다.

루터에 따르면 가톨릭 전통의 중대한 오류는 첫 1세기 동안 이어진 신약 성경의 사목 직무를 '사제직sacerdotium'으로 변형시켰다는 데 있다. 신약 성경에 나오는 본래의 의미와 달리 구약의 '원로presbyter'를 독일식으로 번역한 '사제Priester'라는 단어가 '성직자sacerdos'를 의미하게 되었다는 것이다. 이렇게 가톨릭 교회는 믿음을 통한 의화 교의를 폐지하고, 그 자리에 율법을 통한 의화 교의를 도입하였다. 그럼으로써 신약 성경의 메시지를 근본적으로 변질시켰다. 이것이 바로 루터가 가톨릭 미사를 구약의 희생 제사처럼 오류를 갖고 있는 것으로 간주하고, 폭력을 동원해서라도 싸워야 한다고 촉구했던 이유다. 이로 인해 루터에게 '만찬'과 '미사'는 본질적으로 상호 배타적이며 완전히 다른 두 가지 형태의 예배라는 것이 분명하다. 오늘날 열린 성찬식에 대해 주장하는 이들은 이 점을 기억해야만 한다.

루터의 주장이 지닌 전체적인 구성은 '율법'과 '복음', 즉 '행동을 통한 의화'와 '믿음을 통한 의화' 사이의 대조에 기초한 구약과 신약의 관계에 대한 개념을 기반으로 한다. 가톨릭 신자는 이러한 개념이 옳지 않다는 것을 자연스럽게 인식한다. 따라서 거룩한 미사를 구약의 희생 제사로의 극단적 회귀로 여기지 않고 그리스도의 몸 안에 우리가 포함되는 것, 즉 그리스도와 하나 되게 하는 행위를 아버지께 바치는 것으로 여긴다. 루터의 논제에 영향을 받은 일부 사람들은 전례 개혁의 구체적인 실행 과정에서 트리엔트 공의회의 미사 성제에 관한 교령이 암묵적으로 폐기되었다고 주장하곤 했다. 하지만 앞서 언급한 가톨릭 신자들의 미사에 대한 인식은 제2차 바티칸 공의회의 〈사제 생활 교령〉과 〈전례 헌장〉을 밑받침하고 있다. 트리엔트 공의회의 고대 전례의 허용 가능성에 대한 현대의 가혹한 반대는 희생과 속죄에 대한 개념을 거부하는 사상에 근거를 두고 있음이 분명하다.

역사 비판적 주석가들은 신약의 직무가 처음에는 사제적 성격을 띠지 않았으며, 본래는 사목 직무였다고 지적한다. 그러나 초대 교회에서 사목 직무와 구약의 사제직의 결합은 놀랍도록 빠르게 이루어졌으며, 그 누구도 이를 비판하지 않았다. 이는 구약과 신약의 관계에 대한 또 다른 개념을 기초로 했기에 가능했다. 초대 교회는 결코 이 관계를 '행위에 대한 의화'와 '오직 믿음을 통한 의화'의 대비로 생각한 적이 없다. 루터 신학의 기조는 초대 교회의 마르키온주의에서 발견된다. 그러나 이러한 이론은 이단으로 간주되어 초대 교회 때 처음부터 배제되었다. 율법과 토라가 하느님께서 인간을 옭아매는 행위의 도구라는 사상은 초대 교회에서 완전히 이질적인 것이었다. 이는 심지어 신약과 구약의 근본적인 관계에서도 반하는 것이었다. 그러므로 초대 교회에서는 루터가 주장하는 '오직 믿음'에 관한 교의를 전혀 가르치지 않았다. 반면 구약과 신약의 관계는 물질적 이해에서 성령론적 이해로의 전환으로 이해되었다(2코린 3장 참조). 이것은 성체성사와 관련하여 다음의 두 가지 측면을 의미한다.

첫 번째, 구약의 예배가 종말이 된 것은 무엇보다 예루살렘 성전 파괴에서 비롯되었다. 이런 의미에서 예배의 종말은 인간의 죄, 즉 유다인과 이교도인(로마인)이 동등하게 책임을 져야 하는 성전 파괴로 인한 것이다. 하지만 하느님께서는 최후의 멸망을 가져온 인간의 죄가 인류를 위한 새로운 길로 변화하게 하셨다. "이 성전을 허물어라. 그러면 내가 사흘 안에 다시 세우겠다."(요한 2,19) 돌로 건설된 성전 파괴는 예수님의 십자가 처형을 의미한다. 이 성전 대신에 예수 그리스도께서는 사흘 만에 다시 부활하셨다. 영원히 파괴된 고대 성전과 함께 구약의 희생 제사 규정도 폐지되었으며, 이전의 파괴들과 달리 이 성전 파괴는 모든 것을 완전히 끝내 버렸다. 오늘날 이스라엘이 성전산에 대한 최고 관할권을 가지고 있지만 아무도 성전 재건을 생각하지 않는다.* 2세기 바르 코크바의 마지막 반란 시도는 돌로 건설된 성전의 결정적이고 돌이킬 수 없는 손실에 해당한다. 동물의 희생으로 예배를 드리던 자리에는 이제 십자가에 못 박히신 예수님이 계신다. 히브리인들에게 보낸 서간이 강력하게 보여 주듯, 아버지를 향한 예수님의 사랑에서 드러나는 헌신이 진정한 예배다. 동시에 그것은 어떤 것으로도 대체할 수 없는 궁극적인 예배다. 세상의 모든 희생을 당신 자신 안에서 종합하고 변화시킨 하느님 아드님의 사랑보다 더 고귀한 것은 없기 때문이다.

---

* 성전산은 현재 예루살렘 구시가지에 있는 언덕으로 아브라함이 이사악을 번제물로 바치려던 곳이기도 하다. 이 자리에는 본래 예루살렘 성전이 있었으나, 서기 70년에 로마가 이곳을 파괴한 이후 재건하지 못했다. 현재는 그 일부만 '통곡의 벽'으로 남아 있다. — 역자 주

두 번째, 최후의 만찬에서 예수님께서는 성부께 당신 자신을 희생 제물로 바치셨다. 그 이후 모든 장소와 시간에 있는 교회는 그 제물에 참여할 수 있는 형태를 갖추게 되었다. 예수님께서는 최후의 만찬에서 하셨던 말씀으로 시나이산 전통과 예언자의 전통을 하나로 통합하셨다. 이로써 이웃에게 봉사하고 사랑을 실천하라는 하느님의 말씀을 애정 어린 마음으로 경청하는 것이 신약의 '예배'로 제정되었다. 이렇게 인간의 구원은 마르키온주의적인 '오직 믿음'을 통해 이루어지지 않는다. 그것은 예수 그리스도의 사랑과 점점 더 깊이 하나가 되는 가운데 이루어진다. 이렇게 인간은 항상 도전받고 언제나 그 여정 중에 있으며 동시에 예수 그리스도의 더 큰 사랑을 통해 이미 받아들여진 존재다.

근대성의 정신과 여기에서 파생된 역사 비판적 방법이 가톨릭의 가르침보다 루터의 해결책에서 더 편안함을 느끼는 것은 분명하다. 구약 성경을 예수 그리스도에게 나아가는 길로 이해하는 '성령론적' 주석은 인간의 힘으로 거의 이해할 수 없기 때문이다. 하지만 예수님께서는 분명 당신 자신의 존재와 여정을 급진적인 '오직 믿음으로'의 의미가 아닌 율법과 예언자의 성취로 생각하셨다. 이를 새롭게 이해할 수 있는 방법론적 조건을 비롯한 여러 여건을 조성하는 일은 새로운 세대가 짊어진 과제다.

그리스도론과 성령론적 주석으로 본 신약의 사제직 형성

적어도 부활 이전의 시기에 나자렛 예수님 주변에서 형성된 운동은 평신도들의 운동이었다. 이러한 점에서 바리사이들의 운동과 매우 유사하므로 이 둘은 가장 먼저 비교의 대상이 되곤 한다.* 한편 예루살렘에서 예수님의 마지막 파스카 때에 성전의 사제직 신분이었던 사두가이는 예수님의 운동을 알게 되었다. 그 결과 예수님에 대한 재판이 시작되었으며, 이는 처벌과 처형으로 이어지게 되었다. 결론적으로 예수님을 중심으로 형성된 공동체 직무들은 구약의 사제직에 속할 수 없었다. 또한 사제 직분은 세습적이었다. 그래서 사제 집안에서 태어나지 않은 사람은 사제가 될 수 없었다.

그렇다면 이제 부활 이전의 공동체에서 형성되기 시작한 직

---

* 바리사이는 사제가 아닌 평신도의 그룹으로 제사나 계시보다는 율법만을 중시했다. 그들은 종교 교육을 통한 일상생활에서의 성화에 열성적이었으며 모임을 통해 공동체를 이룬 평신도 조직이었다. — 역자 주

무에 대해 살펴보자.

사도Apostolo: 예수님께서 제정하신 본질적인 직무는 사도 직무다. 헬레니즘의 정치 제도적 언어에서 '사도'라는 단어는 메시지를 위임받은 이를 지칭한다. 여기에서 중요한 것은 메시지를 위임받은 이의 입장에서 책임자는 이 직무를 맡긴 사람이라는 사실이다. 이 단어는 랍비 언어에서도 비슷한 의미로 사용된다. 마르코 복음사가는 사도들의 제도에 대해 간결하면서도 의미심장한 말을 전한다. "그분께서는 열둘을 세우시고 그들을 사도라 이름하셨다. 그들을 당신과 함께 지내게 하시고, 그들을 파견하시어 복음을 선포하게 하시며, 마귀들을 쫓아내는 권한을 가지게 하시려는 것이었다."(마르 3,14-15) 이어서 복음사가는 "열둘을 세우셨다."(마르 3,16 참조)라고 다시 한번 말하며 부름받은 12명의 이름을 나열한다. 마태오 복음서 28장 16절에서 부활하신 예수님께서는 제자들의 사명을 모든 민족에게로 확장시키신다.

그런데 마르코 복음서 3장에서는 제자단을 지칭하는 기본 단어를 '사도'로 사용하지 않는다. 마르코 복음사가는 먼저 "열둘을 세우시고"(마르 3,14)라고 말한다. 그 후, "그들을 사도라 이름하셨다."(마르 3,14)라는 문장이 나온다. 그리고 이에 따라 마태오 복음서 28장 16절은 "사도"라는 단어를 사용하지 않고 열한 "제자"에 대해 말한다. 잘 알려진 바와 같이 열한 명의 제자들은 '12'라는 구성원의 숫자를 매우 중요하게 생각했다. 그리하여 후에 공동 선출을 통해 이 숫자를 복원한다(사도 1,15-26 참조).

이러한 의미에서 "열둘"과 "사도들"이라는 표현은 실질적으로 동등한 지위에 있으며, 이 두 단어는 "열두 사도"라는 공식에 확고하게 결합하였다. 그래서 이 범위에 속한 이들만 사도라 불릴 수 있었다. 어쨌든 이는 열두 사도와 동등한 지위에 속했던 것으로 알려진 바오로 사도에게는 문제가 될 수 있었다.

전체적으로 볼 때, "열둘"과 "사도"의 긴밀한 관계는 이미 초기에 형성되었으나 점진적으로 강화되었다고 가정하는 것이 옳다. 따라서 열둘을 예수님께서 원하신 체계라 간주하면 그분께서 의도하셨던 새로운 요소가 매우 분명하게 드러난다. 사실 열둘이라는 숫자는 이스라엘 민족으로 발전한 야곱의 아들들을 가리킨다. 한편 야곱의 집에 속한 가족은 70명이었으며 이는 세상 민족들의 수를 말한다. 결과적으로 예수님께서는 "열둘"의 부름을 통해 당신 자신을 새로운 이스라엘의 선조로 이해하셨다고 볼 수 있다. 이러한 이해는 일반적인 구원의 기대를 초월하여 나아간다. 이런 의미에서 사도들의 사제직이 직접적으로 언급되지 않더라도 그들의 역할은 평신도의 협력자라는 개념을 훨씬 뛰어넘는 것이다.

감독Episkopos: 그리스어에서 이 단어는 기술 및 재정 업무와 관련된 직능을 뜻한다. 또한 종교적인 의미도 지니는데, 통상적으로 신들, 즉 수호신을 부를 때도 이 단어를 사용했다. 《70인역》에서는 '감독'이라는 단어를 두 가지에 모두 사용한다. 그리스의 이교도들이 사용하는 것과 같은 신에 대한 별칭으로, 그리고 일반적이고 세속적 의미에서 사용된 다양한 영역에서의 '감찰관sorvegliante'이라는 단어보다 이 단어를 자주 사용한다.

원로Presbyteros: '감독'은 이교도 출신의 그리스도인들 사이에서 성직자를 지칭하는 용어로 널리 사용된다. 하지만 '원로'는 유다교 그리스도인의 특징적 단어다. 그러므로 예루살렘에서 일종의 헌법 기관으로 이해되었던 유다교의 원로 전통이 곧 초기 그리스도교 직무직 형태로 발전한 것이 분명하다. 이로부터 유다인과 이방인으로 구성된 교회의 주교, 원로, 부제라는 세 가지 직무 형태가 구체화되기 시작했다. 그리고 1세기 말, 이 직무들이 이미 명확하게 발전되었음을 안티오키아의 이냐시오 성인의 글을 통해 알 수 있다. 이는 언어와 내용 면에서 오늘날까지 이르는 예수 그리스도의 교회 직무 구조를 유효하게 표현한다.

지금까지 말한 것을 통해 예수님의 운동의 평신도적 특성과 아직 예배 사제직의 의미를 지니고 있지 않은 초기 직무들의 특성이 결코 반예배적, 반유다인적 선택에 근거한 것이 아님이 분명해졌다. 한편 이는 아론-레위 지파와 연결된 구약의 사제직의 특수한 상황에서 나온 결과였다. 예수님 시대의 다른 두 개의 '평신도 운동'은 사제직과의 관계를 다른 식으로 이해한다. 바리사이들은 육체의 부활과 관련한 논쟁과 상관없이 기본적으로 성전의 사제직 계층과 조화를 이루고 있었던 것으로 보인다.

에세네파의 쿰란 공동체의 상황은 좀 더 복잡하다.* 쿰란은 헤로데 성전을 사제직과 대조시켰다. 그러나 이들이 사제직을 부정했던 것은 아니고 순수하고 올바른 형태로 회복시키고자 한 것이다. 예수님의 운동에서도 '탈성직화', '탈법화' 혹은 사제직과 그 위계질서에 대한 거부는 일어나지 않았다. 오히려 예언자들이 비판하는 예배는 우리가 이해하고자 하는 사제직과 예배의 전통과 놀랍도록 일치한다. 나는 《전례의 정신》에서 스테파노와 바오로 사도가 조명한 예배에 대한 예언자들의 비판을 예수님의 최후의 만찬이라는 새로운 문화적 전통과 연결했음을 설명한 바 있다. 예수님께서는 특별히 안식일에 대한 올바른 해석을 둘러싼 논쟁과 관련하여 예배에 대한 예언자들의 비판을 받아들이고 승인하셨다(마태 12,7 참조).

그렇다면 먼저 모세가 규정한 예배의 장소이자 선택한 백성 가운데에 특별히 현존하시는 하느님의 성전과 예수님과의 관계를 생각해 보자. 예수님께서 열두 살 때에 성전에서 겪은 일을 예로 들 수 있다. 이 일화는 예수님을 비롯한 부모인 요셉과

---

* 에세네파는 바리사이, 사두가이처럼 유다인의 한 종파다. 이들은 특별히 거룩하게 살고자 했으며 금욕주의와 경건주의 등을 충실히 유지하고자 했다. 이들의 근본 의식은 정결주의로 특징지어진다. ― 역자 주

마리아가 성전 예배를 충실히 준수했으며, 예수님께서도 이런 가족의 신앙을 본받았으셨음을 의미한다.

예수님께서 어머니에게 "저는 제 아버지의 집에 있어야 하는 줄을 모르셨습니까?"(루카 2,49)라고 하신 말씀은 성전이 특별한 방식으로 하느님께서 거하시는 장소며, 따라서 아들 또한 거하기에 적합한 장소라는 확신에 찬 표현이다. 예수님께서는 짧은 공생활 기간에도 이스라엘의 성전 순례에 참여하셨다. 그리고 부활하신 후에도 그리스도교 공동체는 규칙적으로 성전에 모여 신앙을 가르치고 기도했다.

하지만 예수님께서는 성전 정화와 함께 성전을 근본적으로 변화시켰다(마르 11,15-19; 요한 2,13-22 참조). 이런 의미에서 성전 정화가 단순히 상인들의 성전 남용에 맞서 싸우기 위해 행해졌다는 해석은 충분하지 않다. 우리는 요한 복음서에서 허물어진 성전이 사흘 후 다시 세워지게 되는 새 성전의 예표가 그리스도의 몸을 상징함을 발견한다. 예수님의 이 말씀은 공관 복음서의 최고 의회 재판에서도 거짓 증언자들의 입을 통해 드러난다(마르 14,58 참조). 이 증언은 왜곡되었으므로 서로 들어맞지 않아 재판 결과에 유용하지는 않았다. 그러므로 예수님께서 문자 그대로 어떻게 말씀하셨는지 확실하게 확인할 수 없다고 할지라도, 그분께서 이와 비슷한 말을 하셨다는 것은 사실로 보인다. 따라서 초기 교회는 요한 복음서의 성전 정화를 진정한 예수님의 이야기라고 보았다. 이는 지배 사제직 계층이 행한 잘못으로 인한 결과로 예수님께서 성전 정화를 하셨음을 의미한다. 그러나 하느님께서는 구원 역사의 모든 전환점과 마찬가지로 여기에서도 인간의 잘못된 태도를 당신의 더 큰 사랑의 '수단'으로 사용하신다. 예수님께서는 궁극적으로 이러한 차원에서 당시 존재했던 성전 파괴를 신성한 회복의 한 단계로 보셨고, 이를 예배의 결정적인 새로운 형성과 정립의 기회로 여기셨음이 분명하다. 그러므로 성전 정화 이야기는 하느님을 예배하는 새로운 형식의 선포이고, 따라서 이는 예배와 일반적인 사제직의 본질에 관한 것이다.

예수님께서 예배에서 원하셨던 것과 원하지 않으셨던 것을 이해하기 위해 당신 자신의 몸과 피를 나눈 최후의 만찬은 매우 결정적이다. 이 사건과 예수님의 말씀에 대한 올바른 해석을 놓고 나중에 전개된 논쟁을 굳이 여기서 다룰 필요는 없다. 중요한 것은 예수님께서 시나이산 전통을 이어받아 당신 자신을 새로운 모세로 제시하셨다는 사실이다. 또 다른 한편으로 예수님께서는 예레미야 예언자가 특별한 방식으로 예언한 새 계약의 희망을 이어받아 시나이산의 전통을 극복하셨다(예레 31,31-34 참조). 그 중심에 예수님께서는 희생자이자 희생양으로서 계시다. 또한 제자들 가운데 있는 예수님이 당신 살과 피를 주시는 분이시고, 따라서 십자가와 부활을 예고하는 분이라는 점도 고려해야 할 중요한 요소다. 부활이 없다면 모든 것이 무의미하다. 예수님의 십자가 처형은 예배 행위가 아니었다. 십자가 처형을 집행하는 로마 군인들 역시 사제가 아니었다. 그들은 처형을 수행했지만 이를 예배 행위라고 여기지는 않았다.

최후의 만찬이 이루어지는 자리에서 예수님께서 당신 자신을 음식으로 내어준다는 사실은 죽음과 부활에 대한 기대와 인간의 잔인한 행위가 자기 증여와 사랑의 행위로 변화됨을 의미한다. 이렇게 그분께서는 영원히 유효하고 구속력이 있는 예배의 근본적인 쇄신을 몸소 수행하신다. 예수님께서는 인간의 죄를 용서와 사랑의 행위로 바꾸어 미래의 제자들이 당신이 제정하신 제사에 참여할 수 있도록 하셨다. 이러한 방식에서 우리는 아우구스티노 성인이 부활을 저녁 제사에서 아침의 희생 제사로 나아가는 여정이라고 부른 것을 이해하게 된다.* 최후의 만찬은 우리에게 내어주신 하느님 사랑의 선물이다. 이는 인류가 하느님의 사랑의 몸짓을 받아들여 그것을 다시 하느님께 돌려드릴 수 있도록 한다.

앞서 언급한 이 모든 것에서 사제직에 대해 직접적으로 언급된 것은 없다. 하지만 이제 아론의 고대 질서가 대체되고 예수님께서 당신 자신을 대사제로 제시했음은 분명하다. 나아가 이러한 방식으로 예언자들의 예배에 대한 비판과 모세에서 시작된 예배의 전통이 한데 모인다는 것이 중요하다. 사랑이 희생 제물이 되는 것이다. 나는 예수님을 다룬 저서에서 예배와 사제직의 새로운 기초가 이제 바오로 사도를 통해 완전히 성취됨을 설명한 바 있다. 그것은 예수님의 죽음과 부활로 이루어진 중재를 바탕으로 하는 통합으로, 바오로 사도의 선포를 반대하

---

* 이는 "저의 기도 당신 면전의 분향으로 여기시고 저의 손 들어 올리니 저녁 제물로 여겨 주소서."(시편 141,2)에 대한 아우구스티노 성인의 주해를 참고한 것으로 보인다. 그 내용은 다음과 같다. "저녁 제사는 이러하니 주의 수난이요, 주의 십자가요, 구원의 제물이요 하느님이 받으실 만한 번제물이니라. 이 저녁 제사는 부활로 말미암아 아침 선물로 변하였느니라. 그러므로 신앙인의 마음에서 순결한 기도가 올라오면 그것은 거룩한 제단에서 올라오는 향과 같으니, 주님의 향기보다 더 달콤한 것이 없으므로 모든 신앙인은 이 향기를 받아야 할 것이다." — 역자 주

던 이들도 분명히 공유하고 있었던 사실이다.

인간이 행한 성전 벽의 파괴는 하느님에게서 긍정적으로 받아들여진다. 더 이상 벽은 존재하지 않으며 대신 부활하신 그리스도는 인간이 하느님께 찬미를 드리는 공간이 된다. 한편으로는 모세의 율법이 지닌 언어적, 실제적 공간과 예수님을 중심으로 모인 운동이 일어나는 공간 사이에 더 이상 어떠한 분열도 존재하지 않음이 드러난다. 그리스도인의 직무(감독, 원로, 부제)와 모세의 율법에서 규정된 직무(대사제, 사제, 레위인)는 이제 명백히 동등한 위치에 있으며, 따라서 새로운 명확성을 가지고 서로를 식별할 수 있게 되었다. 실제로 용어의 통일화(감독은 대사제, 원로는 사제, 부제는 레위인)는 비교적 이른 시기에 이루어졌다.

우리는 세례에 관한 암브로시오 성인의 교리서에서 이를 분명히 발견할 수 있다. 이는 의심할 여지 없이 더 오래된 원형과 문서들을 기반으로 한다. 이러한 방식은 다름 아닌 구약 성경에 대한 그리스도론적 해석이며 성령론적 해석이라고도 부를 수 있다. 또한 구약 성경이 그리스도인의 성경이 될 수 있었던 방식을 나타내기도 한다. 이 그리스도론적·성령론적 해석은 문학사적 관점에서 볼 때 '비유적'이라고 할 수 있지만, 구약 성경에 대한 새로운 그리스도교적 해석의 분명한 동기와 참신함이 된다는 점은 확실하다. 여기서 비유란 본문을 새로운 목적에 사용할 수 있게 하는 문학적 편법이 아닌, 내적 논리에 부합하도록 하는 역사적 여정이다. 예수 그리스도의 십자가는 하느님과 죄로 가득 찬 세상과의 화해가 진정으로 성취된 근본적인 사랑의 행위다. 이것이 바로 이 사건 자체가 예배적 형식을 따르지 않음에도 하느님에 대한 최고의 예배를 대신하게 된 이유다. 십자가 위에서 드러난 하느님의 강림이라는 '하강catabasica' 행렬과 인류가 하느님께 드리는 '상승anabasica' 행렬은 부활하신 예수님의 몸인 새 성전 안에서 하나의 행위가 된다.

교회와 인류는 성체성사의 거행 안에서 이 과정에 계속 참여한다. 예언자들의 예배에 대한 비판은 그리스도의 십자가에서 마침내 그 목표에 도달한다. 그러나 동시에 새로운 예배가 세워진다. 성체성사 안에 항상 현존하는 그리스도의 사랑이 새로운 예배 행위가 되는 것이다. 결과적으로 이스라엘의 사제직은 하느님을 향한 예배를 의미하는 그리스도의 사랑의 봉사 안에서 '무효화'된다. 이 안에서 하느님께 영광을 드리는 것과 예배에 대한 비판의 일치, 즉 예배와 사랑의 새로운 일치는 모든 세대에서 쇄신되어야만 하는 교회에 분명히 맡겨져 있다. 또한 이전에는 없던 새로운 과제다.

신약은 예배 봉사에 관한 구약의 본문을 극복하기 위해 문자에서 영으로의 전환을 계속해서 요구한다. 하지만 16세기의 루터는 완전히 다른 형식의 구약 성경 읽기를 기초로 했다. 그러므로 더 이상 이런 과정을 수행할 수 없었다. 이로 인하여 루터는 구약의 예배와 사제직을 율법의 표현을 통해서만 해석했으며, 이에 따라 구약의 예배를 하느님의 은총을 향한 방법이 아닌 그에 반대되는 것으로 여겼다. 그는 신약의 공적인 직무들과 구약의 사제직을 근본적으로 반대되는 것으로 볼 수밖에 없었다. 제2차 바티칸 공의회와 함께 이 문제는 가톨릭 교회에서도 피할 수 없는 문제가 되었다. 구약에서 신약으로 나아가는 영적인 통로로써의 '비유'는 이해할 수 없는 것이 되어 있었다. 사제직에 관한 교령은 이를 거의 다루지 않지만 이후 이 문제는 전에 없는 긴박함으로 우리에게 다가왔고 오늘날까지 교회에서 사제직의 지속적인 장애가 되어 왔다.

내가 겪은 두 일화는 이것을 설명하는 데 도움이 될 수 있을 것이다. 먼저 나의 친구인 위대한 인도학자 폴 해커Paul Hacker

를 예로 들고 싶다. 그는 독실한 루터교 신자에서 가톨릭으로 개종하였는데, 개종 과정에서 평소와 다름없는 열정적인 태도로 이 문제에 접근하였다. 해커는 '사제'라는 개념이 신약 성경을 뛰어넘는 개념이라고 생각했다. 그래서 그리스어에서 원로를 의미하는 '프레즈비터presbyter'에서 유래한 독일어 단어 '프리스터Priester'가 본래 의미와 달리 사제라는 의미로 사용되고 있음에 격렬히 분노하며 이의를 제기했다. 나는 그가 결국 어떻게 이 문제를 해결했는지 더 이상 알지 못한다.

나는 공의회 직후 교회의 사제직에 관한 강의에서 신약의 사제를 '예배의 숙련자'가 아닌 '말씀을 묵상하는 사람'으로 제시해야 한다고 주장했다. 하느님의 말씀을 묵상하는 것은 하느님 제사장의 위대하고 근본적인 임무다. 그런데 이 말씀이 육신이 되었다. 그러므로 말씀을 묵상한다는 것은 언제나 거룩한 성체성사로 우리에게 주어지는 하늘나라의 빵인 그리스도의 육신에서 영양을 공급받음을 의미한다. 새 계약의 교회에서 말씀을 묵상하는 것은 예수 그리스도의 육신에 새롭게 빠져드는 행위를 말한다. 이러한 빠져듦은 십자가를 통한 변화에 자신을 드러낸다.

이 이야기는 다음으로 다루고, 지금은 교회 역사의 구체적인 발전 과정을 몇 가지로 나누어 살펴보고자 한다. 첫 번째 단계는 새로운 직무의 설립에서 찾아볼 수 있다. 사도행전은 교회 선포와 기도 임무 외에도 동시에 가난한 이들을 돌보는 일에 전적인 책임을 다해야 했던 사도들의 임무가 과부하 되었음을 언급한다. 그 결과 초기 교회 그리스계 유다인들이 홀대를 받는다(사도 6,1 참조). 따라서 사도들은 기도와 말씀의 봉사에 전적으로 집중하기로 결정하고, 자선 활동을 위해 봉사 직무자 일곱 명을 뽑았다. 이 직무는 후에 부제직으로 발전한다. 그런데 스테파노의 예는 이 직무에 단순히 실용적인 자선 활동뿐만 아니라 영과 믿음, 그리고 말씀 봉사의 능력까지 필요했음을 보여 준다(사도 7장 참고).

오늘날까지 중요한 문제로 남은 것은 신약의 새로운 직무가 가족 혈통에 의존하지 않고 선출과 성소에 따라 이루어졌다는 사실이다. 이스라엘의 사제 계급의 경우 부모에게 자녀를 주신 분은 하느님이시므로 사제 계급은 혈통을 통해 대물림되었다. 하지만 신약의 새로운 직무는 가족 혈통보다 하느님께서 주신 소명과 함께 사람들에게서 인정받아야 했다. 그러므로 신약 공동체는 처음부터 소명에 대해 언급한다. "그러니 수확할 밭의 주인님께 일꾼들을 보내 주십사고 청하여라."(마태 9,38) 모든 세대에 걸쳐 부르심받은 이들을 찾는 교회의 희망과 고민은 항상 존재해 왔다. 우리는 이것이 오늘날 교회가 갖고 있는 근심이자 과제임을 너무나 잘 알고 있다.

이 문제와 직접적으로 관련된 또 다른 문제가 있다. 언제부터인지 정확히 알 수 없지만 어쨌든 아주 빠르게 교회 안에서 성체성사를 정기적 또는 매일 거행하는 것이 필수적인 것으로 발전했다. '초실재적인' 빵이 동시에 교회의 '일용할' 빵이 된 것이다. 그러나 이는 오늘날까지 교회를 괴롭히는 중요한 결과를 가져왔다.*

이스라엘에서 사제들은 예배를 드리는 기간 동안 금욕을 지켜야만 했다. 그런 가운데 하느님의 신비와의 접촉에 머물렀다. 성적인 금욕과 신성한 예배의 관계는 이스라엘의 공통된

---

* 용어 '초실재적인epioúsios, supersubstantialis'에 대해서는 다음의 책을 참고하라. cfr. Eckhard Nordhofen, *Was für ein Brot?*, in *Internationale Katholische Zeitschrift Communio*, 46, 1, 2017, pp. 3~22; Gerd Neuhaus, *Möglichkeiten und Grenzen einer Gottespräsenz im menschlichen Fleisch, Anmerkungen zu Eckhard Nordhofens Relektuüre der vierten Vaterunser-Bitte*, ivi, pp. 23~32.

인식에서 절대적으로 분명했다. 예를 들어 사울에게서 도망친 다윗 임금이 제사장 아히멜렉에게 빵을 달라고 간청하는 장면을 상기해 보자. "사제가 다윗에게 대답하였다. '보통 빵은 내 수중에 없고, 있는 것이라고는 거룩한 빵뿐입니다. 부하들이 여자를 가까이하지 않았다면 드릴 수 있습니다.' 다윗이 사제에게 응답하였다. '내가 출정할 때 늘 그렇게 하듯이 우리는 여자를 멀리하였습니다.'"(1사무 21,5-6) 이렇듯 구약의 사제는 특정 시간에만 예배를 드리도록 되어 있었으므로 결혼과 사제직의 양립이 가능했다.

하지만 예수 그리스도께서 세우신 교회의 사제들은 정기적, 또는 많은 경우 매일 성체성사를 거행했기 때문에 이 상황이 근본적으로 바뀌었다. 사제들의 삶 전체는 신성한 신비와 맞닿아 있었기에, 결혼과 같은 유대 관계를 맺지 않도록 요구되었다. 이는 곧 하느님을 위한 배타성을 요구받는 것이기도 했다. 성체성사를 매일 거행하는 일과 이 안에 포함된 하느님을 위한 봉사를 근거로 결혼이라는 유대가 불가능하게 되었다. 기능적 금욕이 존재론적 금욕으로 변화했다고 말할 수 있다. 따라서 금욕의 동기와 의미는 내적으로 깊이 변화되었다. 그런데 오늘날 이것이 육체성과 성적 능력을 부정적으로 여기는 것이 아니냐는 반론이 즉시 제기되었다. 사제 독신의 기초에 마니교의 세계상이 있을 것이라는 비난은 이미 4세기에도 있었다. 이러한 비난은 교부들에게서 즉각적이고 단호하게 거부되었다.* 교회의 시작부터 결혼은 천상에 계신 하느님으로부터 주어진 선물로 여겨졌다. 그러므로 이러한 주장은 그릇된 것이다. 그러나 결혼은 배우자에게 헌신하는 것이고 주님을 위한 봉사도 마찬가지로 인간을 온전히 필요로 한다. 그러므로 이 두 가지 소명은 함께 실현 가능한 것처럼 보이지 않았다. 따라서 결혼을 포기하고 전적으로 주님의 뜻에 따르고자 하는 능력이 사제 성소의 기준이 되었다.

초기 교회에서 나타난 독신 생활의 구체적인 형태와 관련하여 기혼 사제들이 성적인 금욕, 소위 말해 배우자와 관계를 맺지 않겠다는 '요셉 성인의 결혼'에 서약하면 성품성사를 받을

---

* 마니교는 3세기에 페르시아의 예언자 마니가 창시된 이단으로 극단적인 이원론을 주장했다. 근본적인 사상은 세상이 선(빛의 세계)과 악(어둠의 세계)의 세력으로 구성되어 있으며 영은 선이고 물질은 악이므로 물질로 구성되어 있는 인간의 몸을 엄격한 규칙과 금욕으로 다스려야 한다는 것이었다. 마니교의 이러한 교리는 그리스도교와 심각하게 대립했으며 아우구스티노 성인을 비롯한 교부들은 이를 반박하였다. — 역자 주

수 있었다는 점에 주목해야 한다. 이는 초세기의 정상적인 절차였다. 결혼 생활 안에서 주님께 자신을 바치는 삶의 방식이 합리적이며 실천 가능하다고 생각한 이들이 많았기 때문이다.*

세 가지 본문을 통한 이해

앞서 성찰한 구약 성경의 그리스도론적 해석을 근거로 나자렛 예수님도 고유한 의미에서 사제이셨음이 분명히 제시되었다. 그러나 예수님께서는 유다 지파에 속하셨으므로 아론-레위 지파에 속한 이들에게만 주어지는 사제의 칭호를 가질 수 없었다. 예수님께 사제의 호칭을 부여하는 새로운 과정은 히브리인들에게 보낸 서간에서 취해졌다. 히브리인들에게 보낸 서간은 절대적이고 결정적으로 예수님을 대사제로 이해하도록 가르치는데, 이는 루터의 해석학과는 조화될 수 없는 관점이었기에 독일 주석가들은 이 서간을 경시하였다. 로마 교황청 성

---

* 초세기의 독신주의 역사에 대한 광범위한 정보는 다음 책에서 확인할 수 있다. Stefan Heid, *Zölibat in der frühen Kirche. Die Anfänge einer Enthaltsamkeitspflicht für Kleriker in Ost und West*, Paderborn, Ferdinand Schningh, 1997.

서 대학에서 오랫동안 교수로 재직한 프랑스인 예수회 추기경 알베르 반 호예Albert Van hoye는 히브리인들에게 보낸 서간을 이해하는 데 평생을 바쳤으며, 그 결과 우리는 참으로 귀중한 이 문서를 재조명할 기회를 갖게 되었다. 그러자 독일의 상황도 움직이기 시작했다. 이와 관련하여 나는 특별히 크누트 박하우스Knut Backhaus가 레겐스부르크 신약 성경에 쓴 히브리인들에게 보낸 서간에 대한 훌륭한 해설을 참조하고자 한다.

스테파노가 묘사하고(사도 7,1-53 참조) 바오로 사도가 깊이 있게 발전시킨 예배의 신학 안에 충만히 머무르는 히브리인들에게 보낸 서간의 저자는 창세기 14장 17절에서 20절과 시편 110편의 본문이 담고 있는 예수님의 사제직에 대한 의문에 관한 답을 발견한다.

창세기에서 아브라함이 모든 재산을 되찾아 조카 롯을 포로에서 해방시킬 때, 아브라함은 소돔 임금을 만나지만 어떠한 관심도 기울이지 않는다. 이어서 신비로운 인물인 살렘 임금 멜키체덱이 등장한다. "살렘 임금 멜키체덱도 빵과 포도주를 가지고 나왔다. 그는 지극히 높으신 하느님의 사제였다. 그는 아브라함에게 축복하며 이렇게 말하였다. '하늘과 땅을 지으신

분 지극히 높으신 하느님께 아브라함은 복을 받으리라. 적들을 그대 손에 넘겨주신 분. 지극히 높으신 하느님께서는 찬미받으소서.' 아브라함은 그 모든 것의 십분의 일을 그에게 주었다."(창세 14,18-20)

멜키체덱이라는 강렬한 인물을 몇 마디로 요약하자면 다음과 같다. 의로움의 임금이라는 뜻을 가진 멜키체덱은 살렘, 즉 예루살렘의 임금이었다. 그는 이런 식으로 예루살렘의 전통과 연결된다. 다른 한편으로 그가 평화의 임금임을 드러냄으로써 지역적 전통을 더욱 강화한다는 점이 중요하다. 이 외에도 멜키체덱은 지극히 높으신 하느님의 사제다. 또한 미래의 성찬례를 예표하는 것으로 보이는 제물인 빵과 포도주에 대한 언급도 신비롭다. 마지막으로 멜키체덱은 사제로서 함께 있는 이들을 축복했다고 전해진다. 아브라함은 십일조를 바침으로써 그가 대사제의 특권을 가지고 있음을 인정하였다.

초기 유다교와 교회의 교부들은 필연적으로 예수 그리스도의 예표를 다양한 방식으로 나타내는 이 인물에 대한 해석에 애정을 담아 헌신했다. 율법과 그 조항들이 멜키체덱을 구원 역사의 시작에 두는 동안, 시편 110편은 그를 미래에 대한 약속으로 묘사한다. 시편 110편은 신약 성경에서 가장 자주 인용되는 메시아에 대한 시다. 시편은 메시아와 관련된 다른 시편이 반복하는 '임금'과 '왕좌'라는 기본 단어들을 사용하지 않는 특징이 있다. 여기에서 시편 저자는 메시아가 "새벽의 품에서부터"(시편 110,3) 신비롭게 비롯되었다고 말한다. 이것은 신화적인 이미지이지만 나중에 예수님의 신비를 예표하는 역할을 한다. 그다음에는 창세기 14장의 관점을 이어받아 미래에 있을 구원의 중심이 되는 근본적인 약속의 말씀이 이어진다. "주님께서 맹세하시고 뉘우치지 않으시리이다. '너는 멜키체덱과 같이 영원한 사제다.'"(시편 110,4)

이처럼 구원 역사가 시작될 때 아브라함과 만난 인물 멜키체덱은 미래를 가리킨다. 장차 오실 구세주는 무엇보다도 사제이며, 정확하게는 '멜키체덱의 방식'을 따르는 사제다. 시나이산에서 계약을 맺을 때부터 이스라엘에는 아론의 방식으로 대사제가 존재했다. 하지만 시편 110편은 장차 '멜키체덱의 방식'의 또 다른 대사제가 있을 것이며, 따라서 아론과 레위 혈통만 사제가 되는 제한으로 인해 발생하는 사제직의 문제가 해결될 것임을 우리에게 알려 준다. '멜키체덱의 방식'은 대사제 직무의 새로운 방식을 연다. 예수님께서는 아론의 혈통을 따르는 방식은 아니지만 진정한 대사제이시다. 앞서 우리는 이 사제직이 아론의 사제직과는 완전히 새롭고 다르지만 어떻게 해서 하느님 앞에서 희생 제사를 드리는 사제직의 의미를 충만히 물려받게 되는지를 살펴보았다. 동시에 이것은 '멜키체덱의 방식'이 발견되기 전에는 불가능했던 직무적 성격을 명확히 하는 것이었다.

여기에서 나는 새로운 직무의 사제적 특성에 대한 몇 가지 예를 보여 주고자 한다. '사제sacerdos'와 '사제직sacerdotium'의 개념을 교회가 이어받을 때, 십자가 위에서 일어난 그리스도의 희생 직무가 근본적으로 그 의미를 잃고 변할 수 있다는 오해의 위험이 항상 있었다. 이런 의미에서 루터가 취한 사제직에 대한 근심은 비록 그를 오류로 이끌어서는 안 되었을지라도 전혀 근거가 없는 것은 아니다. 이제 나는 사제직을 향한 나의 여정에 결정적인 도움이 되었던 세 가지 본문을 해석하고자 한다. 본문의 선택은 나의 개인사와 관련된 것으로 임의로 선정했다. 여기에서 상당 부분은 2008년 알베르 반호예 추기경이 나와 함께 바티칸에서 영신 수련을 한 후 출판한 책에서 발췌

하였다. 이 책의 38쪽에서 39쪽은 히브리인들에게 보낸 서간의 사제직에 대한 새로운 개념을 담고 있다.

1) 평의회에서 사제 서품을 승인하는 구절(시편 16,5)

첫 번째로는 1948년 5월, 사제 서품 전날 나에게 주어진 시편 구절에 대한 해석이 있다. 이 구절은 시편 16편 5절인데, 주교가 낭송한 후 서품 후보자가 반복해서 낭독하는 말씀이었다. "제가 받을 몫이며 제가 마실 잔이신 주님, 당신께서 저의 제비를 쥐고 계십니다Dominus pars hereditatis meae et calicis mei tu es qui restitues hereditatem meam mihi."(시편 16,5) 실제로 이 시편은 오늘날 교회에서 서품 후보자를 사제 공동체로 받아들이는 것이 무엇을 의미하는지 정확히 표현한다.

이 구절은 이스라엘의 모든 지파와 가정이 하느님께서 아브라함에게 약속한 유산 중 일부임을 언급한다. 보다 구체적으로, 약속은 모든 가정에게 예정된 땅의 몫을 재산으로 상속받았음을 의미한다. 거룩한 땅 일부를 소유하는 것은 각 개인이 약속의 공유자라는 확신을 두었고, 실제로 이는 구체적인 생계를 의미했다. 개인은 생활에 필요한 만큼의 땅을 얻어야만 했다. 이 구체적인 상속이 개인에게 얼마나 중요했는지는 아합 임금이 그에 상응하는 보상을 해 준다고 했음에도 불구하고 포도밭을 절대 포기하지 않으려는 나봇의 이야기(1열왕 21,1-29 참조)를 보면 확실히 알 수 있다. 나봇에게 포도밭은 단순히 귀중한 땅이 아닌 이스라엘에 대한 하느님의 약속에 참여하는 것이었다.

한편 모든 이스라엘인이 이런 식으로 삶의 필요를 보장하는 땅을 가지고 있었던 반면, 사제직을 맡았던 레위 지파는 땅을 물려받지 않는 유일한 지파라는 사실에 특별함이 있었다. 레위 지파는 땅이 없었으므로 즉각적인 생계 기반이 없었다. 그들은 오직 하느님에 의해, 하느님을 위해 살았다. 구체적으로 이는 이스라엘이 엄격한 규정을 통해 하느님께 바치는 희생 제물로 레위 지파가 생계를 유지할 수 있었음을 의미한다.*

이 구약의 형태는 교회의 사제들을 통해 더욱 깊고 새로운 방식으로 구현된다. 그들은 오직 하느님으로부터, 하느님을 위

---

* 레위 지파 사람들은 이스라엘을 위해 특별한 종교적 의무를 수행했다. 그 대가로 다른 지파에게 봉헌물을 받았는데, 특별히 예루살렘 성전에서 일하는 사제들은 십일조를 받았다. 이들이 이스라엘 자손이었음에도 땅을 소유할 수 없었던 것은 주님께서 바로 그들의 상속 재산이 되었기 때문이다(신명 18,2 참조). — 역자 주

해 살아야만 한다. 이것이 구체적으로 무엇을 의미하는지는 바오로 서간에 분명히 명시되어 있다. 바오로 사도는 사람들이 자신에게 주는 것으로 살아간다. 왜냐하면 그는 사람들에게 우리의 참된 빵이며 생명이신 하느님의 말씀을 전달하기 때문이다. 사제직을 수행하는 레위 지파가 다른 이스라엘 지파와 달리 땅을 물려받지 않는 삶의 형태는 이제 신약 성경에서 하느님을 위해 결혼과 가족을 포기하는 삶으로 변화한다. 교회는 '성직자Clero'라는 단어를 이러한 의미로 해석해 왔다. 결국 성직자가 된다는 것은 삶의 중심을 포기하고, 오직 하느님만을 삶의 지지자이자 보증인으로 받아들임을 의미한다.

나는 삭발례 전날, 이 시편 구절을 묵상하면서 그 순간 주님께서 나에게 원하시는 것이 무엇인지 깨달았던 기억이 생생하다. 그분께서는 내가 당신께 삶을 전적으로 투신하기를 원하셨고, 동시에 같은 방식으로 당신을 전적으로 내게 맡기고 싶어하셨다. 이렇게 나는 시편 구절을 전적으로 내 몫으로 받아들일 수 있었다. "제가 받을 몫이며 제가 마실 잔이신 주님, 당신께서 저의 제비를 쥐고 계십니다. 저의 차지로 좋은 땅 위에 측량줄 내려지니 저의 재산에 제 마음 흐뭇합니다."(시편 16,5-6)

2) 감사 기도 제2양식(신명 10,8; 18,5-8)

사제직의 특성을 드러내는 두 번째 본문은 감사 기도 제2양식이다. 이는 신명기 10장 8절과 신명기 18장 5절에서 8절에 나오는 레위 지파의 임무가 교회의 사제들에게서 그리스도론적·성령론적으로 상기되는 것이다.

제2차 바티칸 공의회 이후 전례 개혁을 통해 네 가지 양식의 감사 기도를 드릴 수 있게 된 것은 매우 참신한 일이었다. 그때까지만 해도 로마 전례는 동방 전례와 달리 오직 하나의 기도문만 갖고 있었다. 감사 기도 제1양식인 로마 전문만이 유일한 기도였다. 감사 기도 제2양식은 히폴리토 성인의 《사도 전승*Traditio apostolica*》(235년경)에서 발췌한 것으로 3세기 초의 것이다. 이 기도문은 라틴어뿐만 아니라 초대 교회의 다양한 언어권, 특히 이집트에서도 사용되었다. 베네딕도회의 버나드 보테 Bernard Botte는 1962년, 이 본문과 관련된 전승의 역사와 그 밖의 훌륭한 정보를 제공하였다. 《사도 전승》은 본래 공식적인 전례서가 아니었다. 그러나 히폴리토는 이 기도문을 통해 정통 성체 감사 기도의 기준을 제시하고자 했다. 그리고 여러 가지 이유로 전례 개혁이 이루어지면서 이는 새로운 로마 전례의 공식적인 부분을 차지하게 되었다. 이런 방식으로 히폴리토는 감사 기도의 근본적인 구조와 본질적인 내용을 알리고자 한 것이 분명하다. 어쨌든 전례 개혁 초기에 히폴리토의 기도문은 실제로 새 전례에서 가장 널리 사용된 감사 기도문이었다.

나에게는 특별히 사제의 입장을 설명하는 기도문이 감동적이었다. "아버지, 저희는 …… 생명의 빵과 구원의 잔을 봉헌하나이다. 또한 저희가 아버지 앞에 나아와 봉사하게 하시니 감사하나이다Domine, panem vitae etcalicem salutis offerimus, gratias agentes quia nos dignos habuistiastare coram te et tibi ministrare." 이 문구는 일부 전례 학자들이 믿는 것처럼 감사 기도 중에 사제와 신자들이 무릎을 꿇지 않고 서 있어야 함을 의미하는 것이 아니다.* 이에 대한 올바른 이해는 해당 기도문이 다음의 신명기 10장 8절, 18장 5절에서 8절의 말씀을 문자 그대로 인용하고 있다는 사실을 상기해 보면 분명해진다.

---

* 감사 기도 제2양식의 독일어 공식 번역본은 "당신 앞에 서서 당신을 섬기나이다vor dir zu stehen und dir zu dienen."라고 정확히 말하고 있으나, 이탈리아어 번역본은 "하느님 앞에 서서"라는 부분을 생략하고 "사제직을 수행할 수 있도록 우리를 당신 앞에 허락해 주셔서 감사하나이다."라고 하여 문장을 단순화하였다. 일부 전례 학자들은 본래의 감사 기도문을 기초로 모든 신자가 이 부분에 무릎을 꿇지 않고 서 있어야 한다고 주장하곤 한다.

"그때에 주님께서는 레위 지파를 따로 가려내셔서, 주님의 계약 궤를 나르게 하시고, 주님 앞에 서서 당신을 섬기며 당신의 이름으로 축복을 하게 하셨는데, 그것이 오늘날까지 이어져 내려온다."(신명 10,8)

"그것은 주 너희 하느님께서 너희의 모든 지파 가운데에서 그들을 선택하셔서, 그들과 그 아들들이 언제나 그분 앞에 서서 주님의 이름으로 예식을 거행하게 하셨기 때문이다."(신명 18,5)

사제로서 봉사하는 것의 본질을 정의하는 신명기의 이 구절들은 새 계약인 예수 그리스도께서 세우신 교회의 성체 기도문에 채택되어 사제직의 연속성과 새로움을 표현한다. 당시 레위 지파를 지칭하여 이에 국한되었던 것이 이제는 교회의 사제들과 주교들에게 적용되는 것이다.

이는 종교 개혁에서 영감을 받은 개념이 주장하는 바와 같이 예수 그리스도께서 세우신 공동체의 새로움에서 거부되어야 하는 구시대적 예배에 대한 것이 아니다. 이는 고대 사제직을 물려받음과 동시에 현재의 사제직을 예수 그리스도를 향하여 고양하는 새로운 단계를 말한다. 사제직은 이제 더 이상 세

습적인 것이 아니라 인류의 광대함에 열려 있다. 더 이상 성전에서 희생 제사를 집행하는 것이 아니라, 온 세상을 포용하는 예수 그리스도의 사랑에 인류를 포함시키는 것, 즉 예배와 그에 대한 예언자들의 비판, 전례적 희생과 이웃 사랑의 봉사가 모두 하나가 되는 것이다. 따라서 이 구절은 외적인 태도를 말하지 않는다. 이는 구약과 신약이 가장 깊이 일치하는 지점으로, 사제직의 본질 자체를 묘사한다. 또한 특정 부류의 사람들을 지칭하는 것이 아닌 궁극적으로 하느님 앞에 서 있는 우리 모두를 지칭하는 것이다.

나는 2008년 성목요일에 한 강론에서 이를 해석하고자 했다. 강론 내용은 다음과 같다.

> 성목요일은 우리가 무엇을 위해 '예'라고 대답했는지 스스로에게 반복해서 물어볼 수 있는 기회입니다. '예수 그리스도의 사제가 된다는 것'은 무엇입니까? 미사 경본 감사 기도 제2양식은 신명기 18장 5절에서 7절의 말씀이 구약의 사제직의 본질을 설명하기 위해 사용한 단어들로("당신 앞에 나아와 봉사하게 하시니astare coram te et tibi

ministrare") 사제직을 정의합니다. 그러므로 사제직의 본질을 정의하는 두 가지 임무가 있다고 할 수 있습니다. 그중 첫째는 "주님 앞에 나오는 것"입니다. 이것은 신명기의 앞선 구절과 함께 읽어야 합니다.

신명기에 따르면 사제들은 예루살렘에서 땅의 일부를 물려받지 않았습니다. 하느님을 위해서 살았기 때문입니다. 그들은 매일의 생활을 영위하는 데 필요한 일상적인 일에 참여하지 않았습니다. 그들의 소명은 "주님 앞에 나와" 주님을 바라보고, 주님을 위해 있는 것이었습니다. 따라서 궁극적으로 이 말은 하느님의 현존 안에 있는 삶과 더불어 다른 이들을 대표하는 직무를 가리킵니다. 다른 이들이 땅을 경작하고 사제 역시 그곳에서 살았듯이, 사제는 세상을 하느님께 열고 그분께 시선을 두고 살아야 했습니다. 빵과 포도주를 주님께 드린 직후, 즉 기도 중에 있는 회중에게 주님께서 오신 후 미사 경문 안에서 이 말이 낭독된다면, 이는 우리가 현존하시는 주님 앞에 나아와 서 있음을 드러내는 것입니다. 여기에는 사제적 삶의 중심인 성체가 있습니다. 다음과 같은 이유로 그 범위를 더욱 확장할 수 있습니다.

수도자들은 사순 시기의 철야 기도 동안 하느님께 우리 인간을 기억해 주시길 청합니다. 이 철야 기도 때 낭송하는 전례 찬미가는 독서자의 직분을 다음과 같이 이야기합니다. 이는 명령어로 되어 있습니다. "우리를 계속해서 더 철저히 보호하자arctius perstemus incustodia!"

시리아 수도원의 전통에서 수도자들은 '서 있는 사람'으로 자격을 갖춘 이들이었고, 서 있음은 곧 경비와 관련된 표현이었습니다. 여기서 수도자의 임무는 사제적 사명의 표현이자 신명기 말씀에 대한 올바른 해석으로 볼 수 있습니다.

사제는 깨어 경계하는 사람이어야 합니다. 그리고 악의 세력도 경계해야 합니다. 사제는 하느님을 위해 세상을 깨어 있게 해야 합니다. 사제는 시대의 흐름 앞에 올바로 서 있는 사람이어야 하며, 진리 앞에 바로 서야 합니다. 선에 대한 헌신으로 바로 서야 합니다. 주님 앞에 선다는 것은 더욱 깊은 마음으로 항상 주님 앞에 있어야만 함을 의미합니다. 이는 주님 곁의 사람을 책임지는 것이며 아버지 곁에 있는 우리를 모두 책임지는 것입니다. 그리고 그것은 그리스도와 그분의 말씀과 진리와 사랑에 사명을 다해야 함을 뜻합니다.

사제는 예수님의 "이름으로 말미암아 모욕을 당할 수 있다"(사도 5,41 참조)는 사도행전의 말씀처럼 두려움 없이 주님을 위해 사람들에게서 받는 모욕과 분노까지도 기꺼이 감수해야 합니다.

그렇다면 이제 감사 기도 제2양식이 취한 구약 성경의 말씀, "아버지 앞에 나아와 봉사하게 하시니"의 두 번째 부분을 살펴보겠습니다. 사제는 의롭고 깨어 있는 사람, 올바로 서 있는 사람이어야 하며 여기에 봉사가 추가됩니다. 구약의 본문에서 이 '봉사'라는 단어는 본질적으로 율법이 요구하는 모든 예배 행위를 사제들이 수행해야 한다는 의례적인 의미를 담고 있습니다. 의례 행위가 봉사의 책임으로 분류됨에 따라 우리는 이 활동이 어떠한 정신으로 수행되어야 하는지 알 수 있습니다. 감사 기도에서의 "봉사하다."라는 단어의 사용으로 이 용어의 전례적 의미가 그리스도교 예배에 새로움을 부여하게 됩니다. 사제가 성체성사를 거행하는 그 순간, 사제의 임무는 하느님과 인간을 위해 봉사를 수행하는 것입니다. 그리스도께서 아버지께 바치신 예배는 인간을 위해 끝까지 자신을 바치는 것이었습니다. 이 예배와 봉사 안에, 사제는 자신을 동화시켜야 합니다. 따라서 "봉사하다."라는 단어에는 많은 차원이 수반됩니다. 물론 이는 무엇보다 내적인 참여로 행해지는 전례와 성사의 올바른 거행을 의미합니다.

우리는 성스러운 전례의 모든 본질을 더욱 잘 이해하는 법을 배워야 하며, 전례가 우리의 매일의 삶에 생명을 불어넣을 수 있도록 전례에 대한 살아 있는 친교를 발전시켜야만 합니다. 바로 이렇게 할 때 올바른 전례를 드리게 되고, 이로부터 '축하의 예술ars celebrandi'이 탄생합니다. 이 예술에는 불순한 것이 없어야 합니다. 전례는 올바른 삶의 예술과 하나가 되어야 합니다. 전례가 사제의 중심 임무라면, 이는 곧 기도가 모든 시대의 성인과 그리스도의 학교에서 항상 새롭게 그리고 더욱 깊이 있게 배워야 할 우선적인 실재가 되어야 한다는 것을 의미합니다.

그리스도교 전례는 본질상 항상 주님의 말씀을 선포하는 것이기도 하므로 우리는 하느님 말씀에 친숙해지고, 말씀을 사랑하며, 그 말씀대로 사는 사람이 되어야 합니다. 그래야만 주님의 말씀을 제대로 설명할 수 있을 것입니다. 그러므로 "아버지께 봉사하는 것", 즉 사제의 봉사는 말씀 안에서 주님을 아는 법을 배우고, 주님께서 사제에게 맡기신 모든 이에게 하느님을 알리는 것을 의미합니다.

마지막으로 "봉사하다."라는 말에는 두 가지 측면이 더 있습니다. 주인의 가장 사적인 영역에서 봉사할 수 있는 하인은 주인과 가장 가까운 사람이라고 할 수 있습니다. 이런 의미에서 봉사하는 것은 친밀함을 의미하며 이에 친화력이 필요합니다. 그런데 이러한 친화는 위험 또한 수반합니다. 우리가 계속해서 접하는 성스러움이 마치 습관처럼 느껴질 수 있기 때문입니다. 이렇게 되면 경외심이 사라집니다. 이러한 습관이 들면, 주님의 현존을 비롯하여 인간에게 말씀하시고 당신 자신을 내어주시는 주님의 위대하면서도 새롭고 놀라운 면모를 더 이상 인식하지 못하게 됩니다. 이러한 습관화와 마음의 무뎌짐에 맞서 우리는 나 자신의 부족함을 깨달아야 합니다. 그리고 그분께서 자신을 우리 손으로 전달하도록 맡기신 은총을 거듭 인식하면서 끊임없이 싸워야 합니다.

봉사는 친밀함을 의미하지만, 무엇보다도 순종을 의미합니다. 종은 "그러나 제 뜻이 아니라 아버지의 뜻이 이루어지게 하십시오."(루카 22,42)라는 말씀 아래에 머무릅니다. 예수님께서는 올리브 동산에서 이 말씀으로 무너지는 마음에 맞서는 결정적 싸움을 결심하였습니다.

반면 아담의 죄는 바로 하느님의 뜻이 아닌 자신의 뜻을 실현하고자 했다는 사실에 있었습니다. 인간은 항상 완전히 자율적인 존재가 되고 싶은 유혹을 받습니다. 이에 자신의 의지만을 따를 때 자유로워질 수 있다고 믿으며, 한계 없는 자유를 통해서만 완전한 인간이 되고, 신이 될 수 있다고 믿습니다. 하지만 바로 이러한 방식으로 인간은 진리와 어긋나게 됩니다. 진리는 우리가 다른 이들과 자유를 공유해야 하고, 다른 이들과의 친교 안에서만 자유로울 수 있다고 이야기합니다. 이렇게 공유되는 자유는 자유의 척도를 구성하는 하느님의 뜻에 들어갈 때에만 진정한 자유가 됩니다. 인간에게 요구되는 이 근본적인 순종은 사제에게서 더욱 구체화됩니다.

우리는 나 자신을 선포하는 것이 아닙니다. 스스로 만들어 낼 수 없는 주님과 그분의 말씀을 선포해야 합니다. 내가 원하는 대로 교회를 만들지 말고, 오직 그리스도의 몸 안의 친교 안에서 그리스도의 말씀을 올바로 선포합시다. 인간에게 요구되는 순종은 교회의 진리를 함께 믿고, 생각하고, 말하며, 봉사하는 것입니다. 이는 예수님께서 베드로 사도에게 예언한 다음 말씀에 해당합니다. "네가 원하지 않는 곳으로 데려갈 것이다."(요한 21,18) 내가 원하지 않는 곳으로 인도받는 것은 봉사의 본질적인 차원입니다. 그리고 바로 이것이 우리를 자유롭게 합니다. 나의 생각과 계획과는 반대인 이러한 인도 속에서 우리는 새로운 것, 하느님 사랑의 풍성함을 경험합니다.

예수 그리스도께서는 진정한 대사제이십니다. 그분

께서는 전에는 상상할 수 없던 깊이를 "아버지 앞에 나아와 봉사하게 하시니"라는 말씀에 부여하십니다. 아들이었고 주님이신 그분께서는 이사야 예언서에서 예언한 하느님의 종이 되기를 원하셨습니다. 그분께서는 모든 이의 종이 되기를 원하셨습니다. 또한 발을 씻어 주는 행동으로 대사제직을 온전히 드러내십니다.

예수님께서는 끝까지 사랑으로써 인간의 더러운 발을 씻겨 주십니다. 이렇듯 그분께서는 겸손하게 봉사하시며 교만이라는 병에 걸린 인간을 깨끗하게 씻겨 주십니다. 그리고 우리를 하느님과 함께하는 식사에 참여할 수 있게 하십니다.

예수님께서는 인간에게 내려오셨습니다. 그러므로 인간의 참된 상승은 이제 예수님과 함께 그리고 그분을 향해 우리가 다가가는 가운데 실현됩니다. 만남이 이루어지는 지점은 십자가입니다. 십자가는 인간을 향해 내려오시는 가장 깊은 주님의 사랑입니다. 동시에 인간에게는 상승의 절정, 즉 인간의 진정한 '고양'입니다. 그렇다면 이제 "아버지 앞에 나아와 봉사하는 것"은 하느님의 종으로서 그분의 부르심에 들어가는 것을 의미합니다. 따라서 상승과 하강의 현존으로서의 성체성사는 그 자체를 넘어 항상 이웃 사랑에 봉사하는 다양한 방법을 가리킵니다.

오늘, 주님의 부르심에 다시 한번 우리가 "예."라고 말할 수 있는 은사를 주님께 청합시다. "제가 있지 않습니까? 저를 보내십시오."(이사 6,8) 아멘.

3) 대사제의 기도(요한 17,17)

사제직의 특성을 드러내는 세 번째 본문은 요한 복음서 17장 17절에 나오는 예수님의 대사제의 기도를 들 수 있다. 이는 사제 서품에 대한 해석으로 읽을 수 있다. 이에 마지막으로 내가 사제품을 받기 전날, 특별히 깊은 인상을 받은 요한 복음서 17장의 '대사제의 기도' 중 일부 말씀에 대해 잠시 묵상해 보고자 한다. 공관 복음서는 본질적으로 예수님께서 갈릴래아에서 하셨던 설교를 주로 전한다. 하지만 요한 복음서는 조금 다르다. 요한 복음서의 저자로 추정되는 요한 사도는 성전 사제들과 친족 관계였던 것으로 보인다. 그러므로 그는 예수님께서 예루살렘에서 하셨던 선포와 성전을 비롯한 예배에 관한 문제를 주로 언급한다. 이러한 맥락에서 요한 복음서 17장의 '대사제의 기도'는 특별한 의미를 지닌다. 여기서 내가 예수님에 관해 쓴 책에서 분석했던 개별적인 요소들을 반복하려는 것은 아니다. 다만 요한 사도가 히브리인들에게 보낸 서간의 영적 운동을 받아들였고 자신만의 방식으로 열매 맺었음을 언급하고자 한다.*

이러한 의미에서 요한 복음서와 히브리인들에게 보낸 서간은 설명의 차이는 있을지라도 예수님을 새 계약의 참된 대제사장으로 보여 주고자 하는 의도가 있다. 가장 최근의 개신교 주석조차도 특히 대사제의 기도에서 예수님께서 대사제의 직무를 성취하고 이를 변화시킨다는 데에 대체로 동의한다. 이런

---

* 히브리인들에게 보낸 서간은 다른 서간들과 달리 구약 성경의 예배에 관해 많은 부분을 할애하는 것이 특징이다. 무엇보다도 특별한 점은 이를 그리스도의 신비와 연결시켰다는 점이다. 히브리인들에게 보낸 서간은 신약 성경에서 유일하게 그리스도를 사제와 대사제로 숙고하며(히브 7,11-28 참조) 제사와 전례, 사제직 등의 구약의 전통을 그리스도와 새롭게 연결한다(히브 9장 참조). 무엇보다 히브리서 저자는 그리스도에게서 사제직이 완전히 실현되었음을 알고 있다(히브 8,6; 10,14 참조). 그에 따르면 관습에 따라 이뤄지던 구약의 제사는 인간적이고 현세적인 차원에 머물러 있었지만(히브 9,10; 10,1-2), 하느님의 뜻에 순종하는 그리스도의 죽음은(히브 5,8 참조) 하느님의 뜻에 따라 흠 없는 당신 자신을 바치는 완벽한 희생 제사다(히브 9,14; 10,9-14 참조). 이렇게 그리스도께서는 죽음을 통해 천상 사제가 되셨으며(히브 9,24 참조) 새롭고 영원한 계약을 세우셨다(히브 9,15; 13,20 참조). — 역자 주

의미에서 히브리인들에게 보낸 서간과 요한 복음서는 궁극적으로 예수님을 새 언약의 대사제로 제시하는 데 동일한 방식을 취하고 있음을 알 수 있다.

이제 내 사제 서품식 전날 특별히 인상 깊게 남았던 요한 복음서의 말씀에 집중하고 싶다. "이들을 진리로 거룩하게 해 주십시오. 아버지의 말씀이 진리입니다. 아버지께서 저를 세상에 보내신 것처럼 저도 이들을 세상에 보냈습니다."(요한 17,17-18)

여기서 "거룩하게"라는 용어는 하느님의 특별한 본성을 표현한다. 오로지 하느님만이 거룩하시며, 인간은 하느님과 함께할 때 거룩해진다. 하느님과 함께한다는 것은 순수한 자아의 해체와 그분의 뜻과 하나가 됨을 의미한다. 하지만 자아의 해방은 매우 고통스러울 수 있으며, 단번에 이루어지지도 않는다. "거룩하게 해 주십시오."(요한 17,17)라는 말씀은 매우 구체적으로 사제 서품을 뜻한다. 정확히 말하면 사제 서품은 살아 계신 하느님께서 인간이 당신을 위해 봉사할 수 있도록 하는 근본적 요청이다. 예수님께서는 "이들을 진리로 거룩하게 해 주십시오."(요한 17,17)라고 말씀하심으로써 하느님 아버지께 열두 제자를 당신 사명에 포함하여 사제로 서임해 달라고 기도하셨다. "이들을 진리로 거룩하게 해 주십시오."(요한 17,17)라는 말에는 구약의 사제 서품 예식 또한 미묘하게 드러난다. 구약에서 안수 지원자는 성스러운 의복을 입기 위해 몸을 씻음으로써 육체적으로 정결해졌다. 이는 곧 파견되는 이가 새로운 사람이 되어야 함을 의미했다.

그런데 구약 의식에서는 상징적이었던 이 형태가 예수님의 기도로 현실이 된다. 인간을 진정으로 정화할 수 있는 유일한 씻음은 진리며, 그리스도 자신이다. 그리고 예수님께서는 예식의 의복적 차원으로 볼 때 '새로운 옷'이기도 하다. 진리로 거룩하게 해 달라는 말씀은 결국 바오로 사도가 사도직의 근본적인 경험에서 했던 말에서도 드러난다. "이제는 내가 사는 것이 아니라 그리스도께서 내 안에 사시는 것입니다."(갈라 2,20) 이는 서품 지원자들에게도 해당되는 말인데, 예수 그리스도 안에 완벽하게 빠져드는 것을 의미한다.

나는 서품 전날 저녁에 의식적인 측면을 넘어서는 사제 서품의 진정한 의미에 관해 생각해 보았다. 그리고 이 의미는 내 영혼에 깊이 각인되었다. 그것은 그리스도에게서 다시 정화되고 퍼져 나가, 말하고 행동하는 주체가 이제 나 자신이 아닌 그리스도가 되어야 한다는 것이었다. 그렇게 그분과 하나 되고 나 자신을 극복하는 과정은 평생 지속될 것이며, 이는 항상 고통스러운 해방과 쇄신을 수반할 것이라는 사실이 분명해졌다. 이러한 의미에서 요한 복음서 17장 17절의 말씀은 내 평생의 지표가 되었다.

2019년 9월 17일
바티칸 시국, 교회의 어머니 수도원에서
베네딕토 16세

성체성사의 의미*

성체성사의 역사적 형식

최근 몇 세기 동안 성만찬 예식은 개신교에서 결코 중요한 위치에 놓이지 못했다. 이 예식을 일 년에 단 한 번, 성금요일에만 거행하는 공동체도 적지 않았다. 약 30년 전, 내가 뮌스터 대학교에 재직할 당시 복음주의 신학생들과 벌인 논쟁 중에 이러한 점을 지적했던 것이 기억난다. 그 자리에 참석했던 한 목사는 진지하면서도 훌륭한 태도로 이러한 관행을 옹호하고자 노력했다. 그는 개신교에서 성만찬을 덜 중요하게 생각할지라도 이는 합리적이라고 주장하였다. 이러한 관행을 봤을 때 개

---

* 본 원고는 2018년 6월 28일에 완성되었으며 발표되지 않았다.

신교에서 성만찬 예식이 중요하지 않다는 것은 분명하다. 오늘날 가톨릭 공동체의 생활 방식을 민감하게 따르는 분별력 있는 사람만 이 문제를 긴급하게 여길 것이다.

놀랍게도 초대 교회는 아주 일찍부터 매일 거룩한 미사를 거행하는 것을 당연하게 여겼다. 내가 아는 한, 이런 관행에 대한 어떤 의문도 없었고 이는 평화롭게 시행되었다. 이것이 신비로운 고대 그리스어 형용사 '에피우시온epiousion'이 라틴어에서 매일 필요한 것, 즉 '일용할quotidianus'로 번역된 이유를 이해할 수 있는 유일한 방법이다.* 그리스도인에게 매일 필요한 것은 곧 가장 중요한 것을 의미한다.

특히 신약의 '사제들'인 원로와 주교들에게는 매일의 성체 거행이 무엇보다 필요한 것이었다. 이에 독신 생활은 필수 요소가 되었다. 이미 구약 시대의 사제는 예배를 드리는 동안 하느님의 신비와 직접적인 '육체적' 접촉을 하므로 이 시기에 부

---

* '일용할'로 번역되는 고대 그리스어 단어 '에피우시온epiousion'이 신비로운 형용사인 이유는 성경 전체에서 예수 그리스도의 주님의 기도(마태 6,11; 루카 11,3 참조)에만 사용되는 단어이기 때문이다. 이는 성경 밖에서도 용례를 찾아보기 어려운 단어였으므로, 초대 교회부터 이 뜻이 무엇인지 밝히기 위한 많은 학문적인 연구와 토론이 있었다. 현재 이는 '오늘 하루를 살아가는 데 필요한 만큼'을 의미하는 '일용할quotidianus'이라는 단어로 해석된다. ─ 역자 주

부 관계를 갖지 않았다. 그리스도교 사제는 이 거룩한 신비를 일시적인 기간에만 수행하는 것이 아니라 '일용할' 빵인 주님의 몸을 영원히 책임지게 되었으므로 필수적으로 자신을 온전히 바쳐야만 했다. 이러한 관습에서 전 세계에서 매일 거행되는 성체성사를 바탕으로 모든 미사가 연결되어 하나의 끊임없는 희생 제사로 바쳐진다는 사상이 발전하게 되었다. 즉 대제사장인 예수 그리스도의 지속적인 현존이 우주의 시간과 공간 안에서 해석되어, 하느님 앞에서 유일한 희생 제사가 거행되는 것이다.

가톨릭 교회 성직자가 성체성사를 매일 거행하는 것은 이미 이른 시기부터 일상적인 삶의 형태가 되었다. 하지만 평신도들이 성체를 영하는 관습은 많은 변화를 거쳐야만 했다. 물론 주일의 규정에 따라 모든 가톨릭 신자가 신비의 거행에 참여해야만 했다. 하지만 매주 성체를 모시는 것이 필수적이지는 않았다. 1920년대 이후, 다양한 형태의 교회 활동에 따라 성체를 모셔야 하는 날이 고해성사의 날이기도 했으므로, 이는 가정에서도 중요한 위치를 차지하게 되었다. 본래는 적어도 일 년에 한 번 이상 고해성사를 하고 주님 부활 대축일에는 영성체를 하는 것이 규칙이었다. 여기에 포르치운콜라Porziuncola의 전대사의 날,* 모든 성인 대축일, 위령의 날, 주님 성탄 대축일, 여성들을 기억하는 안나 성녀의 축일이나 고통의 성모 마리아 기념일 등의 지역 교회의 중요한 축일을 위한 고해성사와 영성체의 날이 추가되었다. 이날은 가정에서 종교적으로 매우 중요한 날이었으며 특별한 강론이 있는 날이기도 했다. 가장인 농부가 고해성사를 하고 돌아오면, 농장에는 특별한 분위기가 감돌았다. 그러면 나머지는 고해성사를 하고 돌아온 가장이 거룩한 상태를 유지할 수 있도록 노력하였다. 그가 순수한 상태를 유지할 수 있도록 위험 요소를 피해 준 것이다.

20세기에 거룩한 성체는 미사 중에 분배되지 않았고 성찬례 전이나 후에 따로 분배되곤 했다. 주님과의 개인적인 만남에는 특정한 시간이 필요했는데, 미사를 거행하는 동안에는 그럴 만한 공간이 없어 보였기 때문이다. 그러나 전례 운동의 시작에 힘을 얻어 전례와 더욱 밀접하게 연결된, 더 빈번한 영성체를

---

* 아시시의 프란치스코 성인이 수도 생활을 시작한 작은 경당이다. 1216년 8월 2일 호노리오 3세 교황은 프란치스코 성인의 요청으로 이곳을 방문하는 모든 신자가 '아시시의 용서'라 불리는 대사를 받는 것을 허락하였다. — 역자 주

향한 움직임도 있었다. 나의 고향 트라운슈타인에서는 1930년 말부터 독일어로 된 전례문으로 기도하고자 하는 많은 젊은이들이 주일 미사에 참석하기 시작했다. 그들은 미사 중 성체 분배를 추진했고, 이는 제2차 세계 대전 이후 어느 시점부터 허용되었다. 유럽의 주요 국가에서는 상반되는 경향이 공존했는데, 매주 또는 매일 성체를 모시는 것을 목표로 삼는 쪽이 있는가 하면 성체 경배와 미사를 구별해야 한다고 주장하는 쪽도 존재했다.

훗날 제2차 바티칸 공의회는 매주 또는 매일 성체를 모시는 것이 좋은 이유를 인식하였다. 그래서 성체성사의 공동 거행과 개인적으로 성체를 모시는 것 사이의 내적 일치를 강조하고자 노력했다. 무엇보다 전쟁 기간 동안 복음주의 영역에서는 제3제국* 안에서의 분열, 소위 말해 게르만 기독교인deutsche Christen 과 고백 교회bekennende Kirche** 사이의 분열이 있었다. 이 분열

---

* 히틀러가 권력을 장악한 시기의 독일 제국을 일컫는 용어다. 제1제국 신성 로마 제국(962~1806년), 제2제국 독일 제국(1871~1918년)에 이어서 나치 독일 (1933~1945년)을 제3제국이라 칭한다. — 역자 주

** '게르만 기독교인deutsche Christen'은 나치즘에 입각하여 그리스도교 교리를 재구성한 복음주의 단체로 반유다주의, 인종주의, 지도자 원리주의를 주장하였다. 한편 '고백 교회bekennende Kirche'는 히틀러에 반대하여 설립된 독일 개신교 교회를 말한다. 이들은 예수 그리스도만 순명의 대상임을 주장

로 복음주의 고백 교회 기독교인들과 가톨릭 교회 사이에 새로운 합의가 이루어졌다. 이 결과로 고백 교회에서 공동 성만찬 예식이 추진되었다. 이러한 상황에서 주님께서 주시는 하나의 몸에 대한 열망이 커졌으나, 오늘날 그것은 강력한 종교적 기반을 잃을 위험에 처하게 되었다. 세속화된 교회가 주님을 찾는 내적인 탐색보다 정치적·사회적 힘에 더 많은 영향을 받게 되었기 때문이다.

동·서독 통일 이후, 종교적으로 무관심한 이들의 눈앞에서 가톨릭 신자인 독일인 총리가 성혈을 모시는 모습이 방송되었던 적이 있다. 그 행동은 모든 독일인의 일치를 드러내고자 하는 본질적인 정치 행위였다. 그러나 돌이켜보면 이로 인해 오늘날까지 이어진 신앙의 소외가 크게 다가온다. 동시에 각 개신교 교회의 의장들이 정기적으로 교파 간 성체성사, 즉 열린 성찬식*을 강하게 주장할 때 나는 공동의 빵과 포도주를 나누

하며 히틀러에 대한 불복종을 선언하였다. 대표적인 인물로는 독일 루터 교회 목사이자 신학자였던 디트리히 본회퍼Dietrich Bonhoeffer가 있다. — 역자 주

* '열린 성찬식Open communion, intercomunione'은 일부 개신교 교회에서 행하는 것으로 세례를 받은 신자가 아닐지라도 혹은 초교파적으로 모든 이가 빵과 포도주를 함께 나누는 만찬 예식을 뜻한다. 성경적으로 죄인들을 포함한 모든 이와 저녁 식사를 나누시고 배신자 유다 이스카리옷마저도 식탁에

자는 요청이 다른 목적에 어떻게 봉사하게 됐는지 지켜보았다.

가톨릭 교회의 성찬례의 현재 상황에 대해서는 몇 가지 언급만으로 충분하다. 한 가지 중요한 상황은 고해성사가 거의 완전히 사라졌다는 것이다. 성사의 유효성 또는 공동 사죄에 대한 논쟁 이후 고해성사는 교회의 많은 부분에서 사실상 사라졌다. 이는 필요할 때만 황급히 찾는 피난처와 같이 성지에서만 찾아볼 수 있을 뿐이다. 그러나 그동안 성사를 되살리기 위한 다양한 운동과 정신이 생겨났고, 젊은이들을 중심으로 성사의 의미가 재발견되고 있다. 한편 고해성사가 사라지면서 성체성사에 대한 기능적 개념이 확산되었다. 성체성사의 참여는 이를 거행하는 데 역할을 맡은 사람들, 예를 들어 독서자나 집전자에게만 의미가 있는 것으로 여겨진다. 성찬례를 순전히 성사가 아닌 만찬으로만 이해하는 이들도 당연한 듯 성체를 모신다. 이러한 이해가 매우 발전된 상황에서 개신교 형식의 열린 성찬식은 자연스러워 보인다. 하지만 다른 한편으로, 성체성사

초대하신 그리스도의 모습을 기반으로 삼는다. 이는 성찬례를 통해 **빵과 포도주**가 실제로 그리스도의 몸과 피로 변화한다고 생각하는 가톨릭 교회와 다른 교리에서 기인한다. 개신교는 성찬식을 성사가 아닌 그리스도 현존의 상징으로 여기기 때문이다. — 역자 주

에 대한 가톨릭의 이해가 완전히 사라진 것은 아니다. 특히 '세계 청년의 날'을 계기로 성체성사 거행과 성사 안에 계신 주님의 현존에 대한 재발견이 이루어지고 있다.

신학적 측면

개신교 측의 주석을 시작으로 예수님의 최후의 만찬은 소위 말해 스승의 '죄인들과의 식사'로 여겨졌으며, 이를 근거로만 이해할 수 있다는 견해가 점점 더 확고해졌다. 하지만 예수 그리스도의 몸과 피의 봉헌은 죄인들과의 식사와 직접적인 관련이 없다. 예수님의 최후의 만찬이 파스카 식사였는지에 대한 문제와 상관없이 이는 파스카 축제의 신학적·법적 전통의 일부다. 따라서 최후의 만찬은 가족, 가정, 이스라엘 민족 구성원과 밀접하게 관련이 있다. 이 규정에 따라 예수님께서는 자신의 새로운 가족이 된 사도들과 함께 파스카를 기념하셨다. 이렇게 예수님께서는 예루살렘으로 가는 순례자들이 함께 하나가 되는, 구약의 오순절chaburot의 규율을 따랐다. 이후 그리스도인들은 이 전통을 이어 나갔다. 그들은 역사의 땅을 가로지

르는 복음의 여정을 함께한 순례자들이 형성한 예수님의 차부라chaburah, 곧 예수님의 가족이다.* 따라서 초대 교회에서 성체성사의 거행은 처음부터 신자들의 공동체와 연결되어 있었고, 이는 《가톨릭 교회 교리서》 1136항과 1345항에 언급되는데, 《디다케》와 순교자 유스티노 성인이 남긴 오래된 자료에서 볼 수 있듯 엄격한 접근 조건과도 관련이 있었다. 이는 '열린 교회' 또는 '닫힌 교회'와 같은 문구와 아무런 관련이 없다. 오히려 교회가 주님과 한 몸이 되는 것이 세상에 생명과 빛을 강력하게 발산하기 위한 전제 조건임을 의미한다.

종교 개혁 이후 생겨난 교회 공동체들은 이 성사의 거행을 '만찬'이라고 부른다. 가톨릭 교회는 그리스도의 몸과 피의 성사를 '성체성사'라고 부른다. 이것은 우연적이거나 단순한 언어적 구별이 아니다. 성사 자체에 대한 이해와 관련된 깊은 차이에서 비롯된 것이다. 유명한 개신교 신학자 에드먼드 쉬링크 Edmund Schlink는 널리 알려진 공의회 기간의 연설에서 가톨릭의 성체성사를 주님께서 제정하셨음을 인정할 수 없다고 언급

---

* '차부라'는 유다인들이 종교적인 목적으로 모인 친목 단체를 의미한다. 안식일이나 그 밖의 율법을 지키기 위한 모임으로 안식일 전날 저녁 혹은 경축일이 시작되는 전날 저녁때에 공동 식사를 한다.

했다. 이는 가톨릭의 미사 거행이 예수님의 최후의 만찬과 닮지 않았다고 말하고자 한 것임이 분명하다. 성사 거행의 형식이 예수님의 만찬과 완전히 다르다는 주장은 가톨릭 미사 전례와 예수님의 최후의 만찬의 비동일성을 강조하는 것이다. 이들의 주장을 살펴보면 예수님의 가르침에서 가톨릭이 멀리 떨어져 있는 듯 보일 수 있다. 루터는 만찬의 순수한 구조로 돌아감으로써 가톨릭의 허위를 극복하고, 이를 행하라는 주님의 위임에 대한 충실성을 가시적으로 다시 확립했다고 확신했다.

순수한 역사적 관점에서 볼 때 최후의 만찬이 루터교의 만찬 거행과도 완전히 다르다는 사실을 여기서 논의할 필요는 없을 것이다. 한편 초대 교회가 성만찬을 단순하게 반복하지 않았고, 저녁 만찬 대신 아침에 주님과의 만남을 의식적으로 거행했음을 주목할 필요가 있다. 교회는 이미 초기에 이를 더 이상 만찬이라 부르지 않고 '성체성사'라 불렀다. 오직 살아 계신 그리스도를 통해서만 성스러운 신비를 거행할 수 있으므로 첫날 아침에 부활하신 분과의 만남을 통해 성체성사가 완성된 것이다. 그렇다면 도대체 무슨 일이 일어난 것인가? 초대 교회는 왜 이러한 방식으로 행동했을까?

예수님께서 최후의 만찬 때에 성체성사를 제정하셨음을 다시 생각해 보자. "이를 행하여라."(루카 22,19)라는 말씀은 제자들이 최후의 만찬을 반복하라는 것이 아니었다. 그것이 파스카의 축제 행사였다면 탈출기의 규정에 따라 일 년에 한 번만 시행되어야 했고, 여러 번 반복될 수 없었다. 그러므로 예수님께서는 파스카의 만찬을 반복하라고 명령하신 것이 아니라 당신의 새로운 봉헌을 반복하라고 명령하신 것이 분명하다. 이는 예레미야 예언자에게서 특별히 선포된 새 계약과 관련된 시나이의 전통을 새롭게 설립하는 것이었다. "이를 행하여라."(루카 22,19)라는 구속력 있는 말씀을 실천해야 했던 교회는 만찬을 완전하게 반복하는 것이 아닌 본질적으로 새로운 요소를 추가할 필요가 있었다. 이를 위해 전체적으로 새로운 형태를 찾아야 함을 알고 있었다.

20세기 가톨릭 전례 학자들은 파스카 만찬의 틀 안에서 제정된 성체성사의 형태를 추론하는 데 있어 실수를 저질렀다. 우리가 거행하는 성체성사에 관한 가장 오래된 기록은 155년경 순교자 유스티노에게서 전해지는 것으로, 이미 합당한 예배 logiké latreia가 말씀 전례에서의 하느님의 말씀과 '성체성사'라는 두 가지 기본 요소를 바탕으로 새롭게 형성되어 있었음을 알 수 있다. '성체성사'는 히브리어 '감사berakah'를 번역한 것이다. 이는 예수님께서 활동하시던 당시의 유다인의 신앙과 기도의 핵심을 의미한다. 우리는 최후의 만찬과 관련된 성경 본문에서 예수님께서 "빵을 들고 찬미를 드리신 다음"(마태 26,26; 마르 14,22; 루카 24,30 참조) "잔을 들어 감사를 드렸다."(마태 26,27; 마르 14,23 참조)는 사실을 찾아볼 수 있다. 따라서 빵과 포도주의 봉헌과 함께하는 성체성사는 예수님의 최후의 만찬 형식이 지닌 핵심으로 간주해야 한다. 특별히 이러한 구성 요소를 통한 성체성사의 중요성을 강조한 사람은 조세프 안드레아스 융만Josef Andreas Jungmann과 루이 부아예Louis Bouyer가 있다.

최후의 만찬 때 예수님께서 제정한 것을 성체성사라 부를 때, 이 용어는 예수님께서 제정하신 것에 대한 순명과 부활하신 분과의 만남에서 발전된 성사의 새로운 형태를 모두 유효하게 표현한다. 성체성사는 예수님의 최후의 만찬을 단순히 재현하는 것이 아닌 부활하신 분과 만나는 혁신과 신실함이 함께하는 새로운 사건이다. 이렇듯 '만찬'과 '성체성사'의 명칭의 차이는 피상적이고 우연적인 것이 아니라, 이를 행하라는 예수님의 명령에 대한 이해의 근본적인 차이에서 오는 것이다.

성체성사에 관한 권위 있는 독일어 전례 문헌은 성체성사의 형태가 어떻게 발전되었는지를 자세히 묘사하지만 그리스도의 십자가는 언급하지 않는다. 언젠가 독일의 저명한 전례 학자에게 이 점에 대해 놀라움을 표했을 때, 그는 예수님의 십자가 위에서의 처형은 전례 행위가 아니었으므로 전례 역사에 포함되지 않는다고 설명하였다. 전례 거행의 발전에 대한 이러한 형식주의적 관점을 전적으로 이해할 수 있지만, 그럼에도 이는 전례의 본질적인 토대를 소홀히 하는 것이다.

최후의 만찬 때 예수님께서 이는 내 몸이고 피라고 말씀하신 결정적인 두 표현은 십자가에서 일어날 당신의 선물과 관련해서만 이해할 수 있다. 예수님께서는 의심할 여지 없이 제자들과 함께 계시며, 피와 포도주의 제물이 그들을 위해 바쳐질 몸과 피라고 설명하신다. 이러한 제정의 말씀은 앞으로 일어날 사건을 예견하는 것으로서만 그 의미가 있다.

따라서 최후의 만찬에서의 사건과, 은총의 선물로 변화될 주님의 죽음은 분리할 수 없는 일치를 이룬다. 예수님께서 당신 자신의 십자가와 부활을 절대적이고 실제적인 방식으로 예고한 바로 그 순간, 몸과 피에 관한 표현이 비로소 의미를 갖는다. 그러므로 최후의 만찬에서 선포된 말씀은 십자가 사건과 분리될 수 없으며, 십자가 사건 없이 최후의 만찬의 말씀은 무의미하게 된다. 이 말씀은 예수님께서 당신 자신의 고통을 단순히 피할 수 없는 불행으로 받아들이지 않으셨음을 보여 준다. 그분께서는 이미 당신의 죽음을 받아들이고 계셨다. 그리고 가해자들이 저지른 범죄 행위를 사랑의 행위로 바꾸어 죽음을 정복하는 부활이 되셨다. 성체성사를 거행할 때마다 죽음을 사랑으로 변화시키는 이 과정이 존재한다. 이와 함께 구약의 전체 흐름과 모든 종교가 은밀히 기대하는 영원한 삶을 향한 새로운 희생 방식이 존재하는 것이다.

주님께서 제자들에게 "이를 행하여라."(루카 22,19) 하고 말씀하실 때, 히브리인들에게 보낸 서간이 말하는 성전 예배에서 시작된 성체성사의 전체성이 선언된다. 다시 말해 성체성사는 단순한 제물의 분배나 '식사'가 아니다. 실제적인 구원을 포괄하는 진정한 '예배'인 것이다. 이렇게 종교 개혁과 함께 발전된 예수님의 명령에 대한 개념과 성체성사에 대한 가톨릭 신앙 사이에는 깊은 차이가 있다. 종교 개혁자들의 해석에 따르면 성체성사는 거룩한 제물을 나누고 먹는 근본적인 의미의 식사에 지나지 않는다. 하지만 가톨릭에서 성체성사는 예수님께서 죽음과 부활을 통해 인간에게 전해 주신 그 모든 과정을 포함한다. 이 과정 없이 성찬례는 존재할 수 없다. 몸과 피는 나누어 줄 수 있는 것이 아니라 당신 자신을 바치는 예수 그리스도의 인격이다. 이로 인해 거룩한 제물을 '먹을 수' 없거나, 이를 원하지 않는다고 하더라도 모든 가톨릭 신자가 거룩한 미사에 참여하는 것은 그 자체로 의미가 있다. 성체를 영하지 못하더라도 미사에 참여하는 것은 가톨릭의 관점으로 보면 합리적이다. 하지만 개신교의 관점에서는 무의미하다. 여기에서 우리는 열린 성찬식 개념에 대한 개신교의 주장을 이해하게 된다. 먹는 것 없이 '만찬'에 참여하면 참여자의 존재는 무의미하다. 하지만 가톨릭 신자에게는 다르다. 식사를 하지 않더라도 그 자리에 함께 있으면, 성사에 현존하는 예수님께서 인간을 위해 당신의 모든 것을 내어놓으신 사건에 참여하게 된다.

이 모든 것 안에서 더 근본적인 질문이 생긴다. 만찬의 제물 또는 미사의 거행은 각각 무엇일까? 가톨릭으로서는 루터가 츠빙글리와 칼뱅과는 달리 그리스도의 몸과 피의 실제 현존에 관한 교리를 굳건하게 지켰다는 사실을 분명히 인식하고 감사해야 한다. 루터는 다른 개혁자들과 나눈 성만찬에 대한 담론에서 그리스도의 실제 현존에 대한 논쟁에 참여하기보다 교황권에 대한 증오를 받아들이는 것을 선호한다고 말한 바 있다. 그러므로 모든 개혁 교회가 만찬의 공동체로 연합한 1973년의 로이엔베르크 협약Concordia di Leuenberg은 루터교인들에게 결정적인 과정이었다. 이 단계는 당연하게 보이지만, 루터교가 그들의 전통을 본질적으로 포기했음은 매우 놀라운 사실이다.*

나는 개혁 교회의 많은 부분이 루터교인들에게 영향을 끼친 이 일련의 과정이 가톨릭 신자들에게도 가능할 수 있다는 인상을 받는다. 주님의 실제 현존에 대한 루터의 신실함은 분명

---

* 종교 개혁 시기 성만찬에 관한 논쟁으로 인해 루터교를 비롯한 개혁 교회들은 갈등을 겪고 있었다. 대표적으로 루터는 성만찬의 빵과 포도주가 몸과 피로 변화되는 것은 아니지만 그리스도께서 실체적으로 현존한다는 공재설을 주장하였다. 반면 츠빙글리는 빵과 포도주가 그리스도의 몸과 피를 기억하게 하는 상징일 뿐이라고 주장하였다. 이에 개신교의 정치 지도자 헤센의 필립은 가톨릭에 대항하기 위해 일치가 필요하다고 여겼고, 1529년에 마르부르크 성으로 루터파와 개혁파 교회 지도자들을 초대해 회담을 열었다. 그러나 성만찬에 대한 주제에서 결국 의견의 일치를 보지 못했고 이는 개신교가 루터파와 츠빙글리파로 분열하는 시발점이 된다. 이러한 갈등은 1973년 로이엔베르크 협약을 통해 종교 개혁 시대의 정신으로 돌아가 서로 일치와 협력을 할 것을 약속함으로써 해소되었다. — 역자 주

히 인정해야 하지만, 그럼에도 가톨릭의 개념과 근본적으로 대조되는 주님의 실제 현존에 대한 그의 생각을 신중하게 분석하는 것도 중요하다. 가톨릭 교회는 정교회와 함께 빵과 포도주의 '성변화metousiosi'를 가르치지만 루터는 이 형이상학적 공식 대신 공재설共在設을 긍정한다. 다시 말해, 가톨릭에서는 제물이 변화되면 이는 더 이상 빵과 포도주가 아니라 예수 그리스도의 몸과 피가 된다고 말한다. 하지만 루터는 이러한 변화가 없다고 주장한다. 그는 빵과 포도주가 계속해서 존재하고, 우리는 그것을 있는 그대로 명백히 취한다고 말한다. 하지만 빵과 포도주(제물 안에서, 제물과 함께, 제물 아래에서)와 함께 살과 피인 주님이 현존한다는 것이다. 즉 루터는 제물 자체는 변화되지 않으나 여기에 주님의 현존이 더해진다고 주장한다. 이것은 주님의 현존이 일시적인 순간, 즉 성찬식의 시간 동안에만 이뤄짐을 의미한다. 성찬식이 끝나면 주님의 현존은 사라지고, 제물은 이전의 신성하지 않은 것으로 돌아가기에 빵과 포도주를 거룩한 것으로 여겨 보관할 필요가 없다. 그리고 이를 이전과 같이 일상생활에서 다시 사용할 수 있다.

만찬을 거행하는 것이 어떠한 변화를 가져오는 것이 아니라 그리스도의 몸과 피가 평범한 빵과 포도주에 첨가된다는 생각은 개신교와 가톨릭의 '존재의 본질'에 대한 개념의 차이를 나타낸다. 그리스도인이 되는 것에 대한 개념을 보자면 개신교는 신앙인을 '그리스도인인 동시에 죄인simul iustus et peccator'이라는 정식으로 표현한다. 그리스도인이 되는 것은 사람이 바뀌는 것이 아니라 다른 무엇인가가 추가되는 것뿐이다.

한편 가톨릭의 입장에서 '성변화'라는 용어의 강조점은 '변화'에 있다. 즉 성체성사에서 존재의 깊은 곳까지 도달하는 변화가 일어난다. 이와 동일하게 그리스도인이 되는 것은 인간 존재의 근본적인 변화, 즉 '전환conversio'이 일어나는 것이다. 이러한 관점의 차이로 인해 성체성사에 대한 개념이 근본적으로 달라질 수밖에 없다. 루터교의 전통에서는 빵을 먹음으로써 '그리스도의 몸'을 먹는다. 반면 가톨릭 전통에서는 희생적 선물로 변화된 그리스도를 받아들임으로써 그 안에 자신을 끌어들인다.

성체성사 안에 십자가의 희생이 현존하지 않고 그와 상관없이 빵과 포도주에 일시적으로 첨가된 그리스도의 몸과 피를 먹게 된다는 루터의 사상에는 사실 이유가 있다. 희생은 구약의 율법 개념에 있는 것으로 부정적인 것이기 때문이다. 루터에 따르면 율법에서 하느님께서는 당신 자신을 적대시하며 모순적으로 sub contrario 행동하신다. 이를 통해 루터는 마르키온의 입장, 즉 율법은 신성에 반하는 것이라는 입장을 채택한다. 그런데 루터는 마르키온과는 달리 율법을 성경으로 인정하며 공유한다. 하느님께서 당신을 거스르는 행동이 무엇인지를 알리기 위해 믿음과 계약의 대조를 일부러 성경 안에 두었기 때문이다. 유다인에 대한 급진적인 혐오를 신학적으로 설명하고 이를 근거로 두는 루터의 미묘한 마르키온주의는 성경에 대한 그의 해석이 지닌 진정한 문제를 드러낸다. 이와 반대로 가톨릭 전통은 처음부터 율법과 복음에 모순이 있지 않고, 오히려 깊은 상관관계가 있음을 숙고해 왔다. 이러한 가톨릭 신앙을 제대로 이해하는 것과 이를 성경과 깊이 일치시켜 올바로 받아들이는 것은 다음의 현대 사상의 두 가지 이유로 어려움을 동반한다.

첫 번째, '실체' 개념의 위기가 가톨릭 해석의 철학적 토대를 위태롭게 만들기 때문이다.

두 번째, 엄밀한 역사적 해석을 원하는 주석학이 구약 성경을 과거에 가두며, 이는 과거가 현재와 미래로 열리게 되는 역동성을 설명하기에 부족한 것이기 때문이다.

현재와 미래의 가톨릭 신학은 이 두 가지를 위해 계속해서 노력해야 한다. 그러나 '가톨릭이란 무엇인가'에 대한 본질적인 비전은 이전의 성찰에서도 드러났듯이, 만족스러운 지적 도구들 없이도 이성을 통해 분명하게 인식할 수 있다.

그렇다면 성체성사를 거행할 때 빵과 포도주는 어떻게 되는 것일까? 이는 빵과 포도주에 일시적으로 무언가가 추가되는 것이 아니다. 이 세상의 것에서 나와 부활하신 예수 그리스도의 새로운 세상으로 들어가는 것이다. 부활하신 주님께서는 라자로나 성경 속에 나오는 다른 부활한 인물들처럼 단순히 이 세상에 잠시 돌아오신 것이 아니다. 그분께서 부활의 새로운 세계에 속하듯이 빵과 포도주를 봉헌할 때도 마찬가지다. 비유하자면 핵분열과 비슷한 일이 일어나 예수님의 몸이 새로운 방식으로 부활한다고 말할 수 있다. 이와 비슷한 일이 성체성사의 변화에서도 일어난다. 빵과 포도주는 더 이상 그 자체로 구성된 이 세상의 창조된 현실이 아니라, 부활하신 분의 실제적이고 신비한 모습을 지닌 존재가 되는 것이다.

이를 설명하는 데 있어 빵과 포도주의 우연적인 속성은 남아 있으나 실체가 완전히 제거되고 다른 것으로 대체된다는 의미에서 '실체'라는 철학적 용어가 사용된다. 그런데 철학적 사고와 자연 과학이 발전하는 과정에서 실체라는 단어의 개념은 본질적으로 바뀌었고, 아리스토텔레스의 사상에서 '우연적인 것'으로 규정되던 것의 개념도 바뀌게 되었다. 이전에 그 자체로 일관되게 모든 현실에 적용되던 '실체'의 개념은 점점 더 분자와 원자 및 기본 입자 등 물리적으로 파악하기 어려운 것을 지칭하게 되었다. 그리고 오늘날의 우리 역시 이 단어가 궁극적인 '실체'가 아닌 '구조'를 나타낸다고 알고 있다. 이는 그리스도교 철학에 새로운 과제를 안겨 주었다. 모든 현실에 대한 근본적인 범주를 이제 관계를 통해 설명하게 되었기 때문이다.

이런 점에서 그리스도인들은 신앙을 표현하는 데 있어 하느님 자체를 관계, 즉 나와 관련이 있는 현존하는 관계relatio subsistens라고 말한다. 오늘날 자연 과학으로 인해 얻은 철학적 표현의 범주도 신앙과 같다. 이에 따르면 하느님께서는 현존하는 관계다.

이러한 관점에서 '실체 변화'가 무엇을 의미하는지 다시 이해하려고 노력해야 할 것이다. 그러나 이러한 종류의 새로운 개념적 설명은 제쳐 두더라도, 성체성사 안에서 빵과 포도주에 그리스도의 살과 약간의 피가 첨가되는 것이 아니라 십자가에 못 박히시고 부활하신 그리스도의 역동성이 인간에게 전달된다는 것은 근본적으로 분명하다.

실제로 성체성사에서 우리는 예수님의 몸과 피의 일부를 받는 것이 아니다. 십자가와 부활로 실현된 예수 그리스도의 사랑의 역동성 안으로 들어가 진정으로 현존하는 것이다. 이것은 성체성사의 올바른 신심을 위해서도 매우 중요하다. 성체성사 때에 "나는 무엇을 받는가?"라는 질문에 대답해야 한다. 그렇게 될 때, 육신이 되신 인격의 역동성 안에 있는 주 예수 그리스도께 이끌려 부활의 새로운 세계로 들어가게 된다. 그리스도교 신앙의 인격주의와 그 역동성의 관대함은 올바른 성체 신심을 향한 길이 무엇인지 알려 준다. 희생은 하느님께 반대되는 어떤 것 혹은 인간의 행동이나 성과가 아니라 그리스도께서 하느님께로 향하는 문을 열어 인간을 구원하시는 방법이다.

마지막으로 한 가지 더 중요한 측면을 분석해야 한다. 누가 이 거룩한 예식을 거행한다는 말인가? 루터교의 전통 안에서 성찬 예식은 원칙적으로 모든 개신교인이 할 수 있다. 하지만 일반적으로 질서를 유지하기 위해 이를 전문적으로 담당하는 목사만 예식을 수행한다. 반면에 가톨릭 전통의 경우 미사 통상문의 실체 변화의 말씀을 낭독하는 주례자의 봉사는 사제 서품과 관련이 있다. 교회를 위해 봉사하도록 주님께 받아들여지고 성체성사를 집전하도록 축성된 이들만 실체 변화의 봉사를 수행할 수 있는 것이다. 이는 전체 피조물의 위대한 변화를 명령받은 것이다. 바오로 사도는 자신의 사명을 다음과 같은 말로 표현했다. "그러나 나는 하느님께서 나에게 베푸신 은총에 힘입어 여러분의 기억을 새롭게 하려고, 어떤 부분에서는 상당히 대담하게 썼습니다. 이 은총은 내가 다른 민족들을 위하여 그리스도 예수님의 종이 되어, 하느님의 복음을 전하는 사제직을 수행하기 위한 것입니다. 그리하여 다른 민족들이 성령으로 거룩하게 되어 하느님께서 기꺼이 받으시는 제물이 되게 하는 것입니다."(로마 15,15-16)

위험에 처한 것

마지막으로 위험에 처한 것이 무엇인지 간략하게 정리해 보고자 한다. 앞서 말했듯이 실체 변화는 공재설과 같이 단순히 더해지는 것이 아니라 변화 혹은 전환을 의미한다. 이는 단순한 제물을 넘어서는 것으로 그리스도교가 무엇인지를 근본적으로 말해 주기도 한다. 이는 우리 삶과 세상 전체를 새로운 존재로 변화시키는 것이다. 부활하신 그리스도께서는 마리아 막달레나에게 이렇게 말씀하신다. "내가 아직 아버지께 올라가지 않았으니 나를 더 이상 붙들지 마라."(요한 20,17) 이는 그리스도인이 된다는 것이 곧 상승의 역동성을 갖게 된다는 뜻이다. 이는 예수 그리스도의 새로운 존재 방식에 참여하는 것이다. 그리스도께서는 죽음 이전의 삶으로 돌아간 것이 아니라 우리를 당신의 새로움으로 끌어들이는 새로운 실재가 되셨다.

실체 변화와 공재설은 우리가 보기에 신앙의 핵심이 결여된 철학적 개념들이다. 루터는 철학에 대한 거부감으로 실체 변화를 받아들일 수 없었고, 그 자리에 무해해 보이는 공재설이라는 모델을 만들었다. 하지만 이는 분명 주님께서 내어주신 실재의 위대함에는 적합하지 않다.

이 지점에서 니케아 교부들이 이전까지 생각했던 모든 것과 비교하여 예수 그리스도에 대한 신앙의 참신함과 다양성을 표현하기 위해 사용한 또 다른 위대한 철학적 용어인 '동일 본질 homousios'을 고려할 필요가 있다. 이는 신앙과 무관하거나 낯설은 철학적 허례허식이 아니라 다양함과 참신함을 그 자체로 담고 있는 방식이다. 이와 비슷한 방식으로 '실체 변화'라는 용어가 탄생한다. 이러한 표현은 그리스도에게서 일어난, 그리고 일어나고 있는 일의 근본성을 드러낸다. 한편 이는 고전 물리학이 실체의 개념을 물질적으로 실재하는 것에만 국한하려 했을 때 어려움을 가져왔다. 그러나 오늘날 궁극적으로 접촉 가능한 요소로만 실재가 구성되지 않고 빛의 형체로도 그것을 상상할 수 있음이 분명해졌다. 존재하는 것은 물질적인 것이 아닌 관계적인 것이다. 최근 한 물리학자는 이러한 상황을 다음과 같이 요약했다. "성체성사의 고전적 교리는 '실재'와 '양'이 일치하지 않음을 확신했다. …… 그러나 실재는 본질적으로 다른 유형이라 할지라도 여전히 '실재'다." 실재와 양의 비동일성은 신학적 주장의 핵심이며 이는 물리학적으로도 존재할 수 있다. 실체 변화는 물질에 대한 인간의 지식이 새로운 상황을 받아들일 수 없어서 만들어 낸 신앙에 대한 철학적 소외의 표현이 아니다. 이는 제자들이 다락방에서의 부활을 기다리면서 체험한 현실로, 그전에는 없었던 새로운 것의 표현이다. 즉 예수 그리스도의 새로운 존재 방식을 표현하는 것이다.

즉 성체성사는 부활 후 그리스도인들이 함께 모여 그리스도의 몸과 피를 조금 먹고 마시는 식사만을 의미하지 않는다. 그렇게 생각한다면 이것이 합리적으로 무엇을 의미하는지 말하기 정말 어렵다. 성체성사는 그 이상의 의미를 지니기 때문이다. 성체성사는 살아 계신 그리스도의 현존이며, 그분의 죽음과 부활에 참여하는 것이다. 거룩한 미사는 십자가 희생의 재현이다. 루터는 희생의 개념을 거부했으므로 이 개념을 가장 심하게 비판했다. 하지만 이것은 수난 전날 저녁에 제정된 성체성사에 대한 합리적인 해석이며 결국 종교의 역사, 특별히 이스라엘의 역사가 갈망해 온 올바른 예배의 선물이다. 오도 카셀Odo Casel은 이러한 성체성사의 개념을 일방적인 방식으로 설명하려 했다. 구약 성경의 전개에 대한 이해가 부족했고, 헬레니즘의 신비 개념을 통해서만 성체성사를 설명하려 했기 때문이다. 이와 관련해 성경에 부합하는 이해에 도달하고 성체성사 신학을 올바르게 발전시키는 것은 미래의 신학자들에게 아름다운 도전의 기회를 선사한다.

이상의 성체성사에 대한 일반적인 이해는 초대 교회의 교회 개념, 즉 가톨릭 교회에 대한 이해를 전제로 한다. 루터에게 교회는 공동체 모임을 통해 비로소 현실이 되는 반면, 가톨릭 교회는 예수님의 말씀과 사도들의 선포에서 시작된다. 이 교회는 주님에게서, 즉 성사에서 나오는 온전한 권능이 함께하는 공동체이다. 이 공동체는 스스로의 힘으로는 아무것도 할 수 없고 홀로 무언가를 행할 권한도 없다. 성체성사의 거행은 성품성사를 통해 주어진 권한으로만 가능하며, 이는 축성된 사람에게만 성체성사의 실체 변화를 말씀으로 선포하는 것이 허락됨을 의미한다.

이러한 상관관계를 고려한다면, 지난 세기의 교회 일치 운동을 통해 성체성사의 신학을 심화하기 위한 새롭고 원대한 출발점이 주어졌음에 감사하게 된다. 이는 분명히 더욱 깊이 묵상하며 고통스러운 과정을 겪어야 한다. 다행히도 교회 교도권은 트리엔트 공의회의 성체성사에 관한 교령을 넘어 성체성사에 대한 더욱 깊은 이해를 위해 이미 몇 가지 중요한 과정을 지나왔다. 첫 번째로는 비오 12세 교황의 파스카 성야 전례 쇄신에서 이어진 제2차 바티칸 공의회의 전례 개혁을 들 수 있다. 이는 성체성사 신학을 더 깊이 이해하기 위한 발걸음이었다. 두 번째로는 《가톨릭 교회 교리서》 1322항에서 1419항까지의 내용을 들 수 있다. 이 내용은 성체성사에 관한 교회의 전반적인 가르침을 제시한다.

마지막으로 요한 바오로 2세 성인 교황은 교회와 성체성사를 주제로 2003년에 회칙 〈교회는 성체성사로 산다〉를 발표하였다. 오늘날 교회가 직면한 이 과제는 매우 중대하다. 진정한 교회 일치 운동은 주님께서 파스카 신비를 통해 우리 앞에 놓으신 위대한 질문에 인격적이고 힘겨운 고민과 함께 답하고자 할 때 비로소 실현될 수 있다. 바로 여기에서 교회 일치 운동을 향한 진정하고 올바른 길이 무엇인지 분명해진다.

제5장

사라지지 않는
하느님의 빛

최근에 교회 성직자들이 미성년자들을 성적으로 학대했다는 사실이 밝혀져 큰 충격을 주었다. 이 문제는 베네딕토 16세가 교황으로 재임했을 당시에 크게 폭로되기 시작했고, 이에 따라 교황을 비난하는 목소리가 커졌다. 이 장에서 베네딕토 16세는 성 학대 추문을 근본적으로 다룸으로써 명예 교황으로서의 책임감을 드러낸다.

이 글은 성 학대에 대한 문화적 배경부터 시작해 이를 극복하고자 하는 현대 교회의 행정적 시도까지 포괄적으로 다룬다는 점에서 상당히 의미가 있다. 이를 위해 베네딕토 16세는 먼저 아동 성추행 문제가 서구 사회에서 어떻게 자리 잡게 되었는지를 살펴보고, 당시 사제 양성 과정에서 있었던 문제를 지적한다. 또한 현재 교회가 어떤 대책을 마련했는지 이야기한다.

베네딕토 16세는 이 문제의 원인을 1960년대 성 해방 운동이 일어난 문화 사조에서 찾는다. 실제로 사제 성추행 문제의 조사 지표를 보면 교황의 견해가 틀리지 않음을 알 수 있는데, 사제의 아동 성범죄 건수와 기소 건수를 보면 1960년대에 급등해 1980년대 초반 급속히 감소하기 때문이다(《내셔널 가톨릭 레지스터*National Catholic* *register*》기사 참조). 이는 문화의 세속화와 윤리 의식의 쇠퇴가 어떻게 사회적 악으로 드러나게 되는지 깊이 성찰하게 하는 대목이다. 또한 베네딕토 16세는 이러한 문화적 흐름 안에서 그리스도인들과 사제들조차 하느님을 기억하지 않았음을 지적하며, 우리가 따라야 할 근원이 무엇인지를 제시한다. 나아가 교회가 하느님의 밭이라면 그 안에 밀과 가라지가 동시에 자라는 곳임을 상기시킴으로써 그리스도인들을 교회에서 멀어지게 하는 사제들을 규탄한다.

어둠에서 빛으로
— 가톨릭 교회의 성 학대 추문을 바라보며*

가톨릭 성직자들이 미성년자들에게 가한 성범죄 사건이 폭로된 이후, 전 세계 주교회의 의장들은 프란치스코 교황의 초청으로 2019년 2월 21일부터 24일까지 바티칸에 모였다. 그들은 교회가 맞닥뜨린 신앙의 위기를 성찰하고자 하였다. 성 학대 사건의 심각성과 이 사태에 대한 정보의 양은 사제들과 평신도들을 크게 동요하게 하였다. 그중 적지 않은 이들은 교회의 신앙 자체에 대한 의문을 제기했다. 교회는 이방인의 빛이자, 악한 세력과 맞서 싸우는 데 도움을 주는 힘으로 다시 신뢰받을 수 있도록 해야 했으며, 동시에 모든 것을 새롭게 다시 시작해야만 했다.

---

* 본 원고의 이탈리아판은 2019년 4월 12일, 일간 신문 《코리에레 델레 세라 *Corriere della Sera*》의 인터넷 사이트에서 발표되었다.

이 추문이 최초로 보도된 이후, 여러 나라의 가톨릭 교회에서 같은 사건이 벌어졌음이 밝혀졌다. 당시 나는 교회의 목자로서 이를 책임져야 하는 위치에 있었다. 물론 지금은 명예 교황의 자리로 물러나 이를 해결해야 할 직접적인 위치에 있지는 않지만, 이 사태를 회고하며 성 추문 문제를 교회가 해결하는 데 어떻게 도움을 줄 수 있을까 자문하게 되었다. 그리하여 주교회의 의장단 회의가 발표되고 실제로 이 회의가 시작되기 전까지 이 어려운 시기에 도움이 될 만한 지침을 제공하기 위한 몇 가지 메모를 작성했다. 이후 교황청 국무원장 피에트로 팔롤린Pietro Parolin 추기경과 프란치스코 교황과의 연락을 통해 이 글을 《클라우스블라트Klerusblatt》지에 게재하는 것이 옳다고 생각하게 되었다.

나의 작업은 세 부분으로 나뉜다. 첫 번째 부분에서는 성 학대 추문의 일반적인 사회적 맥락을 개략적으로 설명하고자 한다. 이러한 맥락 없이는 본 문제를 제대로 이해할 수 없기 때문이다. 나는 1960년대에 역사상 전례가 없었던 규모의 사회적 변화가 어떻게 일어났는지 이야기하고자 한다. 1960년부터 1980년까지 20년간, 성 문제와 관련하여 이전까지 유효했던 기준들이 완전히 사라졌다. 그 결과 규범의 부재가 발생했고, 그동안 이를 해결하고자 하는 노력이 있었다.

두 번째 부분에서는 사제의 삶과 양성 과정에 있어서 이러한 상황이 초래한 결과를 언급하고자 한다.

마지막으로 세 번째 부분에서는 교회의 정당한 대응에 관한 몇 가지 관점을 발전시킬 것이다.

1960년대에 시작된 과정과 윤리 신학

1960년대의 성 의식 변화는 국가 차원에서 어린이와 청소년들에게 성性의 본질을 알려 주는 프로그램을 지원하며 시작되었다. 당시 독일 보건복지부 장관이었던 케이트 스트로벨Käte Strobel은 성관계를 비롯해 각종 성 관련 정보를 전해 주는 영화를 제작했다. 이전까지는 공개적으로 성교육을 할 수 없었기 때문이다. 처음에 이 영화는 젊은이들을 위한 교육적 목적으로 제작되었으나 나중에는 일반 포르노 영화처럼 되었다.

오스트리아 정부가 기획한 '섹스 여행 가방sexkoffer' 또한 이와 비슷한 효과를 가져왔다. 성적인 영화와 포르노 영화가 기차역 앞에 있는 영화관에서 상영되었다. 이는 현실이었다. 나는 지금도 레겐스부르크로 가던 도중에 대형 영화관 앞에 줄 서 있던 수많은 군중을 본 기억이 생생하다. 이런 인파는 전쟁 당시 특별 보급 때나 볼 수 있는 광경이었다. 1970년 성금요일에 완전히 벗은 채로 서로 꼭 껴안고 있는 두 남녀의 대형 포스터가 모든 광고 기둥에 붙어 있던 광경을 보았던 것도 떠오른다.

68운동이 정복하고자 했던 자유에는 더 이상 어떤 규범도 용납하지 않는 완전한 성적 자유가 있었다.* 당시를 특정 짓는 폭력적 성향은 이러한 영적 붕괴와 밀접한 관련이 있었다. 실제로 한 소형 항공기 내에서 승객들 간에 성폭력 사건이 일어난

---

* 68운동은 프랑스의 대학생들을 중심으로 시작해 서구 유럽으로 퍼진 반체제, 반문화 운동을 말한다. 당시의 젊은이들은 아직 정리되지 않은 나치 잔재를 청산해야 한다고 생각했으며, 미국의 베트남 전쟁을 계기로 더욱 강한 반전反戰 의식을 갖게 되었다. 이와 더불어 기성세대에 대한 불만이 심화되어 대학생들은 '신마르크스주의Neo-Marxism'를 적극적으로 받아들였으며, '금지하는 것을 금지한다Il est interdit d'interdire'는 구호를 들고 새로운 해방 운동을 일으켰다. 68운동은 사회 모순에 대한 저항, 기성세대의 한계 극복, 소수자 인권 존중 등 긍정적인 면을 갖고 있었으나 지나친 공격성과 극단적 자유주의 사상으로 인해 심각한 윤리 문제를 동반하게 되었다. 가장 큰 문제는 이 운동이 도덕과 권위로부터의 무제한적 자유를 강하게 주장했다는 사실이었다. 결국 이 운동은 윤리적 규율과 국가의 정체성, 종교의 가르침을 향한 무조건적 파괴의 시도로 이어졌고, 도덕 관습과 종교의 가르침에 대한 전면적인 거부, 세속주의, 성 자유를 탄생시켰다. — 역자 주

이후로 기내에서 성적인 영화를 상영하는 것이 금지됐다. 학교에서는 과도한 복장이 성적 공격성을 유발할 수 있다며 면학 분위기를 조성할 수 있도록 교복을 도입하고자 노력했다.

68운동의 특징 중 하나는 소아 성애가 허용 가능한 타당한 것으로 선언되었다는 것이다. 이 시기는 교회의 젊은이들뿐만 아니라 모든 이에게 매우 어려운 시기였다. 나는 이러한 상황에서 젊은이들이 어떻게 사제 성소를 향하여 나아가고 그 모든 결과를 받아들일 수 있을지 항상 궁금했다. 당시 사제 성소의 광범위한 붕괴와 성직을 사임한 사람들의 엄청난 수는 이러한 과정의 결과였다.

이 전개와는 별개로 같은 시기에 가톨릭 윤리 신학도 붕괴하기 시작했다. 교회는 사회의 이러한 과정 앞에서 무력화되었다. 이제 이 역학적 발전이 어떻게 이루어졌는지 아주 간단하게 설명하고자 한다. 제2차 바티칸 공의회 이전까지 가톨릭 윤리 신학은 주로 자연법에 기반을 두고 있었으며, 성경은 배경이나 뒷받침이 되는 자료로만 사용되었다.* 이후 계시에 대한

---

* 자연법이란 모든 인간의 마음에 새겨져 있는 것으로 선을 행하도록 명하고 죄를 짓는 것을 금하는 인간의 이성이다. 즉, 선과 악이 무엇이며, 진리와 거짓이 무엇인지를 이성으로 식별할 수 있게 하는 타고난 도덕의식의 표현

새로운 이해를 위해 공의회가 벌인 투쟁에서 자연법은 거의 포기되었고 성경을 전적으로 기초하는 윤리 신학이 요구되었다.

나는 프랑크푸르트의 예수회 교수진이 재능 있는 젊은 신부인 브루노 슐러Bruno Schüller가 성경에 기초한 도덕을 정교화할 수 있도록 준비시켰던 것을 기억한다. 슐러 신부의 아름다운 논문은 전적으로 성경에 근거한 도덕의 정교화가 걸어 나갈 첫걸음을 보여 주었다. 슐러 신부는 미국으로 파견되어 학업을 계속했고, 성경만으로는 도덕을 체계적으로 정립할 수 없음을 깨닫고 돌아왔다. 이후에 슐러 신부는 보다 실용적인 방법으로 도덕 신학을 정교화하려 시도했으나 도덕의 위기에 대한 해답은 제시하지 못했다.

결국 도덕이 인간 행동의 목적에 기초해서 정의되어야 한다는 논제가 널리 퍼졌다. "목적은 수단을 정당화한다."라는 오래된 격언이 섣불리 선포되지는 않았지만, 그 안에 담긴 개념은 결정적인 것으로 받아들여졌다. 즉, 절대적으로 선한 것도, 항

이다. 그리스도교 윤리에 따르면 이는 이성만으로도 알 수 있지만, 하느님께서는 죄 많은 인류가 이를 보다 완전하게 알 수 있도록 십계명을 계시해 주셨다. 죄의 상태에서는 이성의 빛이 흐려지고 의지가 기울어져 있기에, 이에 대한 계명을 완전하게 제시해 줄 필요가 있었던 것이다. ─ 역자 주

상 악한 것도 있을 수 없고 오직 상대적인 평가가 중요하게 여겨지게 된 것이다. 이제 더 이상 선이란 존재하지 않았고, 순간의 상황에 따라 상대적으로 더 나은 것만 존재할 뿐이었다.

1980년대 말과 1990년대에는 가톨릭 도덕의 기초와 표현에 대한 위기가 극적인 형태로 나타났다. 1989년 1월 5일, 가톨릭 신학 교수 15명이 서명한 '쾰른 선언'이 발표되었는데, 이 선언은 교도권과 신학의 임무 사이의 관계에 대한 다양한 비평적 요점에 초점을 맞추고 있었다.* 이 선언문은 처음에는 일반적인 항의의 수준을 넘어서지 못했지만 매우 빠르게 성장하여 교회의 교도권을 반대하는 외침이 되었다. 이는 당시 요한 바오로 2세 성인 교황이 준비하고 있던 문헌에 대한 전 세계적 반대

---

* 1989년 1월, 서독과 네덜란드, 오스트리아, 스위스 등의 가톨릭 신학자 163명은 현재 '쾰른 선언'으로 알려진 성명서를 발표하였다. 이후 이탈리아를 포함한 여러 나라의 가톨릭 신학자 수백 명이 이에 합류하였다. 이 성명서는 교황청이 쾰른 대주교 자리에 보수주의 성직자를 임명한 것에 대한 반대와 함께 제2차 바티칸 공의회에서 강조한 신학적 탐구 방식이 올바로 반영되고 있지 않음을 지적하였다. 또한 사제 독신제 폐지, 재혼한 이혼자들의 영성체 허용, 인공 피임 등의 사항을 교황이 강요할 권리가 있는지 의문을 제기하였다. 당시 신앙교리성 장관이었던 베네딕토 16세는 이에 대응하면서 출산 조절과 이혼에 관한 교황청의 입장을 배척하는 사람은 인간의 '양심'과 '자유'에 관한 개념을 잘못 해석한 것이며 교회의 전통 가르침을 위반하는 것이라 선언하였다. — 역자 주

입장을 가시적이고 들을 수 있는 방식으로 개진하는 것이었다.

윤리 신학의 이러한 상황을 잘 알고 이를 주의 깊게 바라보던 요한 바오로 2세 성인 교황은 이를 바로잡기 위한 회칙을 작성할 것을 지시했다. 그 결과 1993년 8월 6일, 회칙 〈진리의 광채〉가 발표되었고 이 회칙에 대한 윤리 신학자들의 격렬한 반응이 쏟아졌다. 그에 앞서 이미 교회가 가르치는 도덕을 설득력 있고 체계적인 방식으로 정리한 《가톨릭 교회 교리서》가 있었기 때문이다.

나는 당시 독일어권의 대표적인 윤리 신학자 중 한 명으로 명예 교수가 된 후 고향 스위스에서 은퇴한 프란츠 뵈클Franz Böckle의 선언을 잊을 수 없다. 그는 〈진리의 광채〉에 담길 내용을 고려해 이 회칙이 어떤 상황에서든 항상 악으로 간주되어야 하는 행동이 있다고 말한다면, 자신이 가진 모든 힘을 다해 이를 반대하는 목소리를 높일 것이라고 했다. 선하신 주님께서는 그의 계획이 성취되기를 허락하지 않으셨고, 뵈클은 1991년 7월 8일에 세상을 떠났다. 회칙 〈진리의 광채〉는 1993년 8월 6일에 발표되었으며, 실제로 결코 선이 될 수 없는 행동이 있다는 내용을 담고 있었다. 교황은 당시 이 결정의 무게를 충분히 인식하고 있었기에 회칙의 초안 작성에 참여하지 않은 또 다른 최고 전문가들에게 다시 한번 자문을 구했다. 재화의 균형의 원칙에 기반한 도덕이 궁극적인 한계를 인정해야 한다는 데에는 의심의 여지가 없으며, 또한 그래야만 한다.

균형의 대상이 되지 않는 재화도 있다. 예를 들어 육체적 생명을 보존하는 것보다 더 높은 가치, 즉 상위 가치의 이름으로 희생하는 행동으로 허용되는 가치가 있다. 순교가 그렇다. 하느님께서는 육체적 생존 그 이상이다. 하느님을 부인하는 대가로 보존되는 생명, 최후의 거짓말을 기반으로 하는 생명은 진정한 생명이 아니다. 순교는 그리스도인 존재의 근본적인 범주다. 뵈클과 다른 많은 이들이 주장하는 이론에 따라 순교가 더이상 도덕적으로 필요 없다는 것은 그리스도교의 본질이 위태로워지고 있음을 보여 준다.

한편 윤리 신학에서 또 다른 문제가 대두되었다. 교회의 교도권은 신앙의 문제에 관해서만 궁극적이고 결정적인 권한, 즉 무류성을 가지고 있는 반면에 도덕과 관련된 문제는 교도권의 무류성의 대상이 될 수 없다는 주장이 널리 퍼졌다. 이 명제에는 의심할 여지 없이 더 논의해야 하고, 탐구해야 할 가치가 있는 옳은 측면이 있다. 하지만 신앙이 하나의 이론으로 환원되지 않으려면 신앙의 근본적인 결정과 불가분의 관계에 있으면서도 반드시 지켜져야 하는 도덕적 최소치가 있는 법이다. 그러므로 구체적인 삶과 관련된 교회의 주장은 반드시 받아들여져야 한다. 이 모든 것에서 교회의 권위가 도덕 분야에서 얼마나 급진적으로 의문시되고 있는지 드러난다. 이 영역에서 교회의 궁극적인 교의적 능력을 부정하는 이들은 진리와 거짓의 경계가 위태로운 바로 그 지점에서 교회가 침묵하기를 강요한다.

이러한 문제와는 별개로, 이제는 윤리 신학의 넓은 영역에서 교회가 고유한 도덕을 가지고 있지 않고 가질 수도 없다는 논제가 발전했다. 성경의 모든 도덕적 진술이 다른 종교에도 있으며, 따라서 그리스도교의 '고유함'은 존재할 수 없다는 것이 강조되었다. 하지만 성경에 나타나는 도덕의 '고유함'에 대한 질문에 상응하는 가르침이 다른 종교 어딘가에서도 발견된다고 할 수 없다. 성경에 언급되는 도덕 전체는 다른 종교의 가르침과 다르고 새롭다. 성경의 도덕적 가르침의 고유성은 궁극적으로 인간으로 나신 예수 그리스도 안에서 당신을 나타내시는 유일하신 하느님을 향한 신앙에 닻을 내리고 있다. 십계명은 하느님에 대한 성경적 믿음을 인간의 삶에 적용한 것이다. 하느님의 이미지와 도덕이 함께 어우러져 세상과 인간의 삶에 대한 그리스도인의 태도에 특별한 새로움을 만들어 낸다. 그리스도교는 처음부터 '길hodòs'이라는 단어로 설명되었다. 신앙은 여정이며, 삶의 방식이다. 초대 교회는 점점 타락하는 문화에 맞서 그리스도인의 삶의 방식에 대한 구체적이고 새로운 것을 가르쳤다. 또한 세속적인 삶의 방식에서 그리스도인들을 보호하는 공간으로 교리 학교를 세웠다. 나는 오늘날에도 그리스도인의 삶이 그 고유성을 주장할 수 있도록 교리 교육 공동체와 유사한 무언가가 필요하다고 생각한다.

교회의 첫 반응

오랫동안 마련된 도덕에 대한 그리스도교의 개념이 해체되는 과정은 앞서 1960년대의 상황과 관련해 다룬 것처럼 급진적으로 진행되었다. 도덕적 문제에 대한 교회의 교의적 권한의 해체는 필연적으로 교회의 삶과 관련된 다양한 영역에도 영향을 미쳤다. 프란치스코 교황과 전 세계 주교회의 의장들이 만난 자리에서, 사제 생활과 신학교의 문제가 무엇인지 관심을 끌었다. 신학교에서 사제 직무를 준비하는 문제와 관련해 이 준비의 현행 형태가 광범위하게 붕괴된 것은 현실이었다.

실제로 몇몇 신학교에서는 동성애자 '클럽'이 결성되어 어느 정도 공개적으로 활동하며 신학교의 분위기를 분명하게 변화시켰다. 독일 남부의 한 신학교에서는 신학생과 평신도가 함께 생활했다. 기혼자인 교회 직무 종사자들은 신학생들과 함께 식사했다. 이 자리에는 그들의 아내와 딸, 어떤 경우에는 여자 친구가 동반하기도 했다. 신학교의 이러한 분위기는 사제 양성에 도움이 될 수 없었다. 교황청은 이러한 문제를 아주 자세히는 아니더라도 어느 정도 알고 있었다. 그리하여 당시 이에 대한 교회의 첫 번째 반응으로, 미국 신학교 사목 방문이 있었다.

제2차 바티칸 공의회 이후, 주교 선출 및 임명 기준이 달라졌기 때문에 주교와 신학교의 관계도 매우 달라져 있었다. 새로운 주교를 임명하는 기준은 무엇보다도 '친화력conciliarità'이었는데, 자연스럽게 이 용어는 이질적인 것들을 이해할 수 있는 능력을 의미하였다. 교회의 많은 부분에서 친화력은 이전까지 시행되던 전통에 대한 비판적 혹은 부정적인 태도를 의미했다.

이제 교회와 세상과의 관계는 근본적으로 열려 있는 새로운 관계로 대체되어야만 했다. 미국 신학교 사목 방문 결과, 이전에 대학 총장이었던 한 주교가 신학생들에게 포르노 영화를 보여 주는 것을 허용했음이 밝혀졌다. 물론 이는 신학생들이 신앙에 반하는 행동에 저항하는 힘을 길러 주기 위한 의도였다.

미국뿐만 아니라 다른 지역 교회에서도 가톨릭 전통 전체를 거부하고 자기 교구만의 일종의 새롭고 현대적인 '가톨릭성'을 발전시키려는 주교들이 있었다. 여기서 몇몇 신학교에서 나의 저서를 읽다가 적발된 학생들이 사제직에 부적합하다고 여겨진 일을 언급할 가치가 있다. 나의 책들이 유해 문학으로 여겨져 비밀리에 읽힌 것이다.

그 후 방문에서 새로운 정보를 얻지는 못했는데, 이는 분명 여러 세력이 실제 상황을 은폐하기 위해 힘을 합쳤기 때문일 것이다. 두 번째 방문이 더 많은 정보를 가져다주었으나 전반적으로는 아무런 결과가 없었다. 그럼에도 1970년대에 이르러 신학교의 일반적인 상황은 정리되었지만, 성소자 증가는 산발적으로 일어났다. 전반적인 상황이 다르게 발전했기 때문이다.

내가 기억하는 한 성직자의 소아 성애 문제는 1980년대 후반

에야 대두되었다. 그 사이 미국에서는 이 문제가 큰 사회적 이슈로 떠올랐다. 그래서 미국 주교들은 새 법전에 명시된 교회법이 이 문제를 해결하는 데 필요한 조처를 하기에는 충분치 않다고 여겨 로마에 도움을 청했다. 처음에 이러한 요청을 받은 교황청과 로마의 교회 법학자들은 어려움을 겪었다. 그들의 의견은 가해자인 사제들에게 정직 처분을 내리는 것만으로도 정화와 반성에 충분하다는 것이었다. 하지만 미국 주교들은 이를 받아들일 수 없었다. 이러한 방식이라면 잘못을 저지른 사제들이 계속해서 주교의 권한에 속하여, 마치 사제들과 주교가 연관되어 있는 듯 보일 우려가 있었기 때문이다.

의도적으로 완화된 방식으로 구성되어 있던 새 법전의 형법의 갱신과 심화는 천천히 진행될 수밖에 없었다. 여기에 형법의 개념에 대한 근본적인 문제가 추가되었다. 이때까지만 해도 소위 '보장주의'는 '친화력이 있는 것'으로 간주되었다.* 이는 무엇보다 피고인의 권리가 보장되어야 함을 의미했으며 유죄 판결을 사실상 배제하는 수준까지 나아갔다. 피소된 신학자들이 종종 충분히 보호받지 못하는 경우가 있었다. 그러므로 그

---

* '보장주의garantismo'란 공권력 같은 사법부에 대항하여 시민, 즉 피고인의 기본적 자유를 보호하기 위한 일련의 헌법적 보장 원칙을 의미한다. — 역자 주

들의 방어권을 보장해 주고자 했던 보장주의의 법 제도가 지나치게 확장되어 유죄 판결이 거의 불가능해진 것이다.

이 지점에서 잠시 논의 주제를 바꾸어 보고자 한다. 이러한 소아 성애 범죄의 심각성 앞에서 다음의 말씀이 떠오른다. "나를 믿는 이 작은 이들 가운데 하나라도 죄짓게 하는 자는, 연자매를 목에 걸고 바다에 던져지는 편이 오히려 낫다."(마르 9,42) 이 말씀은 원래 성적인 목적으로 어린이들을 해치는 것을 의미하지는 않는다. 예수님의 어휘에서 "작은 이들"은 스스로 똑똑하다고 여기는 이들의 지적인 오만에 의해 신앙이 흔들릴 수 있는 순수한 신자들을 의미한다. 여기서 예수님께서는 순수한 신자에게 해를 입히는 이들을 처벌하겠다는 단호한 위협으로 신앙의 선善을 보호하신다. 보장주의의 현대적 적용 자체가 잘못된 것은 아니지만 본래의 의미가 모호해져서는 안 된다. 이 말씀 안에는 피고인의 권리만이 중요한 것이 아니라는 의미가 분명히 있다. 신앙과 같은 귀중한 재화도 똑같이 중요하며 보장되어야 한다는 것이다.

따라서 예수님의 가르침에 부합하는 균형 잡힌 교회법은 피고인의 권리만 법으로 보호해서는 안 된다. 신앙 역시도 법으로 보호할 수 있는 중요한 재화여야 하며 피고인의 권리와 동등해야 한다. 올바로 구성된 교회법은 피고인에 대한 법적 보호와 위태로운 선의 법적 보호라는 이중의 보장을 포함해야 한다. 하지만 그 자체로 분명한 이 개념 앞에서, 우리는 신앙의 법적 보호에 대한 오늘날의 무관심을 직면하게 된다. 일반적인 법적 의식에서 신앙은 더 이상 보호되어야 할 재화의 지위를 갖지 않는 듯이 보인다. 이것은 교회의 사목자들이 진지하게 반성하고 숙고해야 할 우려스러운 상황이다.

이러한 위기가 공개적으로 폭발할 당시의 사제 양성 상황에 대한 간략한 지적과 함께, 이 문제와 관련된 교회법 발전의 몇 가지 징후를 덧붙이고자 한다. 성직자성은 그 자체로 사제가 저지른 범죄에 대한 책임이 있다. 하지만 당시에는 보장주의가 상황을 광범위하게 지배하고 있었으므로 요한 바오로 2세 성인 교황은 '신앙에 반하는 주요 범죄Delicta maiora contra fidem'라는 이름으로 이러한 범죄의 관할권을 교황청 신앙교리성에 귀속시키는 것이 적절하다는 데 동의했다. 이 권한이 신앙교리성에 부여됨에 따라 다른 법적 권한으로는 불가능했던 최대 형량, 즉 성직자 신분 박탈이라는 처벌이 가능해졌다. 이는 신앙교리성에 최대 형벌을 부과할 수 있는 명분을 제공하는 것이 아닌 교회를 위한 신앙의 무게가 반영된 결과였다.

실제로 이러한 성직자들이 저지른 범죄는 궁극적으로 신앙을 훼손시킨다는 점을 명심해야 한다. 인간의 그릇된 행동이 다른 이들의 신앙을 결정짓는다는 점에서 이러한 범죄는 원천적으로 허용되지 않는다. 한편, 처벌의 엄격함은 또한 저지른 범죄에 대한 명확한 증거를 전제로 한다. 이것은 보장주의의 유효한 원칙에 따른 것이다.

다시 말해, 교회 안에서 최대 형량을 합법적으로 부과하기 위해서는 먼저 형사 재판이 필수적이다. 하지만 이는 교구와 교황청에게 너무나 많은 것을 요구하는 셈이었다. 그래서 우리는 최소한의 형사 재판 형식을 마련하였고, 교구나 해당 지역이 재판을 진행할 수 없는 경우 교황청이 직접 재판을 맡을 가능성을 열어 두었다. 어쨌든 재판은 피고인의 권리를 보장하기 위해 신앙교리성의 승인을 받아야 했다. 그러나 결국 모든 신앙교리성 회원들이 참석한 '신앙교리성 제4차 평의회Feria IV'에서 피고인들이 재판에 대한 항소 가능성을 갖도록 항소 기구를 만들게 되었다. 이는 사실상 신앙교리성의 권한을 넘어서는 것이었고, 이로 인해 판결이 지연되는 일이 발생하자 프란치스코 교황은 추가 개혁에 착수했다.

몇 가지 관점

그렇다면 우리는 무엇을 해야 하는가? 이 상황을 바로잡기 위해 또 다른 교회를 만들어야 하는가? 이 시도는 역사 안에서 이미 일어났고 실패한 바 있다. 오직 우리 주 예수 그리스도에 대한 사랑과 순종만이 우리에게 올바른 길을 보여 줄 수 있다. 그러므로 먼저 주님께서 원하시고 바라시는 것이 무엇인지 새롭고 심오한 방식으로 이해하려 노력해야 한다.

우선 성경에 근거한 믿음의 내용을 가능한 한 완전하게 요약한다면 다음과 같이 말할 수 있다. 주님께서는 우리와 함께 사랑의 역사를 시작하셨고, 모든 피조물을 그 안에서 책임지기를 원하신다. 우리와 온 세상을 위협하는 악에 대한 방어책은 궁극적으로 이 사랑에 자신을 내맡기는 것에서 비롯될 수밖에 없다. 이것이 악에 대한 진정한 방어책이다. 악의 힘은 우리가 하느님을 사랑하는 것을 거부하는 데서 비롯된다. 하느님 사랑에 자신을 맡기는 이는 구원을 받는다. 우리가 구원받지 못하는 것은 하느님을 사랑하지 않기 때문이다. 그러므로 하느님을 사랑하는 법을 배우는 것이 바로 인류의 구원을 향해 나아가는 길이다.

이제 하느님 계시의 본질적인 내용을 더욱 폭넓게 전개해 보면, 신앙이 우리에게 제공하는 첫 번째 근본적인 선물은 하느님께서 존재하신다는 확신에 있다고 말할 수 있다. 하느님께서 계시지 않은 세상은 의미가 없다. 실제로 세상의 모든 것이 어디에서 왔다는 말인가? 하느님의 부재는 영적인 기초의 부재를 의미한다. 하느님이 계시지 않는다면 모든 것은 어떤 목적도 의미도 없이 그냥 있기만 할 뿐이며 더 이상 선과 악의 기준이 존재하지 않을 것이다. 그렇다면 더 강한 것만이 가치를 갖게 되며 결국 힘이 유일한 원칙이 된다. 이러한 이들에게 진리는 중요하지 않으며 더 이상 존재하지도 않는다. 인간의 삶은 오직 사물 안에 영적인 기초가 있을 때, 즉 선을 원하시는 선하신 창조주 하느님께서 계실 때, 이러한 하느님을 원하고 생각할 때 비로소 의미가 있다.

신이 만물의 창조주이자 척도로서 존재한다는 것은 무엇보다 원천적인 요구를 동반한다. 하지만 자신을 전혀 드러내지 않고 알리지 않는 하느님께서는 인간에게 마치 하나의 가설처럼 보인다. 따라서 하느님께서 우리 삶의 형태를 요구하실 수 없는 것처럼 보인다. 하지만 하느님께서는 지각이 있는 피조물에게 진정한 하느님이 되기 위해서 어떠한 형태로든 당신을 드러내신다. 그러므로 우리는 하느님께 주의를 기울여야 한다. 그분께서는 여러 가지 방식으로 당신을 드러내시는데, 아브라함을 부르시는 모습이 대표적이다. 그리고 하느님께서는 당신을 찾는 인간에게 모든 기대를 뛰어넘는 방향을 제시해 주셨다. 하느님께서 직접 피조물이 되신 것이다. 그분께서는 인간으로서 우리 인간에게 말씀하신다.

이렇게 마침내 '하느님이 계시다'는 문장은 진정으로 기쁜 소식이 된다. 하느님께서는 지식 그 이상이고 사랑을 낳으신 분이며 사랑 그 자체이시기 때문이다. 사람들이 이것을 다시금 깨닫게 하는 것이 주님께서 우리에게 부여하신 첫 번째이자 가장 근본적인 임무다.

신이 부재하는 사회, 더 이상 신을 알지 못하고 마치 신이 존재하지 않는 듯 여기는 사회는 기준을 상실한다. 우리의 시대는 '신의 죽음'이라는 표어를 만들었다. 사람들은 사회에서 신이 죽는다면 그 사회는 자유로워진다는 것을 확신하게 되었다. 하지만 사실 한 사회에서 신이 죽는다는 것은 방향 감각을 상실하는 것이므로 자유의 종말을 의미한다. 선과 악을 구별하게 하고 올바른 방향을 제시하는 기준이 사라지기 때문이다.

서구 사회는 신이 부재하고 있으며, 하느님에 대해 더 이상 말할 것이 없다. 이로 인해 인간의 기준과 척도가 점점 더 사라지고 있다. 그런데 어떤 점에서는 무엇이 악한 것이며 무엇이 인간을 파괴하는 것인지 오히려 더 명백해졌음을 종종 인식하게 된다. 소아 성애가 바로 이러한 경우다. 얼마 전까지도 완전히 정당한 것으로 이론화되었던 소아 성애는 점점 더 광범위하게 퍼졌다. 그리고 이제 우리는 충격과 분노 속에서 어린이들과 청소년들을 위험에 빠트리는 범죄가 일어나고 있음을 인지하게 되었다. 이것이 교회와 사제들 사이에서도 퍼질 수 있다는 사실에 우리는 특별히 더욱 놀라워하며 분개해야 한다.

그렇다면 소아 성애가 어떻게 이러한 차원에까지 도달할 수 있었단 말인가? 궁극적으로 그 이유는 하느님을 기억하지 않았음에 있다. 그리스도인들과 사제들조차도 하느님에 대해 말하는 것을 선호하지 않는다. 그것이 실용성 없는 담론으로 여겨지기 때문이다. 제2차 세계 대전의 격변을 겪은 후 독일은 하느님 앞에서의 책임을 행동 기준으로 선언하는 헌법을 채택했다. 반세기가 지난 지금, 유럽 헌법에서는 더 이상 하느님 앞에서의 책임을 행동의 척도로 삼는 것이 불가능해졌다. 하느님이 소수의 관심사로 여겨져 더 이상 그분을 공동체 전체의 기준으로 삼을 수 없게 되었기 때문이다. 이러한 결정은 하느님이 소수의 사적인 문제가 되어 버린 서구의 상황을 반영한다.

결국 이 시대의 도덕적 혼란에서 우리에게 주어진 첫 번째 과제는 모든 걸 새롭게 시작하여 하느님께로 방향을 정하고, 그분께 순종하는 삶을 살아가야 한다는 것이다. 무엇보다도 하느님을 삶의 기초로 인식하고 그분을 공허한 말처럼 외면하지 않는 법을 새롭게 배워야 한다. 위대한 신학자 한스 우르스 폰 발타사르Hans Urs von Balthasar가 나에게 보낸 카드의 한 구절이 떠오른다. "성부, 성자, 성령이신 삼위일체의 하느님을 전제하지 말고 우선시하십시오!" 사실 신학에서조차 하느님께서는 당연하듯이 전제될 뿐 구체적으로 다루어지지 않는 경우가 있다. 이렇게 '하느님'이라는 주제는 비현실적이며 우리를 점유하고 있는 것들과 거리가 멀어 보이는 듯 느껴진다. 하지만 하느님이 우선시되면 모든 것은 변화한다. 어떻게든 하느님을 배경에 남겨두지 않고 그분을 우리의 생각과 말과 행동의 중심으로 인식한다면 모든 것이 바뀐다.

하느님께서는 인간을 위해 사람이 되셨다. 그분께서는 역사 안으로 구체적으로 들어오시면서 인간과 하나가 되셨다. 피조물인 인간은 그만큼 하느님께 소중한 존재다. 그분께서는 우리와 함께 대화하고 우리와 함께 살아 계시며, 함께 고난을 받으신다. 그리고 인간을 위해 죽음을 짊어지셨다. 신학에서는 이를 학문적인 언어와 개념을 사용하여 광범위하게 이야기한다. 그러나 바로 이러한 방식으로 인해, 신앙으로 새로워지고 신앙의 지배를 받는 대신 스스로 신앙의 주인이 되어 버리는 위험이 발생한다.

성체성사의 거행을 중심으로 이 문제를 생각해 보자. 성체성사와 우리의 관계는 우려를 불러일으킬 만큼 소원하다. 제2차 바티칸 공의회는 그리스도의 몸과 피의 현존, 그분 인격의 현존, 그분의 수난과 죽음과 부활을 기념하는 이 성사를 교회와 그리스도인 생활의 중심에 다시 두고자 했다. 이 일이 실제로 일어난 것에 주님께 진심으로 감사드리고 싶다. 하지만 널리 퍼진 또 다른 태도는 그리스도의 죽음과 부활의 현존인 성체성사에 대한 새롭고 깊은 존경이 아닌, 신비의 위대함을 파괴하는 방식으로 그분을 대하는 것이다.

주일에 성체성사 참여 인원이 감소하는 현상은 오늘날 우리 그리스도인들이 그분의 실제 현존으로 이뤄진 선물의 위대함을 얼마나 과소평가하고 있는지 보여 준다. 성체가 결혼식이나 장례식 같은 가족 행사에서 친족 관계의 하객들에게 당연히 분배되어야 하는 것으로 여겨진다면 성체성사는 의례적인 몸짓으로 격하된다. 단지 하객이라는 이유만으로 축성된 성체를 모신다는 것은 영성체가 그만큼 의례로 여겨짐을 보여 준다.

성직자의 성 학대 문제 앞에서 우리가 무엇을 해야 할지 반성해 본다면, 또 다른 교회가 필요하지 않음은 분명하다. 이로 인해 또 다른 교회를 만든다면 그것은 인간이 세운 것이지 하느님께서 세우신 것이 아니다. 대신 성체성사를 통해 우리에게 당신 자신을 내어주시는 예수 그리스도의 실재에 대한 믿음을 새롭게 하는 것을 필요로 한다.

나는 성 학대 피해자들과 대화를 나누면서 이러한 필요성을 점점 더 인식하게 되었다. 복사였던 한 어린 소녀는 자신이 봉사를 시작할 때부터 복사 담당이었던 주임 신부가 "이는 너희를 위하여 내어 줄 내 몸이다."라는 말로 자신에게 성적 학대를 가했다고 고백했다. 이 소녀는 성찬례 기도문을 들을 때마다 분명 자신이 겪은 학대의 고통을 느낄 것이다. 우리는 주님의 용서를 간절히 청해야 하며, 무엇보다도 주님의 수난과 희생의 위대함을 모두 새롭게 이해할 수 있도록 가르쳐 달라고 기도하고 탄원해야 한다. 그리고 성체성사의 은총이 남용되지 않도록 모든 노력을 다해야 한다.

이제 마지막으로 교회의 신비를 언급하고자 한다. 약 100년 전, 로마노 과르디니Romano Guardini는 자신과 다른 많은 이에게서 희망을 발견했다. 그는 이를 다음과 같은 말로 표현했다. "교회가 영혼 안에서 깨어나고 있다." 이는 교회가 더 이상 외부의 기관이나 일종의 직분이 아닌 마음 자체 안에 살아 있는 것으로 느껴지기 시작했음을 의미하는 것이었다. 교회는 우리에게 외부가 아닌 내면에서 감동을 선사한다. 약 반세기 후, 지난 과정을 다시 되돌아보고 최근 일어난 일들을 바라보면서, 나는 "교회는 영혼 속에서 죽는다."라는 말을 뒤집고 싶었다.

실제로 오늘날 교회는 일종의 정치 기구처럼 여겨진다. '교회'라는 단어는 정치적 범주를 표현하고자 할 때만 사용되며, 이는 교회의 미래에 관한 생각을 말할 때 정치적 용어를 사용하는 주교들에게서도 나타난다. 사제들의 성 학대 사례로 인한 위기는 반드시 인간의 손으로 교회를 새롭게 변화시켜야 할 실패한 존재로 교회를 간주하게 만든다. 하지만 하느님이 아닌 사람이 만든 교회는 어떤 희망도 대표할 수 없다.

예수님께서는 친히 교회를 좋은 물고기와 나쁜 물고기가 있는 어망에 비유하셨다. 궁극적으로 이 물고기들을 구별해야 하는 분은 하느님이시다. 또한 교회는 하느님께서 뿌리신 좋은 밀이 자라는 밭이다. 그 가운데 '원수'가 몰래 뿌린 가라지가 있는 곳이라는 비유를 생각해 보자. 실제로 하느님의 밭인 교회의 가라지는 그 양이 많아 눈에 띄며, 그물에 걸린 나쁜 물고기 역시 그 힘을 드러내곤 한다. 하지만 여전히 밭은 하느님의 밭이며 그물에는 하느님의 물고기가 남을 것이다. 그리고 모든 시대에는 가라지와 나쁜 물고기뿐만 아니라 하느님의 씨앗과 좋은 물고기들도 있었다. 앞으로도 그러할 것이다. 이렇게 좋은 것과 나쁜 것을 동등하게 강조하는 것은 거짓 변증을 하기 위해서가 아닌 진리를 필수적으로 논증하기 위해서다. 이러한 맥락에서 요한 묵시록 12장 10절의 중요한 부분을 참조할 필요가 있다. 여기에서 사탄은 하느님 앞에서 밤낮으로 형제들을 고발하는 자, 즉 '고발자'라 불린다. 이러한 방식으로 묵시록은 욥기의 핵심 사상을 다루고 있다(욥 1장; 2,10; 42,7-16 참조). 욥기는 마귀가 욥의 의로움과 성실함을 순전히 외적이며 피상적인 것으로 폄하하려고 시도한 일을 서술한다. 이를 두고 요한 묵시록이 사탄을 고발자라고 표현하는 것이다. 사탄은 의로운 사람이 없음을, 인간의 모든 의로움은 단지 외적인 표현일 뿐이라는 사실을 증명하고 싶어 한다. 욥이 시험을 받으면 의로운 모습이 머지않아 사라질 것이라 여기는 것이다. 하지만 하느님께서는 논쟁 중에 욥을 진정한 의인으로 지목하신다.

이제 욥은 하느님과 사탄 중 누구의 생각이 옳은지 가리는 시험대에 오른다. 사탄은 "그의 모든 소유를 쳐 보십시오. 그는 틀림없이 당신을 눈앞에서 저주할 것입니다."(욥 1,11)라고 주장하고 하느님께서는 이를 허락하신다. 이에 욥은 긍정적인 방식으로 하느님께 화답한다. 하지만 사탄은 계속해서 이렇게 이야기한다. "가죽은 가죽으로! 사람이란 제 목숨을 위하여 자기의 모든 소유를 내놓기 마련입니다. 그렇지만 당신께서 손을 펴시어 그의 뼈와 그의 살을 쳐 보십시오. 그는 틀림없이 당신을 눈앞에서 저주할 것입니다."(욥 2,4-5)

하느님께서는 사탄에게 두 번째 기회를 제공하신다. 이렇게 사탄은 욥을 자신의 손에 넘겨받고, 그를 죽이는 것만 금지된다. 그리스도인에게는 모든 인류를 위해 하느님 앞에 서 있는 모범적인 욥이 예수 그리스도의 표상임이 분명하다. 요한 묵시록에는 인간의 드라마가 그 규모를 가늠할 수 없을 정도로 표현되어 있다. 창조주 하느님과 반대되는 존재는 사탄이며, 사탄은 모든 피조물과 인류 전체를 불신한다. 그는 하느님뿐만 아니라 인간을 향해 이렇게 이야기한다. "하지만 이 하느님께서 행하신 일을 보십시오. 겉으로 보기에 인간은 선한 창조물로 보입니다. 하지만 현실은 전체적으로 비참함과 더러움으로 가득 차 있습니다."

피조물을 폄하하는 일은 사실 하느님을 폄하하는 것과 다를 바 없다. 사탄은 하느님이 선하지 않음을 증명하여 우리를 그분에게서 멀어지게 하고 싶어 한다. 묵시록이 말하고자 하는 이런 실체는 분명히 존재한다. 오늘날 하느님에 대한 비난은 무엇보다 그분의 교회 전체를 불신하게 만든다. 따라서 우리를 교회에서 멀어지게 하는 데에 초점을 맞춘다. 우리 스스로가 만드는 더 나은 교회에 관한 생각은 사실 사람들이 너무 쉽게 빠지는 거짓 논리를 사용해 살아 계신 하느님과 멀어지게 하려는 사탄의 제안이다. 하지만 오늘날의 교회는 나쁜 물고기와 가라지로만 구성되어 있지 않다. 하느님의 교회는 지금 이 순간에도 존재하며, 이는 오늘날 하느님께서 우리를 구원하시는 도구가 된다. 사탄의 거짓과 절반의 진실에 완전한 진실로 맞서는 것은 매우 중요하다. 교회 안에는 죄와 악이 있지만, 파괴할 수 없는 거룩한 교회도 있다. 오늘날에도 겸손하게 믿고, 고통받으며 사랑하는 많은 이가 있으며 그 안에서 진정한 하느님, 사랑을 베푸시는 하느님의 모습이 우리에게 나타난다. 또한 오늘날 하느님께서는 세상에 그분의 증인, 즉 순교자들을 두셨다. 우리는 이러한 순교자들을 보고 듣기 위해 깨어 있어야만 한다.

'순교자'라는 용어는 소송법의 권리에서 유래된 것이다. 사탄을 대적하는 재판에서 예수 그리스도께서는 하느님을 증거하는 최초의 참된 증인이며 첫 번째 순교자이고 이후 수많은 이들이 그 뒤를 따랐다. 오늘날 교회는 그 어느 때보다도 순교자들의 교회다. 따라서 살아 계신 하느님의 증인이다. 깨어 있는 마음으로 주위를 둘러보고 귀를 기울이면 어디에나 겸손한 이들이 있다는 걸 알 수 있다. 그 외에 교회의 높은 계층에서도 자신의 삶을 내어주며, 고통을 받으면서도 하느님께 헌신하는 증인들이 있음을 찾아볼 수 있다. 우리가 그들의 존재를 알아차리고 싶어 하지 않는 것은 마음의 게으름 때문이다. 선포의 위대하고 근본적인 임무 중 하나는 우리가 할 수 있는 한도 내에서 신앙을 위한 삶의 공간을 만드는 것이다. 무엇보다 오늘날의 순교자들을 발견하고 인식하는 일이 중요하다.

나는 현재 작은 공동체에서 살아 계신 하느님의 증거자들과 함께 살아가고 있다. 이들은 매일의 삶이 선사하는 쾌활함으로 순교자의 모습이 무엇인지 내게 지속적으로 알려 준다. 살아 있는 교회를 보고 발견하는 일은 우리에게 힘을 주고 믿음 안에서 거듭 기뻐하게 하는 놀라움을 선사한다.

이상의 성찰을 마치며, 프란치스코 교황이 오늘날에도 사라지지 않는 하느님의 빛을 지속적으로 우리에게 보여 주고 있음에 감사의 마음을 전하고 싶다.

제6장

믿음 안에서
길을 찾다

이번 장은 다양한 주제를 다룬 특별 기고문들로 구성되어 있다. 이 장에서 우리는 베네딕토 16세에게 깊은 영향을 끼친 단체 혹은 인물을 마주하게 된다. 베네딕토 16세는 교황으로 선출되기 전까지 오랫동안 교황청 신앙교리성 장관으로 활동했는데, 그 중심에는 저명한 신학자들이 모여 교의 문제를 연구하고 발표하는 국제 신학 위원회가 있었다. 그는 이곳에서 만난 여러 학자들과의 인연을 회고함과 동시에 여전히 미해결인 과제를 소개한다.

이어서 요한 바오로 2세 성인 교황의 삶을 조명함으로써 전임 교황의 영성과 그에 대한 존경심을 드러낸다. 요한 바오로 2세 성인 교황은 베네딕토 16세를 소개할 때 항상 언급되는 인물이다. 교황은 당시 요제프 라칭거였던 베네딕토 16세를 신앙교리성 장관으로 중용해 깊은 신뢰감을 보였고, 깊은 일치를 통해 교회를 수호하고자 함께 노력했기 때문이다.

그 외에도 교황은 자신의 첫 본당 임기 시절에 깊은 인상을 남긴 알프레드 델프 신부를 소개한다. 나치즘에 반대하다 교수형에 처해진 알프레드 델프 신부의 삶은 현대 사회의 세속화에 대항해 끊임없이 싸운 교황의 삶과 매우 비슷하다.

마지막으로는 베네딕토 16세의 수호성인인 요셉 성인에 대한 인터뷰로 끝이 난다. 유년 시절의 기억과 함께 고백하는 수호성인의 영성은 침묵 속에서 자신을 겸손하게 드러내고자 했던 베네딕토 16세의 삶이 무엇을 지향하고 있었는지 느끼게 한다. 그는 세상의 환호를 받기보다는 오해와 야유 속에서도 묵묵히 진리를 선포하기를 원했던, 이를 위해 끊임없는 탐구를 지속했던 위대한 학자이자 진리의 참된 수호자였다.

진리를 향한 발걸음
— 국제 신학 위원회를 기억하며*

설립 50주년을 맞이하는 국제 신학 위원회에 따뜻한 인사와 특별한 축복을 전합니다. 주교 대의원 회의와 국제 신학 위원회는 제2차 바티칸 공의회의 가르침을 지속적이고 안정적으로 이어 가고자 바오로 6세 성인 교황님이 세운 단체입니다. 공의회 당시, 세계에서 발전하고 있던 신학과 교도권 사이의 간극이 드러났습니다. 이는 반드시 극복되어야만 했습니다.

교황청 성서 위원회는 20세기 초에 설립되었는데, 이는 본래 교황청 교도권의 기구였습니다. 하지만 제2차 바티칸 공의회 이후에 성경 문제에 대한 유능한 의견을 제공하기 위해 교도권

---

* 국제 신학 위원회 설립 50주년을 기념하는 인사말로 2019년 10월 22일에 작성된 원고다. 이 원고는 국제 신학 위원회의 홈페이지에 '교황님의 담화'라는 제목으로 게시되었다.

에 봉사하는 신학 자문 위원회로 변모했습니다. 바오로 6세 성인 교황님이 제정한 교령에 따라 교황청 신앙교리성 장관은 국제 신학 위원회와 교황청 성서 위원회의 의장을 겸임하게 되었습니다. 두 기관의 사무처장은 각각의 위원 중에서 선출합니다.

이러한 방식의 의도는 두 위원회가 신앙교리성의 기관이 아니라는 사실을 강조하기 위한 것이었습니다. 두 위원회가 신앙교리성의 기관이라면 일부 신학자들이 위원회의 회원 자격을 수락하지 않을 우려가 있었습니다. 프란조 세퍼Franjo Šeper 추기경은 교황청 신앙교리성 장관과 두 위원회의 사무처장 간의 관계를 오스트리아-헝가리 제국의 군주제로 비유한 바 있습니다. 오스트리아-헝가리 제국은 같은 황제가 통치했으나, 두 나라는 각각 자치적으로 운영되었습니다. 나아가 신앙교리성은 위원회 회의에 참석하는 이들에게 현실적인 가능성을 제공하며, 이를 위해 때때로 필요한 지원을 제공하는 기술 처장직을 만들었습니다.

새롭게 설립된 국제 신학 위원회에 대한 기대는 이후 반세기 동안 이 위원회가 할 수 있는 일보다 의심할 여지 없이 훨씬 더 컸습니다. 위원회의 첫 번째 회기 중, 1970년 파리의 뒤 세

르프 출판사에서 출판된 《사제 직무 *Le ministère sacerdotal*》(1970년 10월 10일)는 세계 주교 시노드의 첫 번째 주제에 좋은 자료를 제공했습니다. 신학 위원회는 자문 위원으로 특정 신학자들을 임명했고, 그들의 뛰어난 작업 덕분에 세계 주교 시노드는 보다 정교화된 사제직에 관한 문서를 즉시 발표할 수 있었습니다. 그 이후로 신학 위원회의 역할은 세계 주교 시노드 이후의 권고문을 발표하는 형식으로 빠르게 발전했습니다. 이 권고문은 세계 주교 시노드의 문서가 아닌, 이 시노드의 발언을 최대한 폭넓게 수용해 교황과 세계 주교단이 함께 발언하는 형태의 교황 교도권 문서입니다.*

저에게는 국제 신학 위원회의 초기 5년이 특히 인상 깊었습니다. 궁극적으로 제2차 바티칸 공의회를 해석할 방향을 정립

---

* 한 가지 예외는 2003년에 발표된 부제직에 관한 문서입니다. 이 문서는 신앙교리성의 위임으로 작성되었으며 부제직에 관한 문제, 특히 성사 직무를 여성에게도 부여할 수 있는지에 대한 지침을 제공하기 위해 작성된 것이었습니다. 세심한 주의를 기울여 작성된 이 문서는 여성에게 부제직을 부여할 수 있는지에 대한 명확한 결론을 내리지는 못했습니다. 이 문제는 동방 교회의 총대주교들에게 맡기기로 결정되었으나 그들 중 극소수만이 응답했습니다. 동방 교회의 전통으로는 이 문제 자체가 그만큼 이해하기 어려운 것이었습니다. 따라서 이 광범위한 연구는 순전히 역사적 관점만으로는 명확한 확신을 가질 수 없다는 결론을 내리게 되었고 궁극적으로 이 문제는 교의적인 차원에서 결정되어야 하는 것이었습니다.

함으로써 위원회의 기본 방향과 본질적인 업무의 방식을 정의해야 했기 때문입니다. 앙리 드 뤼박, 이브 콩가르Yves Congar, 카를 라너, 호르헤 메디나 에스테베스Jorge Medina Estévez, 필립 델하예Philippe Delhaye, 제라드 필립스Gérard Philips, 바오로 6세 성인 교황님의 개인 신학자로 알려진 밀라노의 카를로 콜롬보Carlo Colombo, 치프리아노 바가지니Cipriano Vagaggini 신부 등 공의회의 거물급 인사들과 공의회에 참여하지는 않았지만 중요한 위치에 있는 신학자들이 위원회의 일원으로 참여했습니다.

그중 한스 우르스 폰 발타사르를 제외하고 가장 주목할 만한 인물은 루이 부아예였습니다. 루터교에서 개종한 수도자였던 그는 매우 완고했습니다. 냉정하고 솔직한 성격 탓에 많은 주교들의 호의를 얻지는 못했으나 놀라울 정도로 폭넓은 지식을 갖춘 훌륭한 협력자였습니다. 그리고 마리 조제프 르 기유Marie-Joseph Le Guillou 신부는 특별히 주교 시노드 기간 동안 밤을 새우며 시노드 문서를 작성하는 데 결정적인 역할을 했습니다. 그러나 안타깝게도 과로로 인하여 파킨슨 병 진단을 받게 되었고, 너무 일찍 세상을 떠났습니다. 루돌프 슈나켄부르크Rudolf Schnackenburg는 두드러지는 모습으로 독일의 성경 주석 방식을 구체화했습니다. 이와는 다른 성향의 앙드레 푀이예André Feuillet와 에어푸르트의 하인츠 슈만Heinz Schürmann도 이 위원회에 기꺼이 참여했습니다. 이들의 주석 방식은 영적인 성향이 강했습니다. 마지막으로 교황청 일치 평의회의 대표로서 위원회에서 특별한 역할을 한 쿠어의 요하네스 페이너Johannes Feiner 교수도 언급하지 않을 수 없습니다. 당시 가톨릭 교회가 제네바의 세계 교회 협의회에 정식 회원으로 가입해야 하는지에 대한 문제가 대두되었습니다. 이는 공의회 이후 교회가 나아가야 할 방향에 있어 결정적인 쟁점이었습니다. 이 문제에 대한 극적인 충돌 끝에 최종적으로 부정적 방향으로 결론이 내려졌고, 결국 페이너와 라너는 위원회를 떠났습니다.

두 번째 회기의 새로운 5년 동안 국제 신학 위원회에는 새로운 인물들이 등장했습니다. 두 명의 젊은 이탈리아인 신부 카를로 카파라Carlo Caffarra와 라니에로 칸탈라메사Raniero Cantalamessa는 이탈리아어권의 신학에 새로운 무게를 더했습니다. 독일어권 신학은 기존의 위원들 외에도 예수회 신부 오토 셈멜로스Otto Semmelroth와 함께 강화되었습니다. 공의회의 신학자였던 그는 그때와 마찬가지로 다양한 필요에 맞는 어휘를 신속하게 구성하는 능력이 위원회에 필요하다고 말했고, 이것이 매우 유용하다는 것을 증명했습니다. 새로운 세대는 카를 레만 Karl Lehmann과 함께 전면에 등장했습니다. 그의 개념은 오늘날 작성된 문헌들에 명확하게 나타납니다.

저는 단순히 신학 위원회에서 활동했던 인물들을 소개하고자 하는 것이 아니라, 위원회에서 선택했던 주제들에 대한 몇 가지 성찰을 제공하고자 합니다. 처음에 위원회는 주로 교도권과 신학의 관계에 대한 문제들을 다루었습니다. 이는 항상 필연적으로 계속 숙고해야 하는 문제입니다. 그러므로 지난 반세기 동안, 이 주제에 대해 위원회가 언급한 말은 새롭게 듣고 숙고해야 할 가치가 있습니다.

위원회는 레만의 안내를 통해 〈사목 헌장〉의 근본적인 문제, 즉 인간의 진보와 그리스도인의 구원에 대한 문제를 분석하기도 했습니다. 이러한 배경에서 해방 신학의 주제 또한 필연적으로 등장했습니다. 당시에 이는 결코 이론적인 문제가 아닌 매우 현실적인 문제였으며 남미 교회의 생명을 위협하는 것이었습니다. 당시 신학자들이 열정적으로 고무되었던 것은 그 문제가 담고 있는 구체적이고 정치적인 무게 때문이었습니다.*

교회의 교도권과 신학의 가르침 사이의 관계에 대한 문제와 함께 신학 위원회의 주요 업무 중 하나는 윤리 신학의 문제였습니다. 처음에는 윤리 신학 대표자들의 목소리보다 성서학자들과 교의 신학자들의 목소리가 더 컸습니다. 이는 사실입니다. 1974년, 하인츠 슈만과 한스 우르스 폰 발타사르는 자신들의 논문을 통해 윤리 신학 주제에 관한 토론을 시작했습니다. 이후 이는 1977년의 혼인성사에 대한 토론으로 이어졌습니다. 오늘날에도 우리가 여전히 겪는 일이지만, 이 과정에서 교회 안에 공통된 기본 방향이 부재하며 교회의 가르침에 대한 최전선의 반대가 있음이 분명해졌습니다. 이 자리에는 이전의 엄격한 개념을 주장했던 미국의 윤리 신학자 윌리엄 메이William May 교수도 있었습니다. 슬하에 많은 자녀를 두었던 그는 항상 위원회에 아내와 함께 참석했습니다. 그의 제안은 두 번이나 만장일치로 거부되었고, 이에 그는 눈물을 흘리기까지 했습니

---

* 개인적인 추억을 하나 말씀드리겠습니다. 그레고리오 대학에서 은총론을 가르쳤던 예수회의 후안 알파로Juan Alfaro 신부가 있습니다. 전혀 이해할 수 없었으나 그는 어느 순간부터 해방 신학의 열정적인 지지자가 되어 있었습니다. 그럼에도 저는 그와의 우정을 잃고 싶지 않았으므로, 위원회에 재임하는 동안 유일하게 이때에만 총회에 참석하지 않았습니다.

다. 하지만 저 역시 어떠한 방법으로도 위로를 건넬 수 없었습니다. 한편으로는 제가 기억하는 한, 미국에서 가르쳤고 윌리엄 메이와 같은 접근 방식과 개념을 갖고 있었지만 이를 새로운 방식으로 표현한 이가 있었습니다. 바로 존 피니스John Finnis 교수였습니다. 그의 견해는 신학적 관점에서 진지하게 받아들여졌으나 그조차도 합의에 도달하지 못했습니다. 다섯 번째 회기 때에 요한 바오로 2세 성인 교황님의 친구 타데우시 스티첸Tadeusz Styczeń 교수의 학교에서, 고전적인 입장을 지닌 지적이고 유망한 안제이 쇼스테크Andrzej Szostek 교수가 왔습니다. 하지만 그 역시 결과적으로 합의를 끌어내지는 못했습니다. 마지막으로, 세르바이 핀카에르Servais Pinckaers 신부는 토마스 아퀴나스 성인에게서 매우 합리적이고 설득력 있는 덕 윤리를 발전시키려고 시도했으나 그 역시 실패했습니다.

당시 상황이 얼마나 어려웠는지는 윤리 신학에 특별히 관심이 많았던 요한 바오로 2세 성인 교황님이 결국 도덕에 관한 회칙 〈진리의 광채〉의 최종 초안을 작성하는 것을 연기하기로 한 사실에서도 알 수 있습니다. 교황님은 원래의 계획과 달리 《가톨릭 교회 교리서》를 먼저 출판한 뒤 새로운 협력자들을 찾아

1993년 8월 6일에야 회칙을 발표하였습니다. 저는 신학 위원회가 계속해서 이 윤리의 문제를 염두에 두고 근본적인 합의점을 찾는 노력을 지속해야 한다고 생각합니다.

마지막으로 위원회 업무의 또 다른 측면을 강조하고자 합니다. 위원회에서 다음과 같은 젊은 교회들의 목소리가 더욱더 커지고 있습니다. "위원회가 서구 전통에 지나치게 묶여 있지 않는가? 서구가 아닌 다른 세계의 문화들은 과연 새로운 신학의 문화에 어느 정도까지 영향을 미칠 수 있을 것인가?" 아프리카와 인도의 신학자들, 그리고 다른 문화의 신학자들이 이러한 문제를 제기했습니다. 그때까지도 이 문제는 적절히 논의된 바가 없었습니다. 마찬가지로 세상의 다른 위대한 종교들과의 대화에 대해서도 논의한 적이 없습니다.*

결국 이러한 인간의 탐구와 의문에 자리한 충분하지 않은 모습이 있었음에도, 우리는 진심 어린 감사의 말을 표현해야 합

---

* 여기서 흥미로운 사례를 하나 더 언급하고 싶습니다. 일본의 예수회 신부인 다카야나기 슌이치Shunichi Takayanagi 신부는 독일의 루터교 신학자 게르하르트 에벨링Gerhard Ebeling에 정통했습니다. 그러므로 에벨링의 사상과 언어에 전적으로 근거해 논거를 펼쳤습니다. 하지만 신학 위원회의 그 누구도 이러한 대화를 발전시킬 만큼 에벨링을 잘 아는 사람이 없었습니다. 결국 이 예수회 학자는 자신의 언어와 사상을 통해서는 위원회 내에서 역할을 찾을 수 없었기에 위원회를 떠났습니다.

니다. 앞서 윤리 신학의 문제에서 설명했듯 국제 신학 위원회는 모든 노력을 다했으나 세상의 신학자들과 도덕에 관해서는 일치를 이루지 못했습니다. 이를 기대했던 이들은 이러한 작업의 가능성에 대해 잘못된 기대를 하고 있었습니다. 비록 일치하지는 못했을지라도 위원회의 목소리는 어떤 식으로든 중요하게 작용했습니다. 그것은 역사적 순간에 따라야 할 신학적 노력의 근본적 방향을 나타내는 목소리였기 때문입니다.

반세기 동안 성취된 이 모든 것에 대한 감사는 더 많은 결실을 향한 희망으로 이어집니다. 하나의 믿음은 우리를 하느님의 생각과 말씀과 계시에 대한 공통된 방향으로 안내합니다. 저는 국제 신학 위원회에서 일하면서 다른 언어와 사고방식을 접하는 기쁨을 누렸습니다. 그것은 무엇보다도 저를 겸손하게 하는 지속적인 기회였으며, 스스로 한계를 느끼게 함으로써 더욱 위대한 진리를 향한 길을 열어 주는 기회이기도 했습니다. 겸손만이 진리를 발견하게 하며, 진리는 궁극적으로 모든 것이 서로 의존하는 사랑의 토대입니다.

희망의 표징

— 요한 바오로 2세 성인 교황을 기억하며*

2020년 5월 18일, 폴란드의 작은 도시 바도비체Wadowice에서 요한 바오로 2세 성인 교황 탄생 100주년을 기념하는 행사가 열린다.

프로이센과 러시아, 오스트리아 등 주변의 세 제국으로부터 분단되어 한 세기가 넘도록 점령당했던 폴란드는 제1차 세계 대전 이후 독립했다. 이는 희망적인 사건이었다. 하지만 폴란드는 독일과 러시아라는 두 강대국에게 끊임없는 압력을 받았으므로, 국가가 온전히 회복하는 데에는 노력이 필요했다. 이러한 억압의 상황에서도 희망을 품고 자란 아이가 있었다. 바로 훗날 요한 바오로 2세 성인 교황이 되는 카롤 보이티와Karol

---

* 본 원고는 2020년 5월 4일에 작성된 것으로, 같은 해 5월 18일 요한 바오로 2세 성인 교황 탄생 100주년을 맞이하여 작성되었다.

Wojtyła다.

그는 불행하게도 어린 시절에 어머니와 형, 그리고 자신에게 헌신했던 아버지를 잃었다. 어린 카롤은 문학과 연극에 특별한 매력을 느꼈기에, 고등학교를 졸업한 이후에도 이와 관련된 공부를 지속하고자 했다. 당시 독일은 폴란드를 점령하고 강제 징집을 시작하였다. 카롤은 징집을 피하고자 1940년 가을, 솔웨이의 화학 공장에 속한 채석장 노동자로 일하기 시작했다. 1942년 가을, 크라쿠프의 아담 사피에하Adam Sapieha 대주교는 자신이 비밀리에 운영하던 크라쿠프의 신학교에 카롤을 입학시키기로 했다. 채석장 노동자로 일하고 있었던 카롤은 낡은 교과서로 신학을 공부했다. 그리고 마침내 1946년 11월 1일에 사제품을 받았다.

사제가 된 그는 책에서뿐만 아니라 조국과 자신이 처한 특수한 상황이 주는 유용한 가르침을 통해 신학을 배웠다. 이는 그의 삶과 활동 전체를 특징짓는 독특한 면이 되었다. 이렇게 카롤은 책을 통해 깨달음을 얻는 동시에 자신을 둘러싼 현실적인 문제들을 안고 살아갔다. 카롤 신부는 1958년에 보좌 주교가 되었고, 1964년 크라쿠프의 대주교가 되었다.

젊은 주교였던 그에게 제2차 바티칸 공의회는 전 생애에 걸친 활동의 학교였다. 제2차 바티칸 공의회에서 제기된 중요한 질문들, 특히 후에 〈사목 헌장〉으로 발표되는 공의회의 열세 번째 의안과 관련된 의문들은 카롤 대주교가 개인적으로 갖고 있는 의문이기도 했다.* 또한 공의회에서 했던 정교한 답변은 그가 장차 주교로서, 그리고 교황으로서 자신의 과업에 부여할 방향을 여실히 보여 주었다.

1978년 10월 16일, 보이티와 추기경은 베드로 사도의 후계자로 선출되었다. 당시 교회는 극적인 상황에 놓여 있었다. 제2차 바티칸 공의회의 숙고가 신앙 자체에 대한 논쟁으로 공공연하게 다루어졌다. 이는 오류가 없고 불가침한 교회의 가르침의 확실성을 박탈하는 것처럼 보였다. 바이에른의 한 본당 신부는

---

* 공의회의 '열세 번째 의안Schema XIII'은 훗날 수정을 걸쳐 〈사목 헌장〉으로 발표되기 전까지 공의회의 신학자들에게 가장 커다란 논쟁을 불러일으킨 의안이었다. 당시 다른 문헌들과 달리, 교회와 현대 세계의 관계라는 중요한 문제를 다루는 〈사목 헌장〉의 경우 초안이 마련되어 있지 않았기 때문에 많은 학자들의 논의가 필요했던 것이다. 이에 시대의 사조를 하느님의 계획으로 여기는 낙관주의적 입장의 프랑스 신학자들과, 이러한 사상은 인간을 완전히 합리적이고 자유로운 존재로 오해하게 할 수 있다는 보수주의적 입장의 독일어권 학자들이 대립했다. 당시 폴란드 주교들을 대표하는 젊은 카롤 보이티와 주교는 회의에 참석해 의안을 수정하여 발표하는 데 기여함으로써 탁월한 역량을 인정받았다. — 역자 주

다음과 같은 말로 당시의 상황을 설명했다. "결국 우리는 잘못된 믿음에 빠졌습니다." 더 이상 확실한 것이 없다는 느낌, 모든 것에 의문을 제기할 수 있다는 느낌은 전례 개혁의 진행 방식으로 더욱 촉진되었다. 결국 전례에서조차 모든 것에 의문을 제기할 수 있듯이 보였다. 전임자 바오로 6세 성인 교황은 끝까지 힘차고 단호하게 공의회를 이끌었다. 하지만 이후 교회는 점점 더 어려운 문제들에 직면했다. 마침내 사람들은 교회 자체에 의문을 품게 되었다. 당시의 사회학자들은 교회의 상황을 고르바초프Gorbaciov 치하의 소련에 비유하곤 했다. 필요한 개혁을 추구하면서 국가의 강력한 이미지 전체가 결국 무너지게 된 것이다.

따라서 새로운 교황은 사실 인간의 능력만으로는 해결하기 매우 어려운 과제를 안고 있었다. 하지만 요한 바오로 2세 성인 교황은 처음부터 그리스도와 그분의 교회에 새로운 경탄을 불러일으킬 수 있는 능력을 보여 주었다. 교황이 처음에 교황직을 시작하면서 외쳤던 말이 있다. "두려워하지 마십시오! 그리스도께 문을 활짝 여십시오!" 이 말은 이후 교회에 쇄신과 해방을 불러일으킬 그의 교황 재임 시기 전체를 일컫는 것이었다.

이는 교황이 제2차 바티칸 공의회의 결정을 긍정적으로 받아들였던 폴란드 출신이기에 가능했다. 결정적인 요인은 모든 것을 의심하지 않고, 기쁨으로 새롭게 하는 것에 있었다. 교황은 104번에 걸쳐 전 세계를 순방하는 위대한 사목 여정에서 선과 그리스도를 환영해야 하는 의무를 설명함으로써 복음이 기쁜 소식임을 몸소 보여 주었다. 그리고 14개의 회칙을 통해 교회의 신앙과 인간의 가르침을 새로운 방식으로 제시했다. 이러한 그의 행보는 의심으로 가득 찬 서구 교회들의 반대를 필연적으로 불러일으켰다.

요한 바오로 2세 성인 교황은 자신이 제정한 '하느님의 자비 주일'에 선종하였다. 나는 교황이 세상을 떠날 때 남긴 다양한 말씀에서 핵심을 짚고자 한다. 먼저 교황의 본질과 행동을 이해하는 데 중요한 짧은 이야기를 전하고자 한다. 요한 바오로 2세 성인 교황은 하느님의 자비를 모든 그리스도교 신앙의 본질적인 중심으로 제시한 크라쿠프의 파우스티나 코발스카 성녀의 메시지에 깊은 감명을 받았고, 이에 하느님의 자비 축일을 제정하기를 원했다. 논의 끝에 교황은 부활 제2주일Dominica in Albis을 기념일로 제안했다. 하지만 최종 결정을 내리기 전에 교황은 이 선택의 적절성을 평가하기 위해 신앙교리성에 의견을 요청하였다. 신앙교리성 측은 부활 제2주일처럼 중요하고 오래되었으며 의미가 깊은 날짜에 새로운 의미를 부여하는 것이 부담스러울 수 있다고 판단하였고, 이에 부정적인 결론을 내렸다.* 요한 바오로 2세 성인 교황이 우리의 "아니오."라는 답을 받아들이는 것은 분명 쉽지 않았을 것이다. 하지만 교황은 두 번에 걸친 신앙교리성 측의 반대 의견을 겸손히 받아들였다. 결국 교황은 부활 제2주일의 역사적 중요성을 그대로 남겨 두면서도 하느님의 자비를 본래 의미로 소개할 수 있는 제안을 받아들였다. 이렇게 그는 전통적 질서에 따라 의견을 구해야만 하는 공식 기관의 동의가 없다면 자신의 주장을 포기하는 위대한 겸손함을 지녔다. 나는 교황의 이러한 모습에 자주 감명받곤 했다.

요한 바오로 2세 성인 교황이 세상에서 막 숨을 거둔 시간은

---

* 부활 제2주일은 본래 교회의 역사 안에서 '흰옷을 벗는 주일Dominica in Albis'이라 불렸다. 이는 파스카 성야 미사 때 세례성사를 받은 이들의 흰옷을 입는 예식과 관련된 것으로, 세례받은 이들이 파스카 성야 후 한 주간 동안 흰옷을 입고 이후 돌아오는 주일에 흰옷을 벗는다는 의미에서 사용된 이름이다. 부활 제2주간, 흰옷을 벗은 새 세례자들은 그리스도와 교회 안에서 새로운 삶을 시작하게 된다. ─ 역자 주

하느님의 자비 주일의 첫 저녁 기도 후였다. 하느님 자비의 빛이 위로의 메시지로써 교황의 죽음을 찬란하게 비추었다. 교황은 선종 직전 출간한 마지막 저서 《기억과 정체성*Memoria e identità*》에서 다시 한번 하느님의 자비에 대한 메시지를 간략하게 적었다. 이 책에서 교황은 다음과 같이 언급하였다. 파우스티나 성녀는 제2차 세계 대전의 참혹함이 시작되기 전에 세상을 떠났지만, 이미 이러한 참혹함에 대한 주님의 응답을 전했다고 말이다. "악은 최후의 승리를 가져다주지 않습니다. 파스카 신비는 선이 궁극적으로 승리한다는 것, 생명이 죽음을 물리치고 사랑이 증오를 이긴다는 사실을 확인시켜 줍니다."

교황의 모든 삶은 그리스도교 신앙의 객관적 중심인 구원의 가르침을 자신의 것으로 받아들이고 다른 이들도 이를 받아들이도록 하는 목적에 집중되어 있었다. 부활하신 그리스도 덕분에 하느님 자비는 모두를 위한 것이 되었다. 이러한 그리스도교의 핵심은 믿음을 통해서만 우리에게 주어진다. 이는 철학적인 의미 또한 갖는다. 왜냐하면 하느님 자비는 아직 주어진 것이 아니기에 선과 악 사이의 궁극적인 균형을 인식하지 못하는 세상도 자비의 대상에 해당하기 때문이다. 결론적으로 이 객관적인 역사의 의미를 넘어 모든 이는 하느님의 자비가 결국 인간의 나약함보다 더욱 강하다는 것을 반드시 알아야 한다. 여기서 우리는 요한 바오로 2세 성인 교황의 메시지와 프란치스코 교황의 의도 사이에 자리한 근본적인 내적 통일성을 찾게 된다. 흔히 알려진 것과는 달리 요한 바오로 2세 성인 교황은 도덕적 엄격주의자가 아니었다. 교황은 하느님 자비의 본질적인 중요성을 보여 줌으로써 한계를 지닌 인간이 자신에게 주어진 도덕적 요구를 완전히 충족시킬 수 없다고 하더라도 이에 응할 수 있도록 도와주었다. 우리의 도덕적 노력은 하느님 자비에 비추어 수행되며, 그 자비는 인간의 나약함을 치유하는 힘으로 드러난다.

요한 바오로 2세 성인 교황이 선종했을 때, 성 베드로 광장에는 교황에게 마지막으로 인사를 건네고 싶어 하는 이들로 가득했다. 특히 젊은이들이 많았던 기억이 난다. 나는 레오나르도 산드리Leonardo Sandri 대주교가 교황의 선종을 발표하던 순간을 결코 잊을 수 없다. 무엇보다도 교황의 죽음을 알리는 성 베드로 대성전의 큰 종소리가 기억 속에 선명하게 남아 있다. 또한 그날은 '즉시 성인으로Santo subito!'라는 문구가 적힌 현수막

이 많이 보였다. 이 외침은 생전의 요한 바오로 2세 교황과의 만남에서 시작해 사방으로 울려 퍼지는 외침이었다. 그리고 성 베드로 광장뿐만 아니라 다양한 지식 계층에서도 요한 바오로 2세 성인 교황에게 '대 교황Magno'이라는 명칭을 부여할 수 있을지에 대한 논의가 있었다.

'성인Santo'이라는 단어는 하느님의 영역을 나타내고, '대 교황Magno'이라는 단어는 인간적인 차원을 나타낸다. 교회의 원칙에 따르면 거룩함, 즉 성인으로서의 호칭은 영웅적 미덕과 기적이라는 두 가지 기준에 따라 평가된다. 이 두 기준은 서로 긴밀하게 연결되어 있다. '영웅적 미덕'의 개념은 올림픽에서의 성공을 의미하는 것이 아니다. 이는 한 사람 안에서, 그리고 그를 통해 나타난 무언가가 인간에게서가 아니라 하느님의 행동으로 드러났음을 의미한다. 이는 도덕적 경쟁이 아닌 자신의 위대함을 포기하는 것이다. 또한 하느님께서 내 안에서 행동하시도록 허용하는 것이며, 따라서 하느님의 행동과 능력이 나를 통해 드러나게 하는 것이다.

기적의 기준 또한 마찬가지다. 기적은 놀라운 일만을 의미하지 않는다. 이는 치유하시는 하느님의 선함이 인간의 능력을 뛰어넘는 방식으로 드러남을 의미한다. 성인은 하느님께서 관통하신 열린 사람이다. 즉 하느님께 열려 있고 하느님께서 스며드는 사람이다. 그리고 다른 이들이 자신에게 관심을 집중하지 않고 하느님을 바라보고 인식하게 한다. 시복과 시성 절차의 목적은 법적 규범에 따라 가능한 한 많은 대상자를 조사하게 되어 있다. 요한 바오로 2세 성인 교황의 영웅적 미덕과 기적의 절차 역시 법적 규범에 따라 엄격하게 진행되었다. 그 결과 교황은 하느님의 자비와 선하심을 보여 주는 아버지로서 우리 앞에 서 있다.

'대大교황'이라는 단어를 정확하게 정의하기란 더 어렵다. 약 2천 년의 교황의 역사 동안 대 교황이라는 호칭은 대大레오 성인 교황(440~461년)과 대大그레고리오 성인 교황(590~604년) 두 명에게만 사용되었다. 이 단어는 두 교황 모두에게 정치적 의미로 주어진 것이지만, 이 또한 정치적 업적들을 통해 하느님의 신비가 드러났다는 의미가 있다. 대大레오 성인 교황은 훈족의 지도자 아틸라Attila와의 담화를 통해 베드로와 바오로 사도의 도시인 로마를 점령하지 말아 달라고 설득했다. 그에게는 아무런 무기도 군사력도 정치적 힘도 없었다. 오로지 신앙에 대한 확신으로 아틸라를 설득하여 로마를 구할 수 있었다. 이렇게 권력과 영의 전투에서 영이 더욱 강하다는 사실이 드러났다. 대ㅊ그레고리오 성인 교황은 눈부신 성공을 거두지는 못했지만 롬바르드족에게서 로마를 여러 차례 구했으며, 그 역시 권력에 대항해 영의 승리를 가져왔다.

앞선 두 교황의 역사를 요한 바오로 2세 성인 교황의 역사와 비교해 보면 그 유사성이 드러난다. 요한 바오로 2세 성인 교황 역시 어떤 군사력도, 정치적 힘도 없었다. 1945년 2월, 유럽과 독일의 미래가 논의되고 있었던 중에 누군가 교황의 의견 또한 고려해야 한다고 지적했다. 그러자 스탈린은 이렇게 물었다. "교황은 몇 개의 사단을 가지고 있습니까?" 물론 교황에게는 아무런 사단도 없었다. 하지만 신앙의 힘은 1989년 말, 소련의 권력 체제를 뒤흔들었고 새로운 시작을 가능하게 만들었다. 요한 바오로 2세 성인 교황의 신앙이 이 권력을 무너뜨리는 데 중요한 역할을 했다는 것은 의심할 여지가 없다. 이렇듯 우리는 대ㅊ레오 성인 교황과 대ㅊ그레고리오 성인 교황에게서 나타난 위대함을 요한 바오로 2세 성인 교황에게서 명확하게 발견할 수 있다.

그러므로 '대大교황'이라는 호칭을 요한 바오로 2세 성인 교황에게 허용할 수 있는지에 대한 질문은 앞으로도 계속 열려 있어야 할 것이다. 그의 재임 시기에 하느님의 능력과 선하심이 우리 모두에게 드러난 것은 사실이다. 교회가 다시 악의 공격으로 고통받는 이 시대에 교황은 우리에게 희망과 위로의 표징으로 있다.

친애하는 요한 바오로 2세 성인 교황이시여, 저희를 위해 기도해 주십시오.

그리스도의 빛을 증거하다
— 알프레드 델프 신부를 기억하며*

2020년 주님 봉헌 축일은 알프레드 델프Alfred Delp 신부의 순교 75주년을 기념하는 날이다.** 암울한 시대에 예수 그리스도를 증거한 이 위대한 인물에 대한 기억을 되살리는 것은 매우 중요하고, 실제로 필요한 일이다. 사실 우리는 모두 주님의 메시지 앞에서 귀머거리, 장님, 벙어리가 되어 있다. 또한 이 세

---

* 2020년 2월 2일 주님 봉헌 축일은 예수회 사제 알프레드 델프의 선종 75주년을 기념하는 날이었다. 베네딕토 16세는 이날을 기리기 위해 2019년 10월 15일에 이탈리아어로 본 원고를 작성하였으며, 이는 현재까지 발표되지 않았다.
** 알프레드 델프 신부(1907~1945년)는 독일의 예수회 사제다. 그는 나치 정권 시대에 "하느님을 알아보는 능력을 잃은" 당시의 사람들과 문화를 비판했다. 또한 가톨릭 사회 교리를 바탕으로 반反 나치 저항 세력인 크라이자우 서클Circolo di Kreisau에서 활동하다 붙잡혀 교수형을 받았다. 특별히 그는 마지막 편지에서 자신이 "사슬에 묶인 손으로" 글을 쓰고 있지만 스스로 항구히 머무르게 될, 묶이지 않는 자유를 향한다는 유언을 남겼다. — 역자 주

상을 따르는 사고방식에 너무 많이 오염되어 있다.

내가 본당 신부로 처음 부임한 곳은 델프 신부가 사목했던 성당이었다. 이 사실은 매우 큰 기쁨을 주었다. 이 본당은 델프 신부와 같은 이유로 처형당한 요제프 베를레Josef Wehrle 신부가 사목한 곳이기도 했다. 그는 델프 신부의 전임자였다. 그 후 본당은 조금 더 동쪽으로 옮겨져 유명한 건축가 한스 될가스트 Hans Döllgast가 건축한 지극히 거룩한 성혈 성당에 새 보금자리를 찾게 되었다. 하지만 델프 신부가 살았던 바로크 양식의 오래된 성 조르지오 교회는 계속해서 이 본당에 속해 있었고, 특별히 가톨릭 청소년들에게 중요한 곳이 되었다. 나는 이곳에서 매주 아침 6시에 많은 젊은이와 함께 미사를 거행했다.

성 조르지오 성당에 속한 묘지는 뮌헨의 저명한 주민들이 묻힐 수 있도록 마련된 곳이었다. 가톨릭 청소년들은 영안실을 일종의 청년 센터로 바꾸었다. 나는 이곳에서 젊은이들과 함께 많은 저녁 시간을 보냈다. 처음에는 성 조르지오 성당의 주임 신부였다가 지극히 거룩한 성혈 성당의 주임 사제가 된 막스 블룸쉐인Max Blumschein 신부는 은퇴 후 다시 성 조르지오 성당으로 돌아왔다. 그는 병자성사 중에 세상을 떠났다.

델프 신부는 본당 사목을 중점적으로 하지는 않았다. 그럼에도 성 조르지오 성당에서 지냈고, 어느 날 아침 미사가 끝날 무렵 체포되었다. 이 모든 것은 당시 많은 이들에게 깊은 감동을 주었다. 하지만 오늘날 망각의 위험은 매우 크므로 이를 다시금 기억하는 것이 중요하다.

처음에 알프레드 델프 신부는 가톨릭 교회의 사회 교리 전문가이자 인간 소유의 올바른 질서에 관한 질문에 고무되어 있었다. 그러다 크라이자우 서클에 가입한 이후, 점차 히틀러의 독재에 대한 저항심을 키워 나갔다. 그가 손이 묶인 채로 감옥에서 쓴 글은 전쟁의 여파가 남아 있던 그 당시에 깊은 인상을 남겼다. 오늘날 이 글을 다시 읽는 이는 그리스도의 빛에 다시금 감동을 받을 것이다. 그리스도의 빛은 델프 신부를 더욱 성숙하게 했으며, 그를 참된 삶에 대한 위대한 증인으로 만들었다.

감옥에서 델프 신부에게 수도 서원을 수여한 프란츠 본 타텐바흐Franz von Tattenbach 신부는 프라이징에서 우리의 영적 지도자였다. 그는 이 일에 대해 따로 언급한 적은 없으나, 이 사건이 자신에게 얼마나 깊은 영향을 미쳤는지에 관해서는 숨기지 않았다.

사형 집행자들은 델프 신부의 손을 묶은 채 교수형에 처했다. 그렇지만 하느님의 말씀은 묶이지 않았다. 그리고 그분께서는 순교자들이 흘린 피의 증거를 통해 우리에게 계속해서 말씀하고 계신다. 주님께서 이 시대에 필요한 방식으로 다시 한번 우리가 예수 그리스도의 증인이 될 수 있도록 도와주시기를 청한다.

나의 수호성인, 요셉 성인[*]

성경에는 요셉 성인에 대한 어떤 말씀도 전해지지 않습니다. 하지만 교황 성하께서 생각하시기에 신약 성경에서 성인의 성품을 특별히 적절하게 표현하는 구절이 있습니까?

실제로 신약 성경에서 요셉 성인은 어떤 말을 하지는 않습니다. 하지만 꿈에 나타난 천사가 요셉 성인에게 맡긴 임무와 성인의 행동 사이에 그를 분명하게 특징짓는 일치가 있습니다. 꿈에서 마리아를 신부로 맞이하라는 명령을 받는 장면에서 요셉 성인의 응답은 "잠에서 깨어난(일어난) 요셉은 주님의 천사가 명령한 대로 아내를 맞아들였다."(마태 1,24)라는 간단한 구절로 요약됩니다. 요셉 성인에게 맡겨진 임무와 행동의 일치는 이집트로 도피

---

[*] 본 원고는 2021년 4월 1일에 레지나 아이닝Regina Einig과 독일어로 진행된 인터뷰다. 이탈리아어로는 발표되지 않았다.

하는 이야기에서 더욱 두드러지는데, 이 부분에서도 같은 단어가 사용됩니다. "요셉은 일어나 밤에 아기와 그 어머니를 데리고 이집트로 가서, 헤로데가 죽을 때까지 거기에 있었다."(마태 2,14-15) 이 "일어나"라는 단어는 헤로데 임금의 죽음 이후 이스라엘로 떠나라는 천사의 말에 이어 다음과 같이 세 번째로 등장합니다. "요셉은 일어나 아기와 그 어머니를 데리고 이스라엘 땅으로 들어갔다."(마태 2,21) 이어서 성인은 헤로데에 이어 유다를 다스리게 된 아르켈라오스에 대한 경고를 받는데, 이는 앞선 형식과 다르게 나타납니다. 응답하는 요셉 성인의 행동은 전보다 훨씬 단순합니다. "그러다가 꿈에 지시를 받고 갈릴래아 지방으로 떠났다."(마태 2,22 참조)

마지막으로 동방 박사들의 경배에 관한 이야기에서는 완전히 다른 방식이지만 앞선 태도와 동일한 요셉 성인의 모습이 나타납니다. "그들은 그 집에 들어가 어머니 마리아와 함께 있는 아기를 보고 땅에 엎드려 경배하였다."(마태 2,11) 동방 박사들과 아기 예수님이 만난 그 순간에 요셉 성인의 모습은 등장하지 않습니다. 이러한 침묵은 성인이 성가정 내에서 의사 결정과 조직적 능력이 요구되는 봉사를 맡았지만 동시에 본인을 드러내지 않는 위대한 능력도 함께 지니고 있었음을 분명히 보여 줍니다. 요셉 성인의 침묵은 동시에 성인의 말씀입니다. 이는 마리아와 예수님과 결속하는 "예."라는 대답을 표현하는 것입니다.

이스라엘 성지 순례 때에 특별히 수호성인인 요셉 성인에게 어떤 인상을 받으셨는지요?

이스라엘을 방문할 때, 요셉 성인의 발자취를 찾아보기는 어렵습니다. 예수님의 공생활과 관련된 갈릴래아, 특히 겐네사렛 호수와 그 주변, 유다 지방 같은 위대한 장소에서 요셉 성인은 언급되지 않기 때문입니다. 만약 그렇지 않다면 조용히 순명하는 요셉 성인의 근본적인 태도 혹은 뒷배경에 머물고자 했던 태도와 모순되는 것입니다. 그러나 베들레헴과 나자렛에서는 성인에 대한 언급이 확실히 나옵니다. 특히 나자렛은 성인의 모습을 떠올리게 합니다.

이곳은 사실 신약 성경 외의 다른 문헌에서는 언급되지 않는 곳입니다. 신약 성경 외에 나자렛에 대한 기록이 전혀 없다는 사실은 매우 놀랍습니다. 그래서 이스라엘에 있는 도미니코회 성서대학École Biblique의 가장 주요한 주석가이자 학장인 피에르 베누아Pierre Benoit는 저에게 나자렛이 사실 존재하지 않았다는 결론에 도달한 과정을 이야기해 준 적이 있습니다. 하지만 이러한 그의 추론을 공개하기 전에 나자렛의 흔적이 발굴되었다는 소식이 전해졌습니다. 프란치스코회의 고고학자 그룹 대표는 고대 나자렛의 흔적을 찾기 위해 노력했지만, 오랜 시간 동안 헛된 일을 하고 있다고 생각해 발굴을 포기할 뻔했다고 이야기했습니다. 나자렛이 존재했다는 첫 흔적을 찾아내고 결국 발굴에 성공했을 때, 저는 너무나도 행복했습니다.

마태오 복음사가는 구약에서 선포한 진정한 메시아가 예수님임을 증명하기 위해 그분 생애에 있었던 모든 사건의 증거를 구약 성경에서 찾았습니다. 이러한 마태오 복음사가에게 구약의 예언자가 나자렛을 예언한 적이 없다는 사실은 커다란 난관이었습니다. 이는 예수님을 약속된 메시아로 정당화하는 데 근본적으로 어려운 요소가 되었습니다. 나자렛은 어떠한 약속도 갖고 있지 않았습니다(요한 1,46 참조).

그럼에도 마태오 복음사가는 나자렛 사람 예수를 메시아로 정당화할 수 있는 세 가지 방법을 찾아냈습니다. 이사야서 7장과 9장, 11장에 언급된 메시아에 관한 3부작 중 특별히 9장은 암흑의 땅에 사는 이들에게 빛이 비쳤다는 예언을 전합니다. 마태오 복음사가는 예수님께서 여정을 시작한 곳인 반 이교도 땅 갈릴래아에서 이 암흑의 땅을 발견합니다.

마태오 복음사가는 나자렛의 두 번째 정당화를 이교도 빌라도 총독이 작성한 십자가 위의 명패에서 찾아냅니다. 빌라도 총독은 예수님의 십자가 처형에 대한 죄목, 즉 법적 이유를 "유다인들의 임금 나자렛 사람 예수"(요한 19,19)라고 의식적으로 제안합니다. 이 용어가 나자렛 사람과 나지르인임을 의미하는 이중적 형태로 전승되었다는 사실은 예수님의 하느님을 향한 전적인 헌신과 함께 그분의 지리적 기원을 떠올리게 합니다.* 따라서 나자렛은 이교도 빌라도를 통한 예수님이 지닌 신비의 일부로서 그분과 떼려야 뗄 수 없는 관계에 있습니다.

마지막으로 이스라엘에서 행하는 요셉 성인에 대한 교리 교육은 앞선 두 가지를 종합함과 동시에 성인을 더 깊이 이해할 수 있는 세 번째 측면을 떠오르게 합니다. 가장 유명하고 아름다운 독일의 크리스마스 성가 중 하나는 예수님을 동정녀 마리아가 거

---

* 나지르인은 민수기 6장에 등장하는 명칭으로 주님께 자신을 봉헌하는 특별한 서원을 한 사람을 의미한다. 이들은 스스로를 주님께 봉헌한 사람이므로 삶을 주님께 맡기고 서원을 지키는 것을 가장 중요하게 여겼다. — 역자 주

룩한 밤에 우리에게 준 작은 꽃송이라고 표현합니다.* 오늘날 사용되는 가사에서 처음에 '장미Ros'가 언급되고, 2절에서 마리아는 이사야서가 언급한 '작은 장미Röslein'라고 불립니다. 그리고 마리아는 우리에게 작은 꽃을 가져다주는 동정녀이자 어머니로 언급됩니다. 이 가사에는 설명이 필요한 부분이 있습니다. 제 생각으로는 본래 가사에는 '장미'라는 단어가 아닌, '새싹Reis'이라는 단어가 있었을 것입니다. 그러므로 이 가사는 "이사이의 그루터기에서 햇순이 돋아나고 그 뿌리에서 새싹이 움트리라."(이사 11,1)는 이사야서의 구절로 이어지는 것입니다.

영원한 생명을 약속받은 다윗 왕조의 조상, 이사이의 그루터기는 다윗 왕조가 사라지고 죽은 그루터기만 남았다는 점에서 이스라엘의 신앙인들에게 약속과 현실 사이의 참을 수 없는 모순입

---

* 이 성가는 독일의 크리스마스 성가인 〈한 송이 장미꽃 피었네*Es ist ein Ros entsprungen*〉를 말한다. 이 성가는 한국에서 《가톨릭 성가》 98번 〈이사야 말씀하신〉이라는 곡으로 불리고 있다. 본 원고에서 베네딕토 16세가 언급하는 성가와 가장 유사한 독일어 가사는 다음과 같다. "1절: 연약한 뿌리에서 장미꽃잎Ros이 돋았네. 옛 예언자 우리에게 노래한 것처럼 이사이의 뿌리에서 이어진 혈통. 이 꽃은 장차 우리에게 작은 꽃송이를 가져다주리라. 추운 겨울날, 한밤중에.", "2절: 이사야가 예언한 작은 장미Röslein여. 순수한 처녀 마리아가 하느님의 불멸하는 말씀으로 아이를 낳으시네. 영원한 동정녀이신 처녀여." ― 역자 주

니다. 하지만 이제 이 죽은 그루터기는 희망의 표지가 됩니다. 예기치 않게 여기에서 다시금 싹이 트는 것입니다. 마태오 복음서 1장 1절에서 17절과 루카 복음서 3장 28절에서 38절의 예수님의 족보에서 이 모순은 현재의 실재적 형태로 표현됩니다. 복음사가들은 이 족보에 동정녀 마리아를 통해 예수님께서 탄생했다는 암묵적인 언급을 담고 있습니다. 요셉 성인은 예수님의 실제 생물학적 아버지는 아니나 이스라엘의 율법에 따르면 합법적으로는 친아버지입니다. 여기에서 새싹의 신비가 더욱 깊어집니다. 이사이의 그루터기는 그 자체로는 진정 죽은 상태며 더 이상 생명을 탄생시킬 수 없습니다. 하지만 이 그루터기는 동정녀 마리아와 법적 아버지인 요셉의 아들에게 새로운 생명을 불어넣습니다.

나자렛이라는 단어 자체에는 '새싹nezer'이라는 단어가 포함되어 있습니다. 이 모든 것은 나자렛이라는 주제와 관련이 있습니다. 그래서 우리는 나자렛을 '새싹의 마을'이라고 번역할 수 있습니다. 이스라엘에서 평생을 보낸 한 독일인 연구자는 나자렛이 바빌론 망명 후 다윗 임금의 정착지로 거듭났으며 이 사실이 나자렛이라는 이름에 은밀하게 숨겨져 있으리라는 이론을 세우기도 했습니다. 어쨌든 요셉 성인의 신비는 나자렛의 지역적 위치와 깊은 관계가 있습니다. 이사이의 뿌리에서 나온 새싹과 같이 이스라엘의 희망을 표현하는 이가 바로 요셉 성인입니다.

요셉 성인은 전통적으로 임종자의 수호성인으로 불립니다. 이를 어떻게 생각하십니까?

요셉 성인이 예수님의 공생활 전에 죽음을 맞은 것은 확실해 보입니다. 예수님께서는 루카 복음서 4장에서 나자렛 회당을 공개적으로 처음 방문하시는데, 여기에서 요셉 성인이 마지막으로 언급됩니다. 예수님의 말씀과 그에 대한 놀라움은 "저 사람은 요셉의 아들이 아닌가?"(루카 4,22)라고 묻는 군중의 당혹감으로 바뀝니다.

예수님의 어머니와 형제들이 예수님을 만나고자 할 때 요셉 성인은 언급되지 않습니다. 이는 성인이 더 이상 살아 있지 않다는 확실한 증거이기에 요셉 성인이 성모님의 곁에서 지상의 삶을 마쳤다는 생각은 근거가 있습니다. 그러므로 요셉 성인이 마지막 순간에 자비롭게 우리와 동행해 주시길 기도하는 것은 절대적으로 근거가 있는 경건한 모습입니다.

교황 성하의 가족 분들은 요셉 성인의 축일을 어떻게 기념하셨습니까?

요셉 성인의 축일은 아버지와 저의 축일이었습니다. 그러기에 가족들은 늘 이날을 기념하며 함께 축하해 주었습니다. 어머니께서는 저축하신 돈으로 백과사전 같은 중요한 책을 사 주곤 하셨습니다. 그리고 축일 때만 사용하는 특별한 식탁보가 있어서 아침 식사 때에 들뜬 기분을 느낄 수 있었습니다. 저희 아버지는 원두커피를 매우 좋아하셨는데, 너무 비싸서 평소에는 잘 마시지 못하셨습니다. 하지만 이날만큼은 특별히 커피를 마시곤 하셨지요. 식탁에는 요셉 성인 축일과 함께 다가온 봄날의 표시로 앵초가 놓여 있었습니다. 또한 어머니께서는 축일의 특별함을 충만히 표현하는 설탕을 입힌 케이크를 준비하셨습니다. 이렇게 요셉 성인의 축일은 아침부터 특별함을 느낄 수 있는 날이었습니다.

삶에서 수호성인의 도움을 경험하신 적이 있습니까?

제가 기도에 응답을 받았다고 느낄 때, 그 원인을 성인의 중재 기도 덕분이라고 여기지는 않았습니다. 하지만 늘 수호성인인 요셉 성인의 기도에 빚을 지고 있다고 생각합니다.

프란치스코 교황님은 1870년 요셉 성인이 보편 교회의 수호성인으로 승격된 것을 신자들에게 상기시키며 '성 요셉의 해'를 선포하셨습니다. 이에 교황 성하께서는 어떤 희망을 지니고 계십니까?

저는 프란치스코 교황님이 요셉 성인의 중요성에 대한 인식을 신자들에게 다시 일깨워 준 것을 특별히 기쁘게 생각합니다. 그래서 요셉 성인이 보편 교회의 수호성인으로 선포된 지 150주년을 맞이해 프란치스코 교황님이 발표한 교서 〈아버지의 마음으로〉를 큰 감사와 깊은 애착을 느끼며 읽었습니다. 이 글은 단순한 글이지만, 마음에서 진정으로 우러나오는 내용을 담았기에 매우 심오합니다. 그래서 신자들이 이 교서를 열심히 읽고 묵상하면서 일반적인 성인, 그리고 특별히 요셉 성인에 대한 공경을 정화하고 심화해야 한다고 생각합니다.

역자 후기

신학생 시절, 많은 수업에서 '요제프 라칭거'라는 신학자의 이름을 종종 듣곤 했다. 위대한 신학자인 그의 명성은 유럽에서 멀리 떨어진 한국에도 이미 널리 알려져 있었다. 학교 앞 작은 서점에서 그의 유명한 저서 《그리스도 신앙 어제와 오늘》을 구입하고 발걸음을 재촉하던 순간이 떠오른다. 로마의 도서관에서 그의 강론을 읽으며 뜨거운 감동을 받았던 순간도 생각난다. 어린 학생에게 라칭거의 책은 때로는 너무 어려웠지만, 그럼에도 그의 논리적인 지식과 열정은 감동을 불러일으키기에 충분했다.

신학자로 활동을 시작한 이후, 교황청 신앙교리성 장관을 거쳐 교황으로 선출되어 은퇴에 이르기까지의 베네딕토 16세의 인생 여정을 생각해 본다. 사회는 20세기를 지나며 급변하고 있었다. 실존주의와 상대주의, 자유주의는 신앙에 새로운 물음표를 던졌고, 그 안에서 진리는 서서히 잊혀 갔다. 시대의 흐름에 맞춰 변화해야 한다는 이들의 요청과 교회가 구시대적 사상에 머무르고 있다는 비판이 교회 안팎에서 거센 바람처럼 휘몰아쳤다. 그 반대편의 중심에 요제프 라칭거, 즉 베네딕토 16세가 있었다. 교황은 수많은 신학자들의 의견을 폭넓게 수용하는 한편, 진리이신 하느님을 수호하고자 노력했다. 그리고 성경을 기초로 하는 견고한 신학적 지식을 바탕으로 다음과 같이 질문하곤 했다. "하느님의 진리가 인간의 의지에 따라, 시대의 흐름에 따라 변화할 수 있는 것인가? 도덕적 가치가 변화가 가능한 것이라면 어떻게 그것을 진리라고 할 수 있다는 말인가?"

나는 이러한 교황의 사상을 통해 하느님을 사랑하는 방법을, 진리에 대한 열정을, 허위에 대응하는 지혜를 배웠다. 그렇다면 평생 교회를 위해 헌신한 이 '진리의 수호자'가 마지막으로 세상에 남기고자 했던 말은 무엇이었을까? 그에 대한 답이 바로 이 책 《믿음 안에 굳건히 머무르십시오》에 담겨 있다. 베네딕토 16세는 이 책에서 교회 안팎에서 제기되어 온 여러 문제와 갈등을 일으켰던 요소들, 본질적인 핵심을 방대한 성경 지식과 신학 사상, 그리고 개인적 경험을 기반으로 폭넓게 다루고 있다. 그리고 이에 대한 불필요한 오해를 피하고자 죽음 이후 출판이라는 유언적 형식을 채택했다. 지혜로운 영적 아버지가 세상을 떠나며 남기고자 했던 마지막 이야기인 이 책이 더욱 호소력 있게 느껴지는 이유다.

베네딕토 16세는 2022년 12월의 마지막 날, 하느님께로 돌아갔다. 그의 죽음에 별 관심이 없는 이들은 여느 때와 다름없이 떠들썩하게 새해를 맞이했을 것이다. 하지만 나날이 세속화되어 가는 세상 안에서, 교회의 찬란한 역사 속에서, 베네딕토 16세의 목소리는 여전히 우리 곁에 남아 있다. 그리고 진리를 수호하고자 했던 그의 삶은 우리에게 계속하여 새로운 과제를 던진다. 시대의 흐름에 휩쓸리지 않고 하느님의 뜻과 본질적 가르침을 끊임없이 지켜 나가며 실천해야 한다는 것. 이것이 바로 우리에게 남겨진 과제일 것이다.

요제프 라칭거의 책을 사고 설레는 마음으로 학교로 돌아가던 어린 신학생은 이제 어느덧 약 10년 차의 사제가 되어 그의 마지막 책을 번역하게 되었다. 이러한 영광스러운 작업을 맡겨

준 가톨릭출판사에 진심으로 감사드린다. 또한 윤독을 함께해 준 사랑하는 나의 제자인 권성환, 강명균, 김문식, 김산, 김용우, 김지훈, 안환준, 오우석, 이영우, 이재현, 왕원동, 최민석에게 감사의 마음을 전한다.

이 책이 진리를 탐구하는 모든 그리스도인의 앞길을 비추어 주길 바란다.

2023년 5월, 혜화동에서
방종우(야고보) 신부

참고 문헌

- Erich Zenger, *Einleitung ins Alte Testament*, Stuttgart, Kohlhammer, 1996.
- Patrologia Graeca 12, 1133 B.
- Erik Peterson, *Theologische Traktate*, München, Kösel-Verlag, 1951, p. 295.
- Franz Mussner, *Traktat über die Juden*, München, Kösel-Verlag, 1979, nuova ed. ampliata 1988.
- Joseph Ratzinger, *Introduzione allo spirito della liturgia*, Cinisello Balsamo, San Paolo, 2001.
- J. Ratzinger, *Gesù di Nazaret*, in *Opera Omnia*, vol. VI/1, cap. 8, Città del Vaticano, LEV, 2013, pp. 183~240.
- Peter Kuhn, *Gottes Selbsterniedrigung in der Theologie der Rabbinen* (StANT 17), München, 1968, 13, Text 1.
- J. Ratzinger, *Gesù di Nazaret*, in *Opera Omnia*, vol. VI/1, cit., pp. 472~96.
- Ivi, pp. 490~94.
- Ivi, p. 702.
- Joseph Ratzinger, *Popolo e casa di Dio in Sant'Agostino*, Milano, Jaca Book, 1978 (edizione tedesca 1954).
- Joseph Ratzinger – Benedetto XVI, *Il Dio della fede e il Dio dei filosofi*, Venezia, Marcianum Press, 2007.
- Henri de Lubac, *Storia e Spirito. La comprensione della Scrittura secondo Origene*, Milano, Jaca Book, 2018, 2a ed., p. 264.
- J. Ratzinger, *Gesù di Nazaret*, in *Opera Omnia*, vol. VI/1, cit., p. 566, dove cita 2 Timoteo 2,13.
- Cfr. Paul Hacker, *Das Ich im Glauben bei Martin Luther*, Graz-Wien-Köln, Verlag Styria, 1966.
- *Theologisches Wörterbuch zum Neuen Testament*, 11 voll., Darmstadt, WBG Academic, nuova edizione 2019, vol. I, pp. 397~448.

- Ivi, vol. II, p. 610, righe 6~19.
- J. Ratzinger, *Gesù di Nazaret*, in *Opera Omnia*, vol. VI/1, cit., pp. 488~90.
- Knut Backhaus, *Der Hebräerbrief*, in *Regensburger Neues Testament*, Regensburg, Verlag Friedrich Pustet, 2009.
- Card. Albert Vanhoye, *Accogliamo Cristo nostro Sommo Sacerdote. Esercizi Spirituali con Benedetto XVI*, esercizi spirituali predicati in Vaticano, 10-16 febbraio 2008, Città del Vaticano, LEV, 2008.
- Benedetto XVI, *Il sacerdote: uomo in piedi, dritto, vigilante*, omelia durante la Messa crismale nella Basilica Vaticana di San Pietro, mattina del Giovedì Santo, 20 marzo 2008, *in Insegnamenti di Benedetto XVI*, vol. IV, 1, gennaio-giugno 2008, Città del Vaticano, LEV, 2009, pp. 442~46.
- J. Ratzinger, *Gesù di Nazaret*, in *Opera Omnia*, vol. VI/1, cit., pp. 517~39.
- Cfr. Joseph Ratzinger, *Scauen auf den Durchbohrten*, Ensiedeln, Johannes Verlag, 1984, p. 88; trad. it. *Guardare al Crocifisso*, Milano, Jaca Book, 2006, 3a ed., pp. 92~93.
- Hans Bernhard Meyer SJ, *Eucharistie*, Regensburg, Verlag Friedrich Pustet, 1989.
- Cfr. J. Ratzinger, *Introduzione allo spirito della liturgia*, cit., pp. 32~47; *Gesù di Nazaret*, in *Opera Omnia*, vol. VI/1, cit., pp. 540~95.
- Rudolf Hilfer, Transsubstantiation. *Zur Naturphilosophie der eucharistischen Wandlung*, in 《*forum Katholische Theologie*》, XXXIII, 4, 2017, pp. 303~18, cit. a p. 306.
- Papst em. Benedikt XVI, Die Kirche und der Skandal des sexuellen Mißbrauchs, in 《*Klerusblatt*》, 4, 2019, pp. 75~81.
- Cfr. Dietmar Mieth, *Kölner Erklärung*, in *Lexikon für Theologie und Kirche*, VI, 3ª ed., 1997.
- Giovanni Paolo II, *Dono e mistero*, Città del Vaticano, LEV, 1996.
- Benedetto XVI, 《*Sein Schweigen ist zugleich sein Wort.*》 *Freude über das Josefsjahr*: Eine Katechese des emeritierten Papstes Benedikt XVI über seinen Namenspatron, in 《*Die Tagespost, Forum*》, 1° aprile 2021, pp. 33~34

지은이 **베네딕토 16세 교황**

1927년 4월 16일 독일 바이에른주 마르크틀암인에서 태어났다. 1951년에 사제품을 받은 뒤 프라이징, 본, 튀빙겐, 레겐스부르크 등 여러 대학에서 교의신학 교수를 지냈으며 1962년부터 1965년까지 제2차 바티칸 공의회 전문 위원으로 참여했다. '맑게 깨어 있는, 분석적인 동시에 강력한 종합력을 겸비한 지성'으로 사랑받았고, 그의 말에는 '고전적인 광채'가 넘친다는 평을 받았다. 1977년 뮌헨 프라이징 대교구 대교구장으로 임명되었으며, 같은 해 추기경으로 임명되었다. 1981년부터 교황청 신앙교리성 장관을 지내던 중 2005년 4월 제265대 교황으로 선출되었다. 그리고 2013년 2월, 건강 악화로 더 이상 직무를 이행하기 힘들다는 스스로의 판단하에 교황직에서 물러났다. 퇴임 후 바티칸 내 '교회의 어머니 수도원'에서 말년을 보내다 2022년 12월 31일, 95세를 일기로 선종했다.

세계의 많은 이들은 베네딕토 16세를 교회의 내적인 성장과 신앙의 기초를 견고하게 한 교황으로 평가했고, 프란치스코 교황은 그를 "위대한 교황"이라 칭했다.

옮긴이 **방종우 신부**

2012년 천주교 서울대교구 소속으로 사제품을 받았다. 중앙동 성당 보좌 신부와 청담동 성당의 부주임 신부로 사목했다. 로마 라테라노 대학교 알폰소 대학원에서 윤리 신학 석사 학위(2016)와 박사 학위(2019)를 취득하였다. 2020년부터 가톨릭대학교 성신교정에서 윤리 신학 교수로 재직 중이다. 저서는 소설 《산타들》(레벤북스), 번역서로는 《그리스도교 윤리학 — 제2차 바티칸 공의회에 따른 도덕신학》(가톨릭대학교 출판부)이 있다.